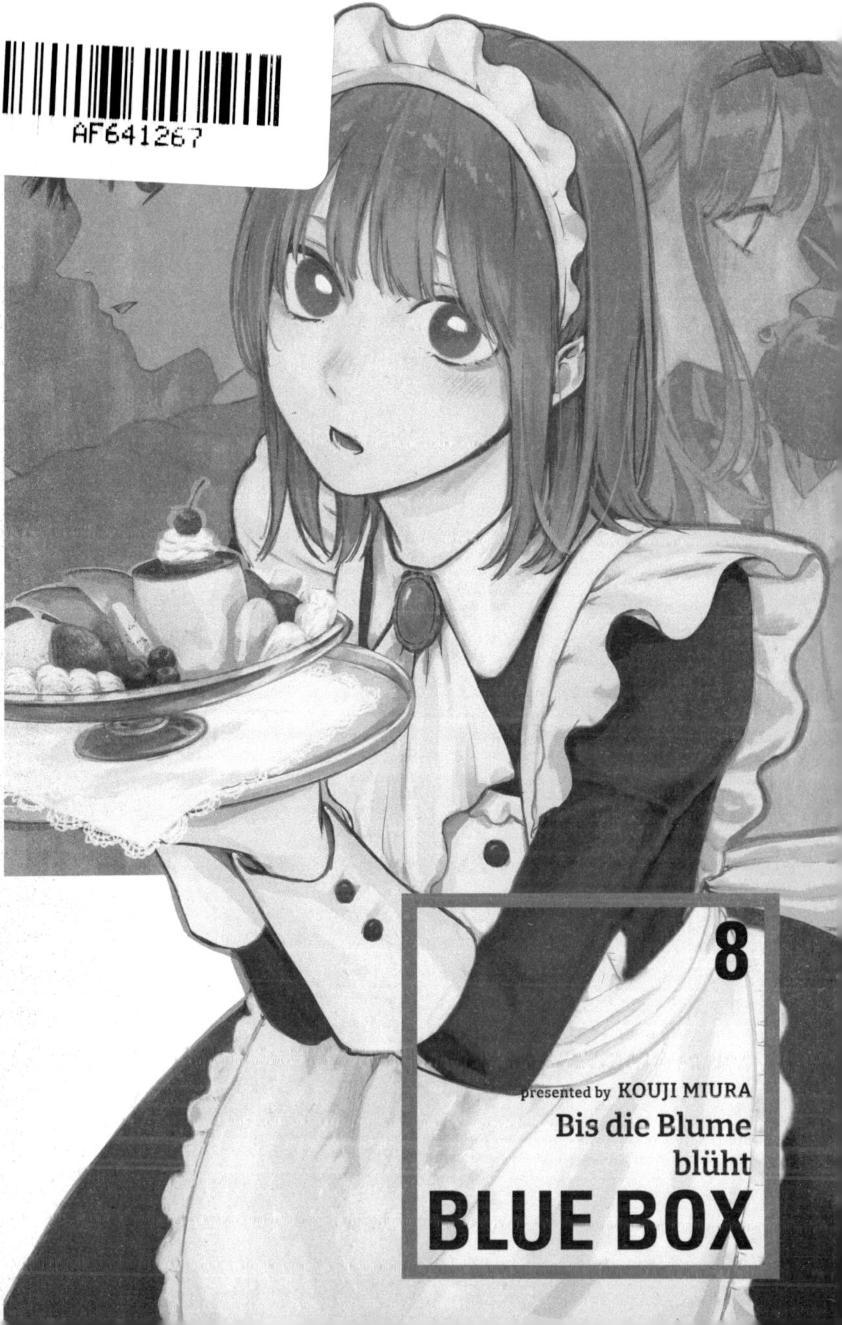

8

presented by KOUJI MIURA

Bis die Blume blüht

BLUE BOX

Blue Box

Charaktere

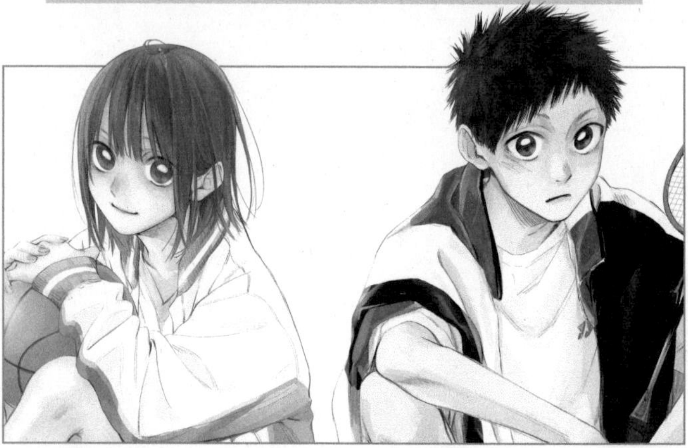

Chinatsu Kano

Ass des Mädchen-Basketballteams. Da ihr Vater ins Ausland versetzt wurde, wohnt sie zurzeit bei den Inomatas.

Taiki Inomata

Mitglied des Badminton-Clubs. Verliebt in Chinatsu.

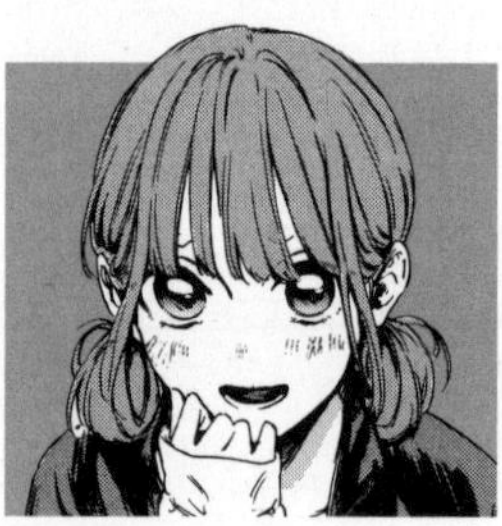

Hina Chono

Hoffnungsvoller Neuling im Rhythmische-Sportgymnastik-Club. Verliebt in Taiki.

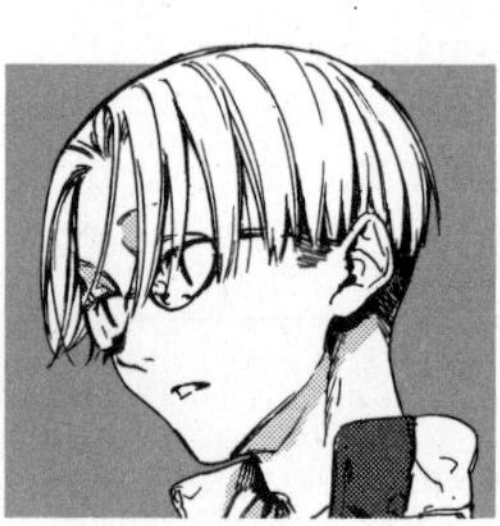

Kyo Kasahara

Taikis Freund aus dem Badminton-Club. Ruhiger und gelassener Typ, der Taiki oft mit Ratschlägen zur Seite steht.

Characters

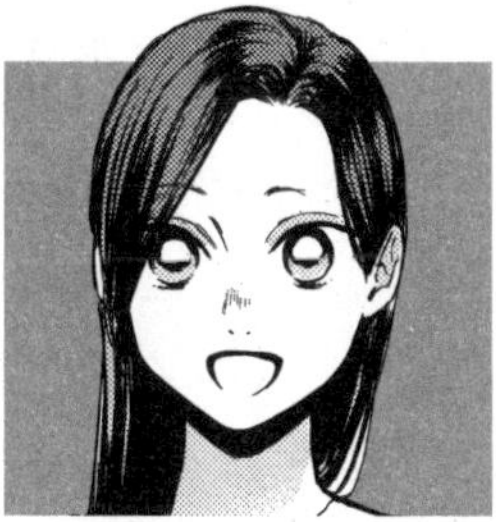

Karen Moriya

Chinatsus beste Freundin ist mit Haryu zusammen. Arbeitet im Showgeschäft.

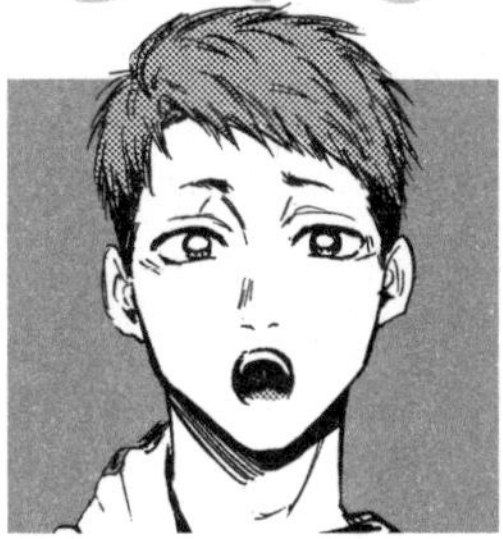

Haryu-Senpai

Senpai im Badminton-Club. Er ist manchmal ziemlich streng, hält aber große Stücke auf Taiki.

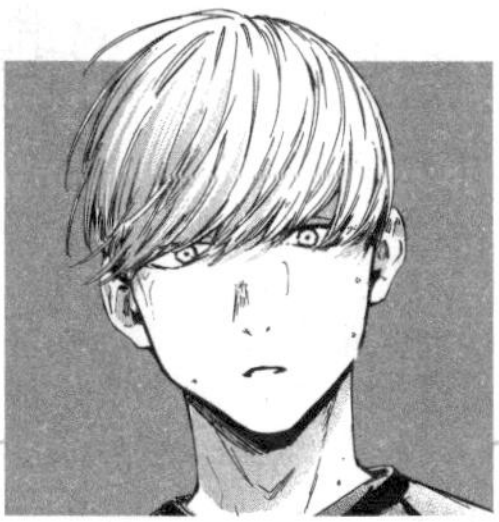

Yusa

Erstklässler im Badminton-Club der Sajikawa Oberschule. Hat Taiki in der Präfekturvorrunde geschlagen.

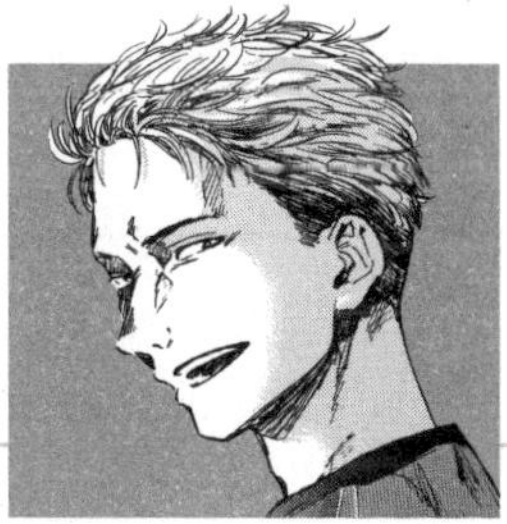

Hyodo

Drittklässler im Badminton-Club der Sajikawa Oberschule. Hat beim Inter High schon mal gewonnen.

Was bisher geschah

Taiki Inomata ist Mitglied im Badminton-Club. Als er beim Morgentraining zufällig seine Senpai Chinatsu Kano aus dem Mädchen-Basketballteam trifft, verliebt er sich in sie. Eines Tages erfährt Taiki, dass Chinatsus Eltern ins Ausland ziehen werden. Er rennt Hals über Kopf zu ihr, doch zu seiner Erleichterung erzählt sie ihm, dass sie in Japan bleiben wird, um am InterHigh-Turnier teilnehmen zu können. Allerdings wartet noch ein Schock auf Taiki: Chinatsu soll für diese Zeit bei der Familie Inomata wohnen!! Und so beginnt das Leben unter einem Dach...

Bei einem Trainingsturnier gegen die Sajikawa-Oberschule trifft Taiki erneut auf Yusa. Er hat aus der knappen Niederlage in der Präfekturvorrunde gelernt und hart trainiert, doch Yusa ist und bleibt ein harter Gegner. In der Eröffnungsphase des Matchs gerät Taiki extrem unter Druck, doch dann findet er nach und nach ins Spiel und holt sich schließlich den Sieg! Er hat sein altes Ich überwunden und einen großen Schritt nach vorne gemacht.

Dann beginnt das Kulturfest. Chinatsu und Taiki haben ausgemacht, zusammen zum Konzert des Popmusik-Clubs zu gehen. Taiki findet sich zur vereinbarten Zeit im Saal ein und als auch Chinatsu dazu kommt, kann das Konzert losgehen!

Story

8

Inhalt

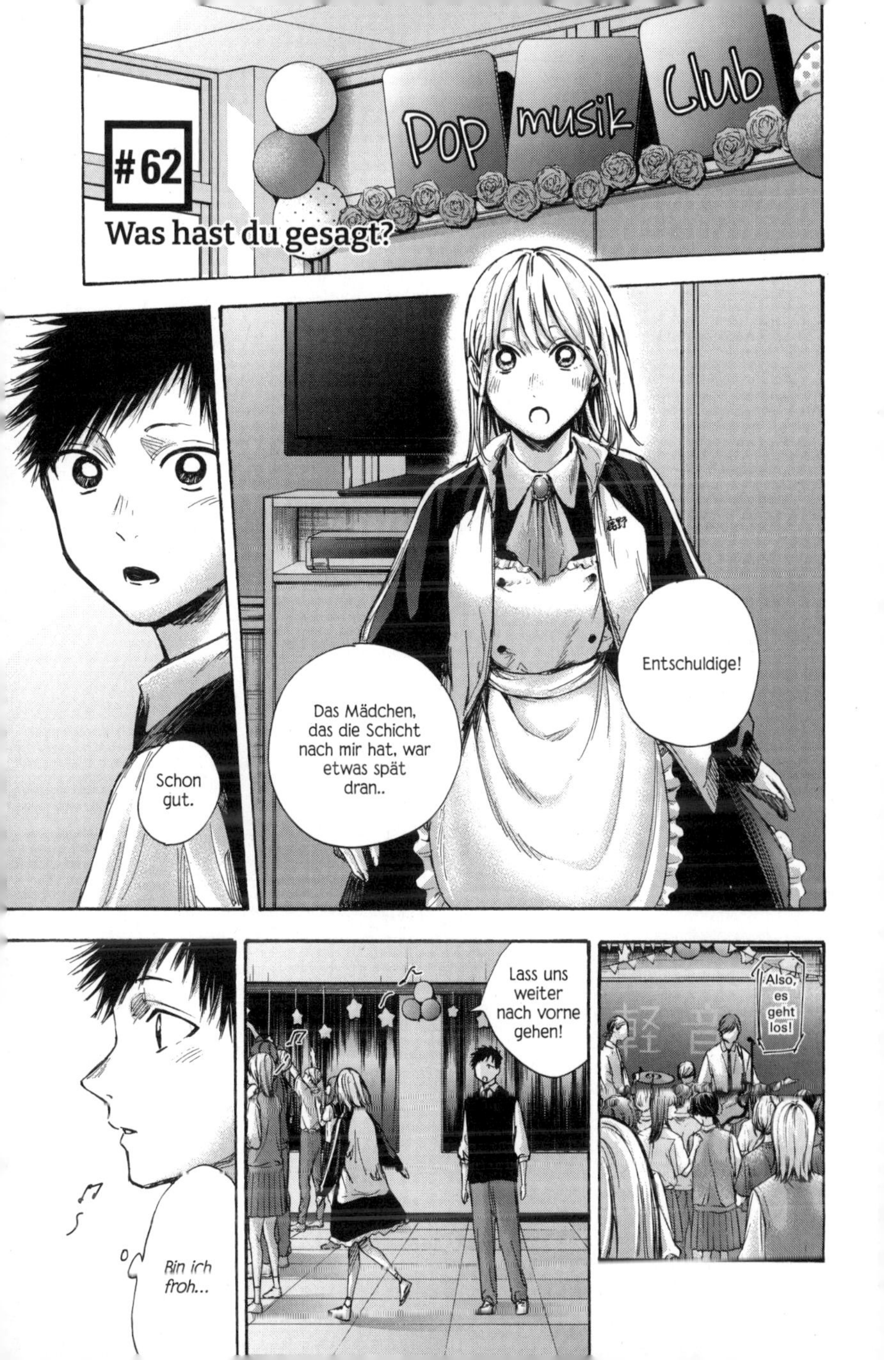
Pop musik Club
#62
Was hast du gesagt?
Entschuldige!
Das Mädchen, das die Schicht nach mir hat, war etwas spät dran..
Schon gut.
Also, es geht los!
Lass uns weiter nach vorne gehen!
Bin ich froh...

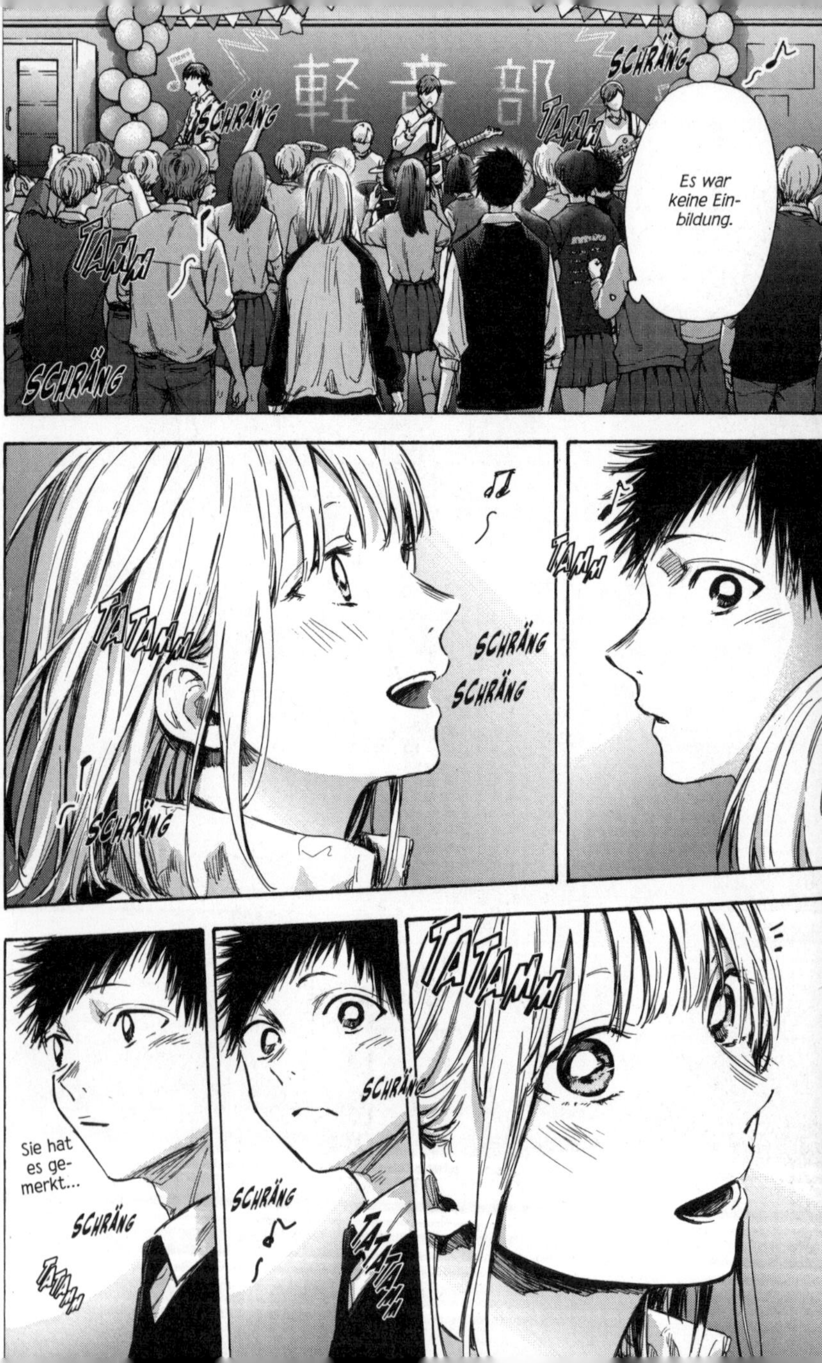

SCHRÄNG
Es war keine Einbildung.
TAMM
軽音部
SCHRÄNG
TAMM
SCHRÄNG
TAMM
SCHRÄNG
SCHRÄNG
TATAMM
SCHRÄNG
TATAMM
SCHRÄNG
TATAMM
SCHRÄNG
Sie hat es gemerkt...
SCHRÄNG
TATAMM

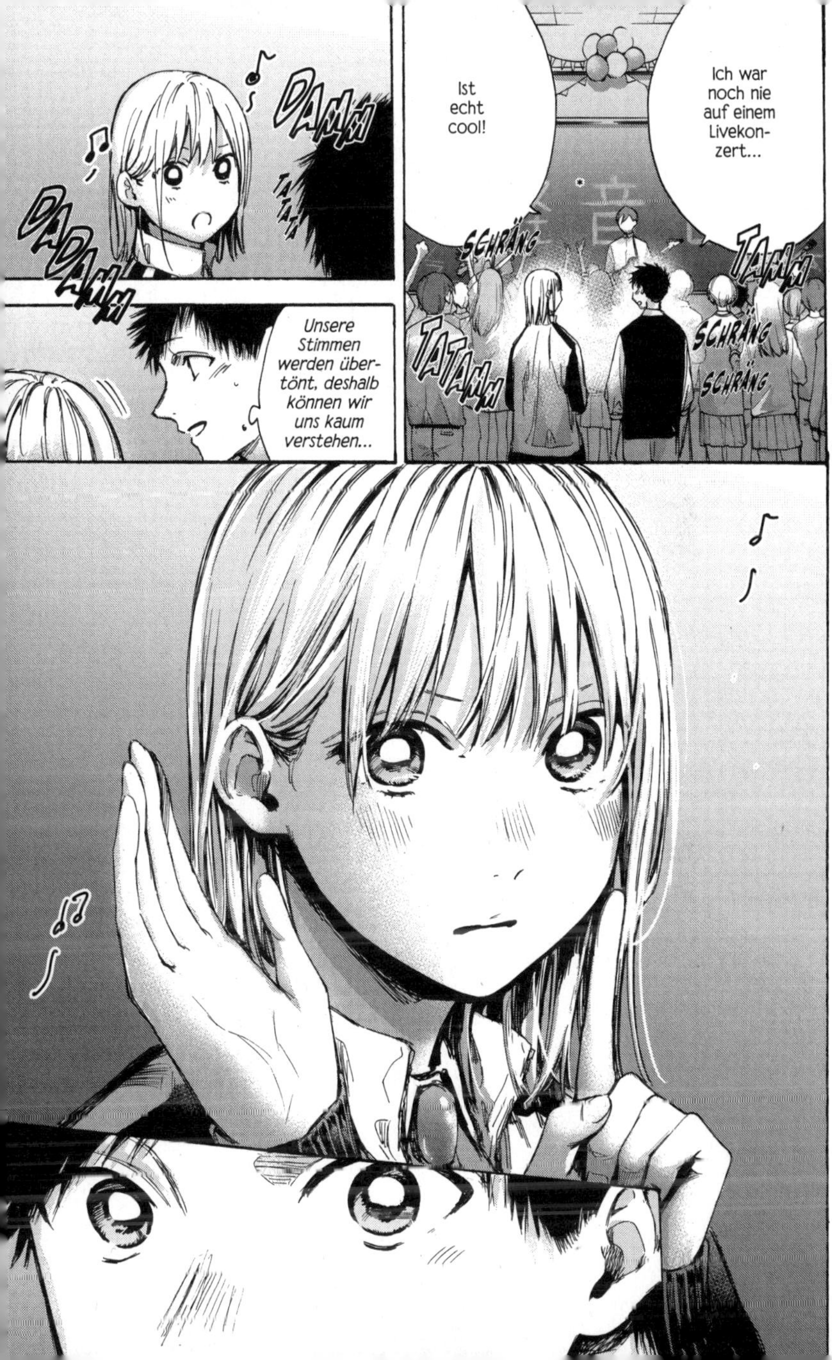

* Popmusik-Club

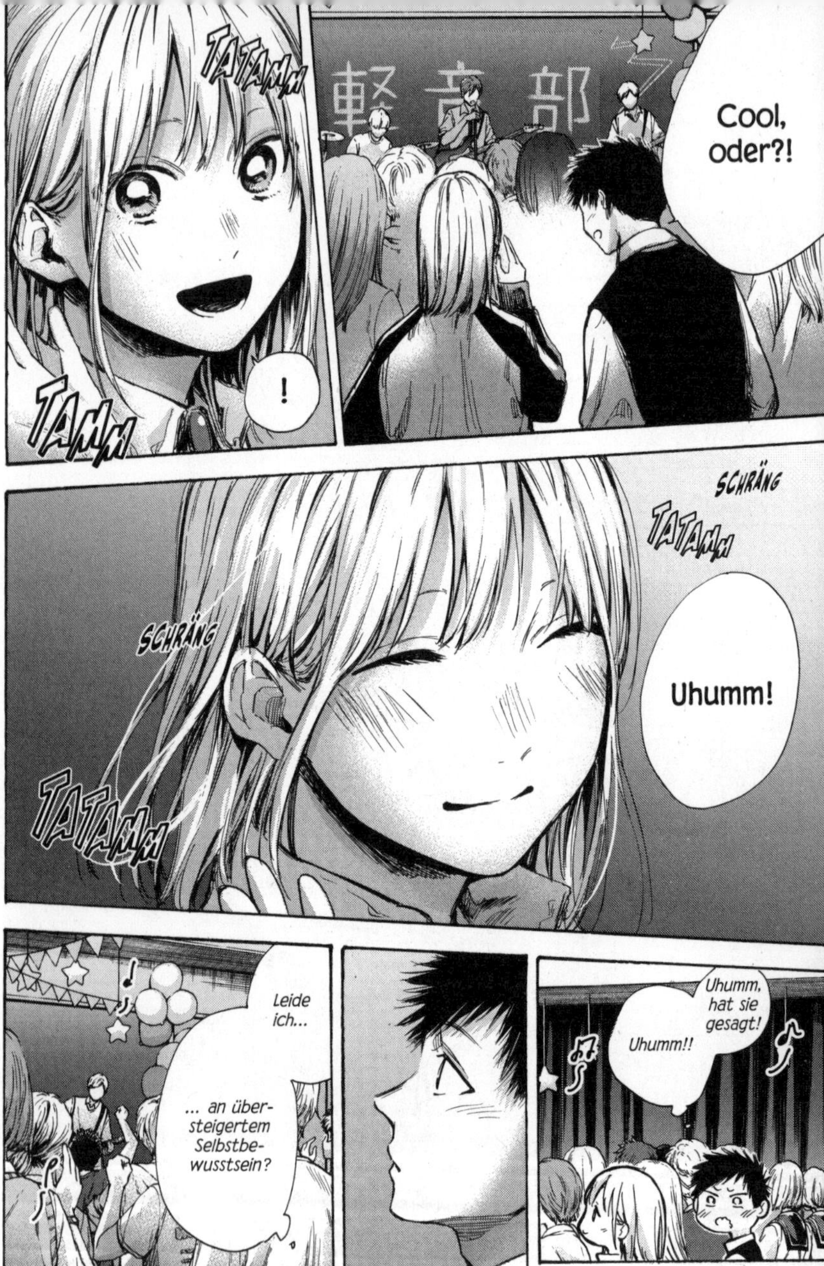
Cool, oder?!
TATAMM
!
TAMM
軽音部
SCHRÄNG
TATAMM
Uhumm!
SCHRÄNG
TATAMM
Uhumm, hat sie gesagt!
Uhumm!!
Leide ich...
... an übersteigertem Selbstbewusstsein?

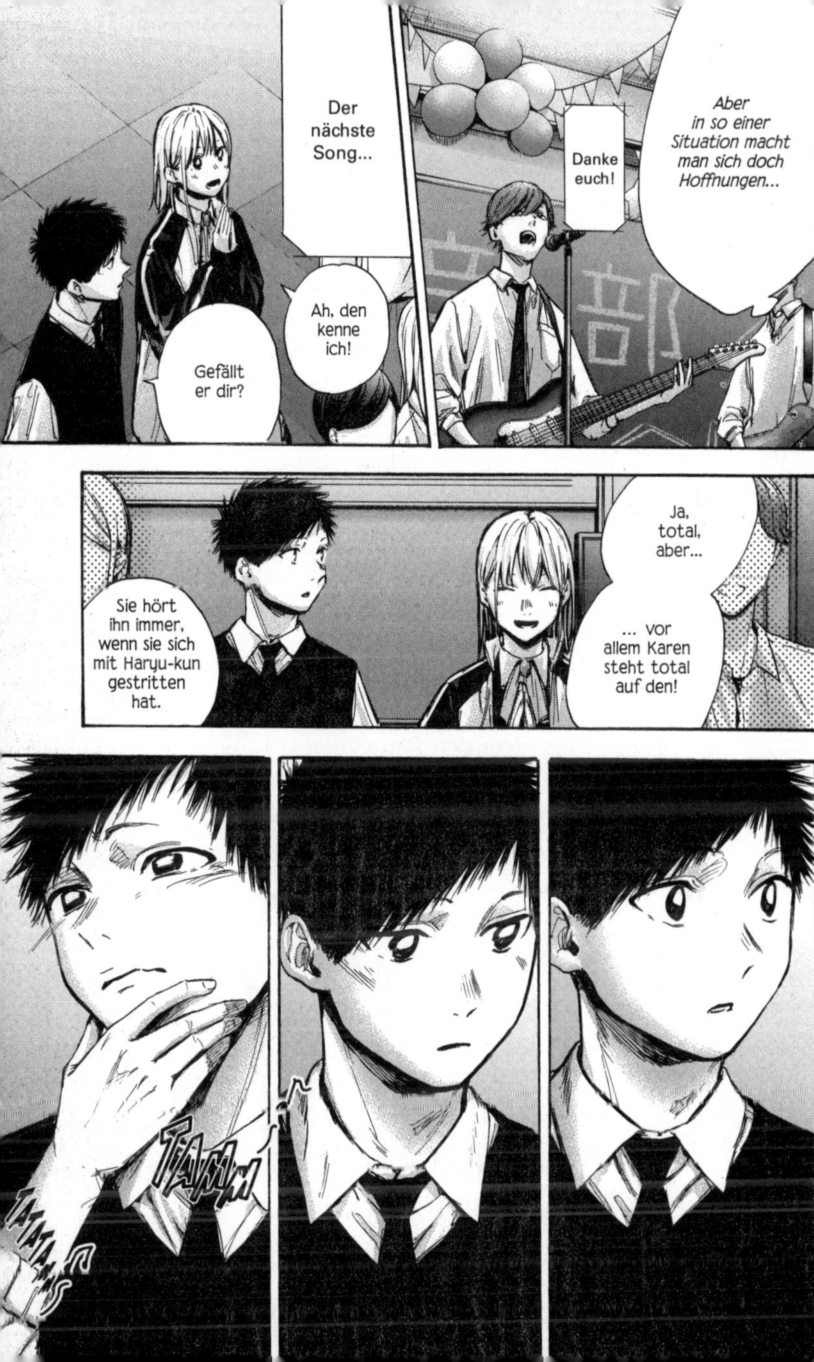
Aber in so einer Situation macht man sich doch Hoffnungen...
Danke euch!
Der nächste Song...
Ah, den kenne ich!
Gefällt er dir?
Ja, total, aber...
... vor allem Karen steht total auf den!
Sie hört ihn immer, wenn sie sich mit Haryu-kun gestritten hat.

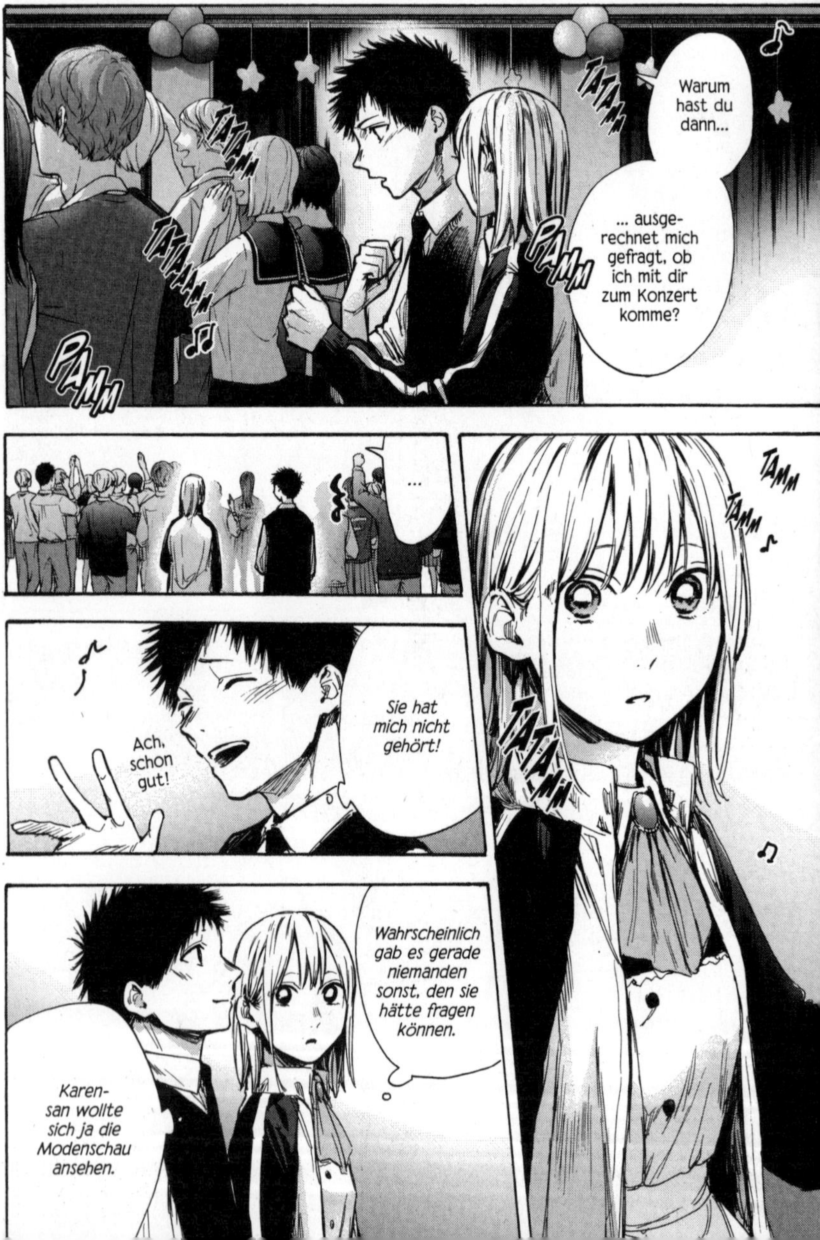
Warum hast du dann...
... ausgerechnet mich gefragt, ob ich mit dir zum Konzert komme?
TATAMM
PAMM
TATAMM
TATAAAMM
PAMM
TAMM TAMM
TATAMM
...
Sie hat mich nicht gehört!
Ach, schon gut!
Wahrscheinlich gab es gerade niemanden sonst, den sie hätte fragen können.
Karen-san wollte sich ja die Modenschau ansehen.

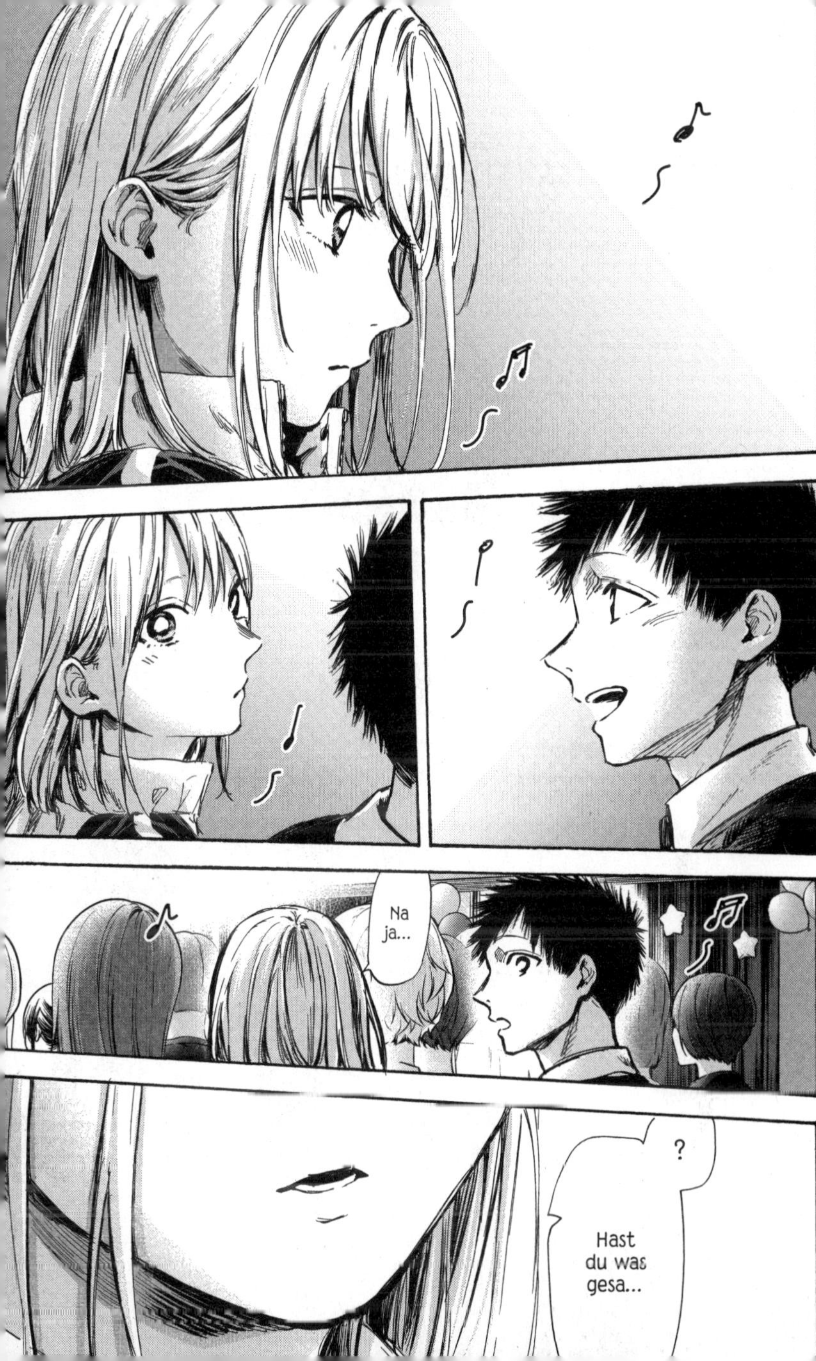
Na ja…
?
Hast du was gesa…

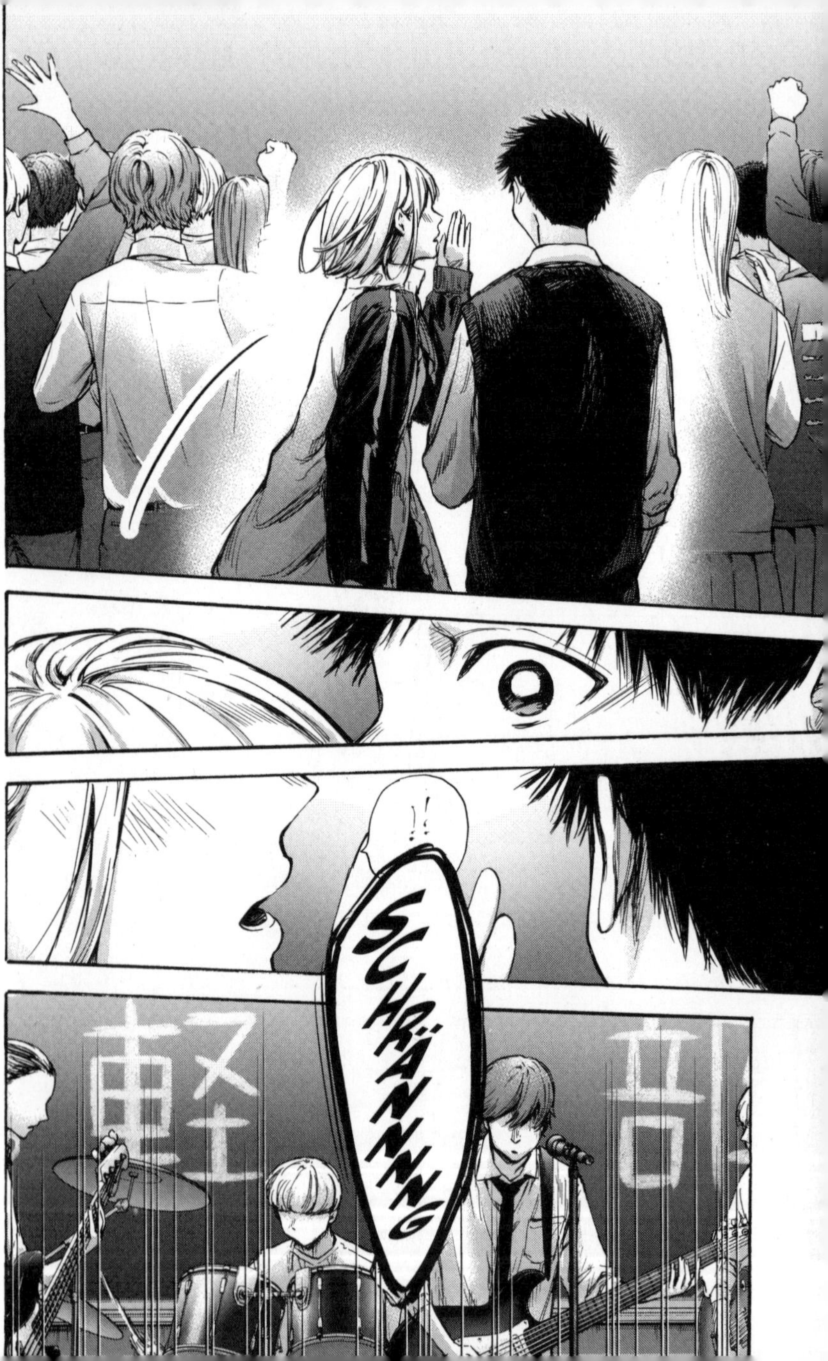
!!
SCHRÄNNNNG

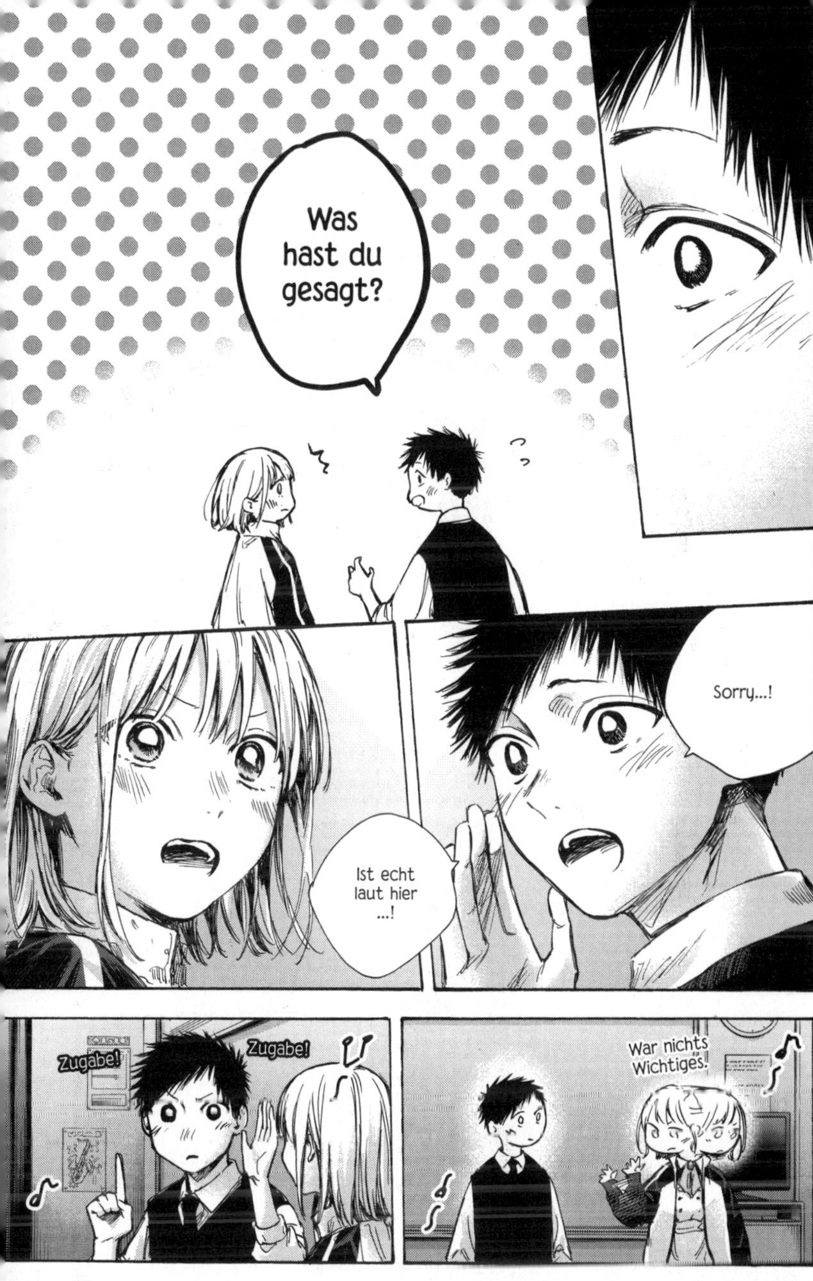
Was hast du gesagt?
Sorry...!
Ist echt laut hier ...!
War nichts Wichtiges.
Zugabe!
Zugabe!

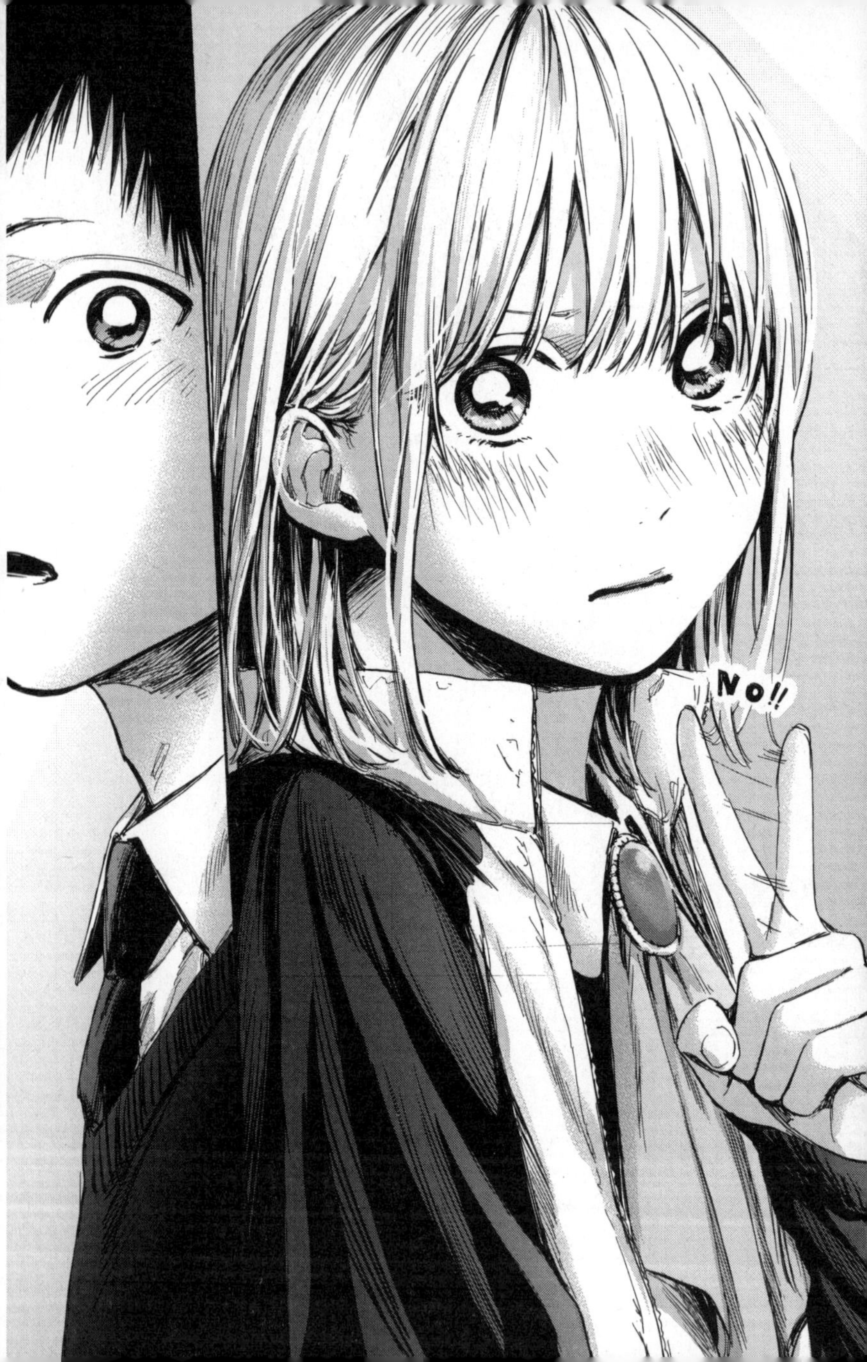
NO!!

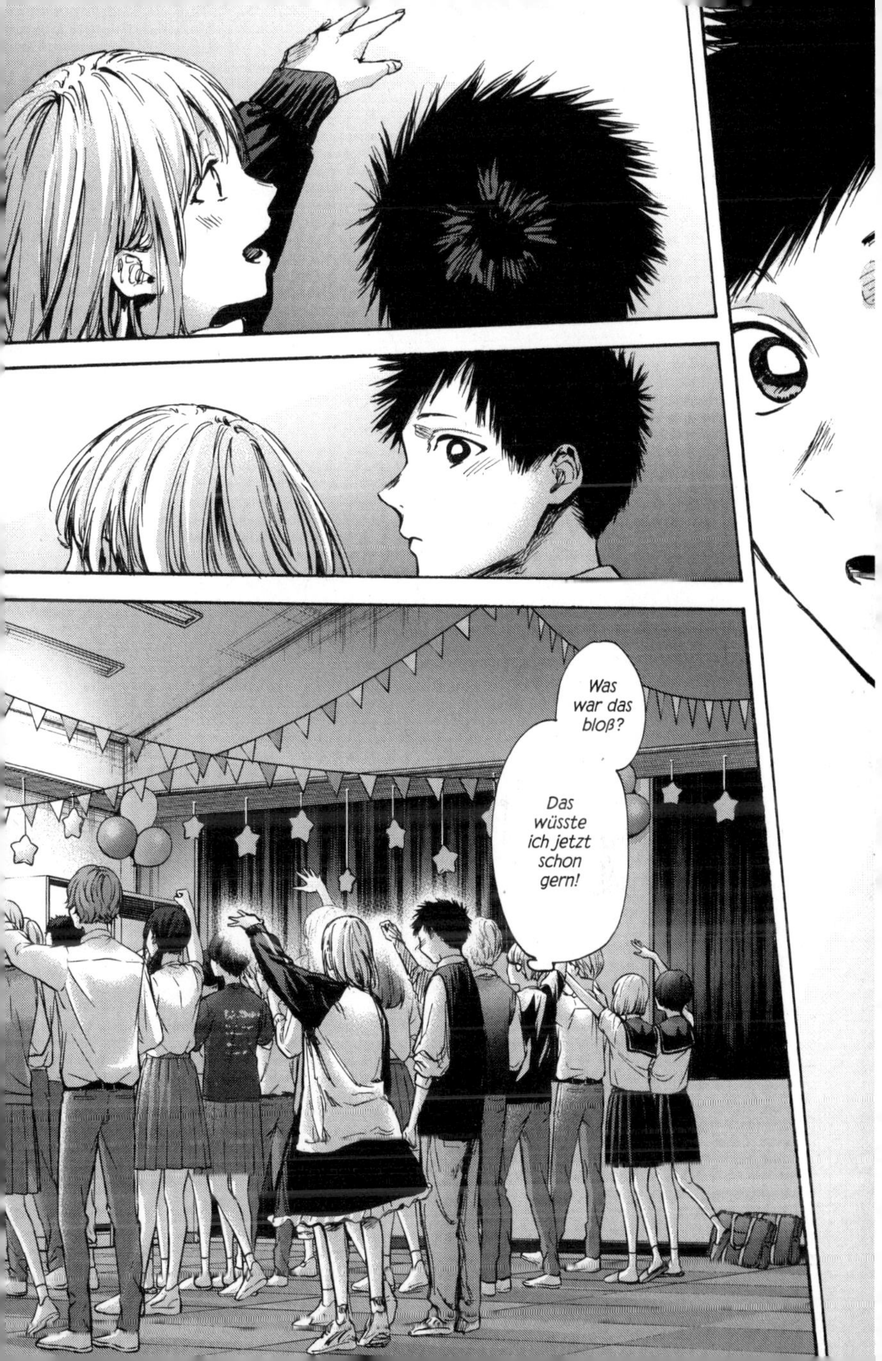
Was war das bloß?
Das wüsste ich jetzt schon gern!

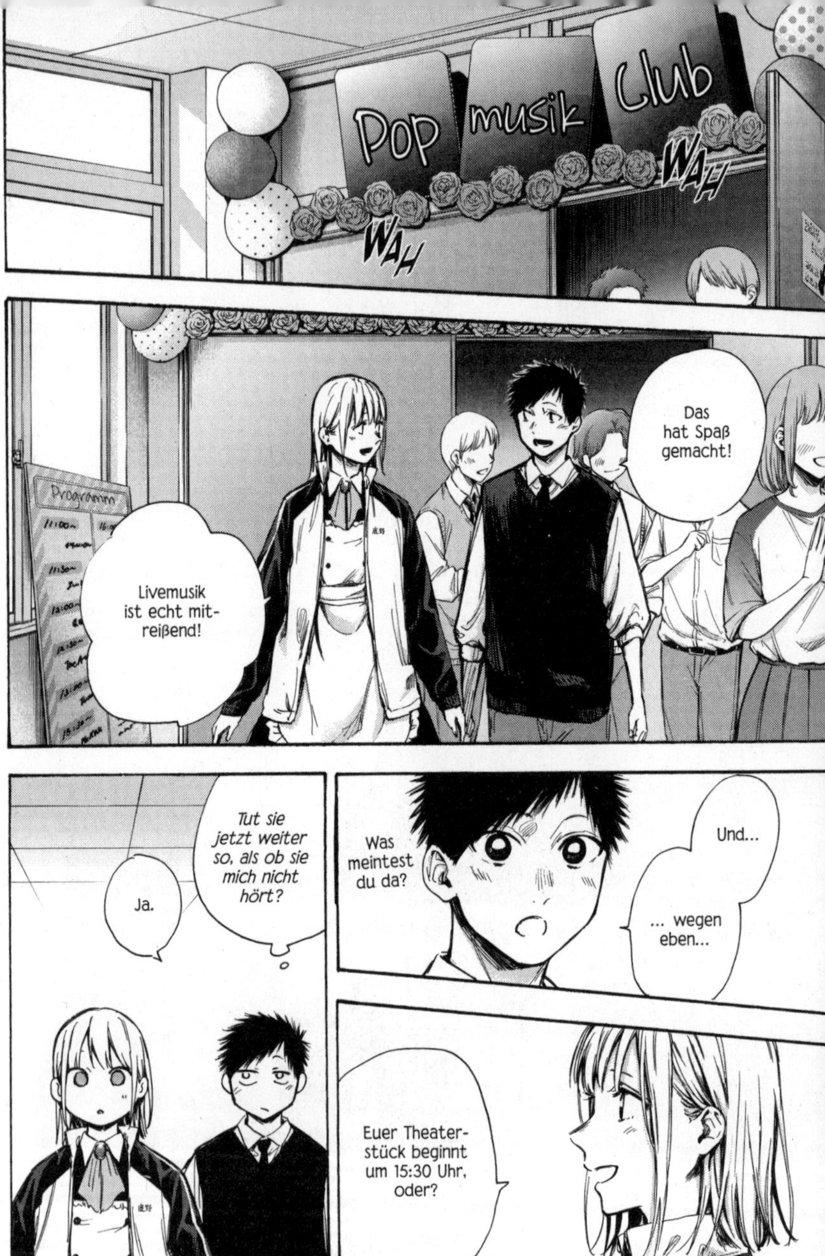
Pop musik Club
WAH
WAH
Das hat Spaß gemacht!
Livemusik ist echt mitreißend!
Und...
... wegen eben...
Was meintest du da?
Euer Theaterstück beginnt um 15:30 Uhr, oder?
Tut sie jetzt weiter so, als ob sie mich nicht hört?
Ja.

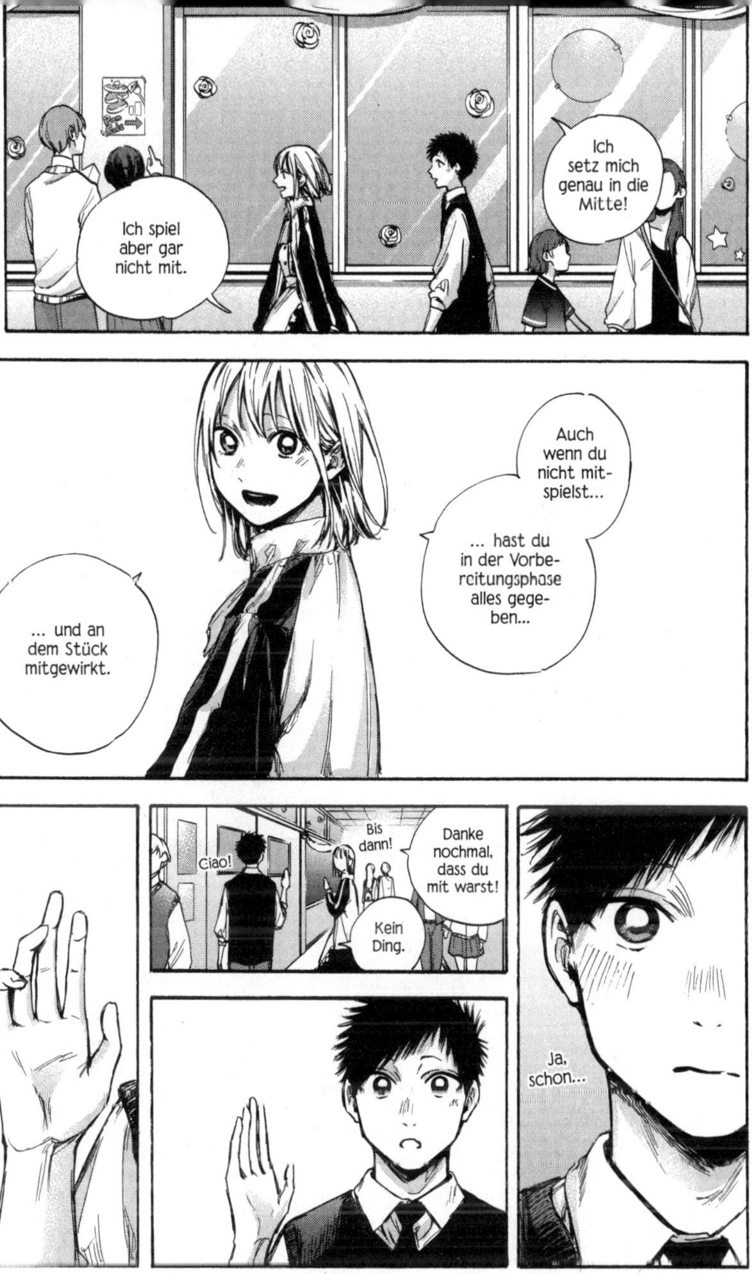
Ich setz mich genau in die Mitte!
Ich spiel aber gar nicht mit.
Auch wenn du nicht mitspielst...
... hast du in der Vorbereitungsphase alles gegeben...
... und an dem Stück mitgewirkt.
Ja, schon...
Danke nochmal, dass du mit warst!
Bis dann!
Ciao!
Kein Ding.

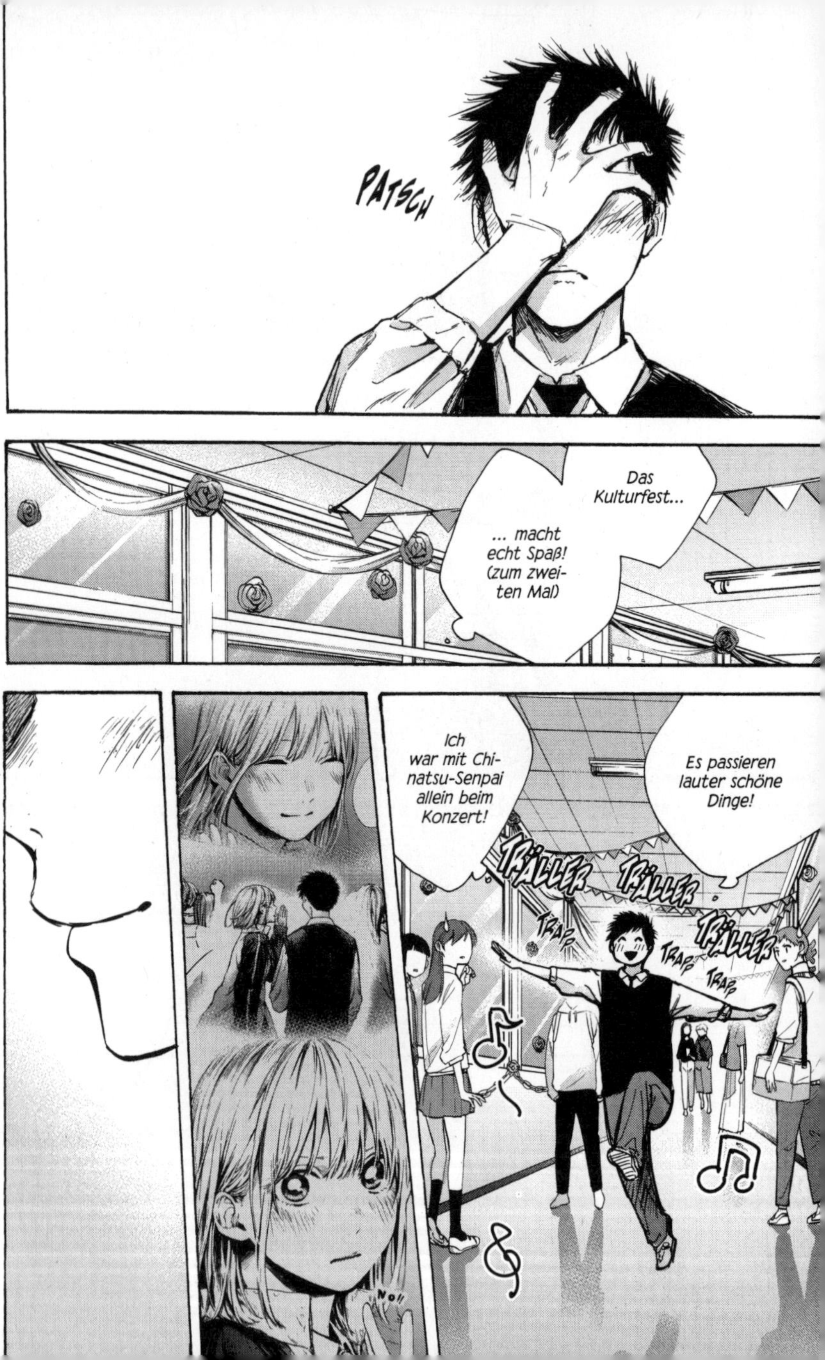
PATSCH
Das Kulturfest...
... macht echt Spaß! (zum zweiten Mal)
Es passieren lauter schöne Dinge!
Ich war mit Chinatsu-Senpai allein beim Konzert!
TRÄLLER
TRÄLLER
TRÄLLER
TRAPP
TRAPP
TRAPP
NO!!

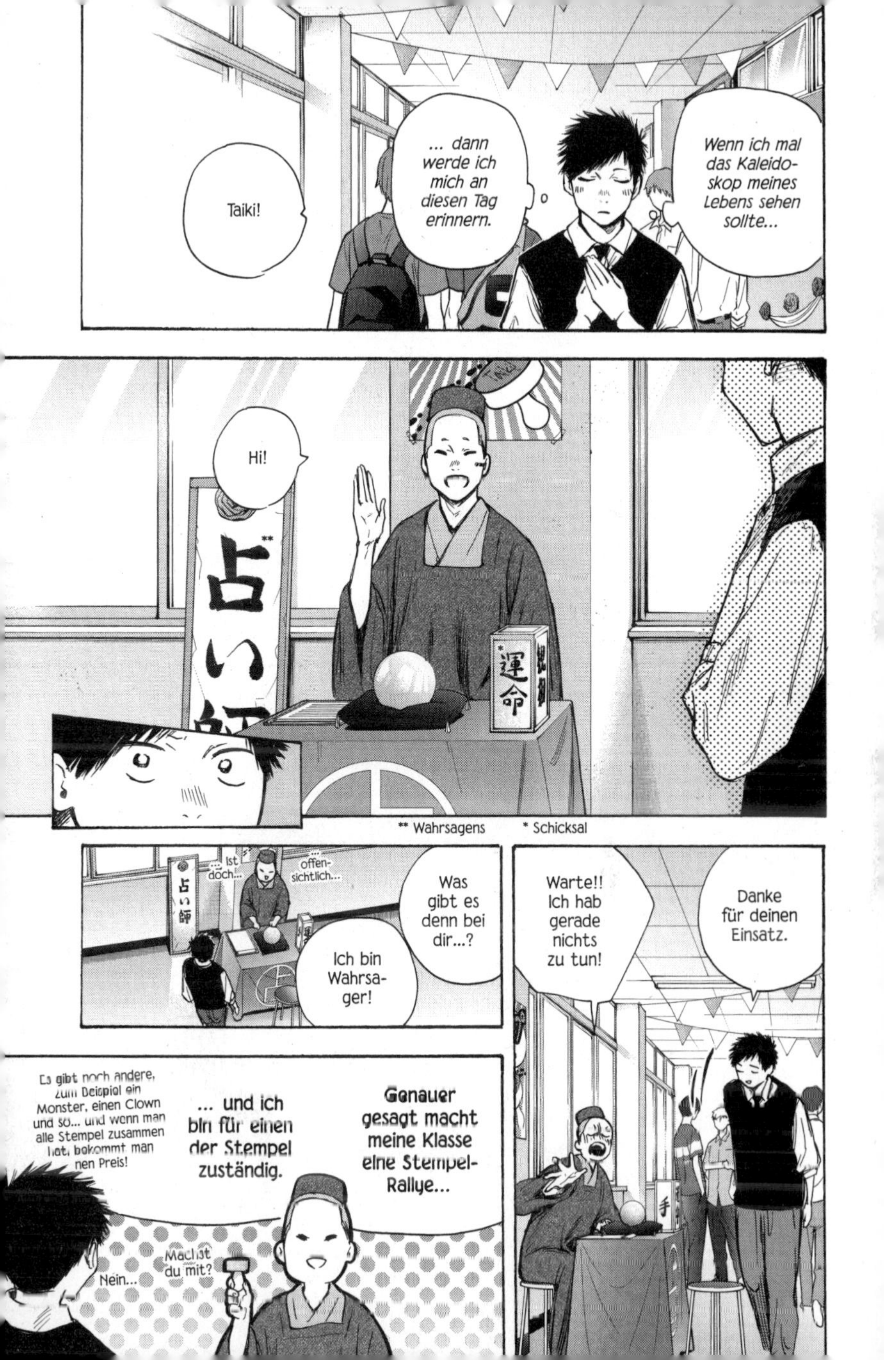
Wenn ich mal das Kaleidoskop meines Lebens sehen sollte...
... dann werde ich mich an diesen Tag erinnern.
Taiki!
Hi!
占い師**
運命*
** Wahrsagens * Schicksal
Danke für deinen Einsatz.
Warte!! Ich hab gerade nichts zu tun!
Was gibt es denn bei dir...?
Ich bin Wahrsager!
... Ist doch...
... offensichtlich...
Genauer gesagt macht meine Klasse eine Stempel-Rallye...
... und ich bin für einen der Stempel zuständig.
Es gibt noch andere, zum Beispiel ein Monster, einen Clown und so... und wenn man alle Stempel zusammen hat, bekommt man nen Preis!
Machst du mit?
Nein...

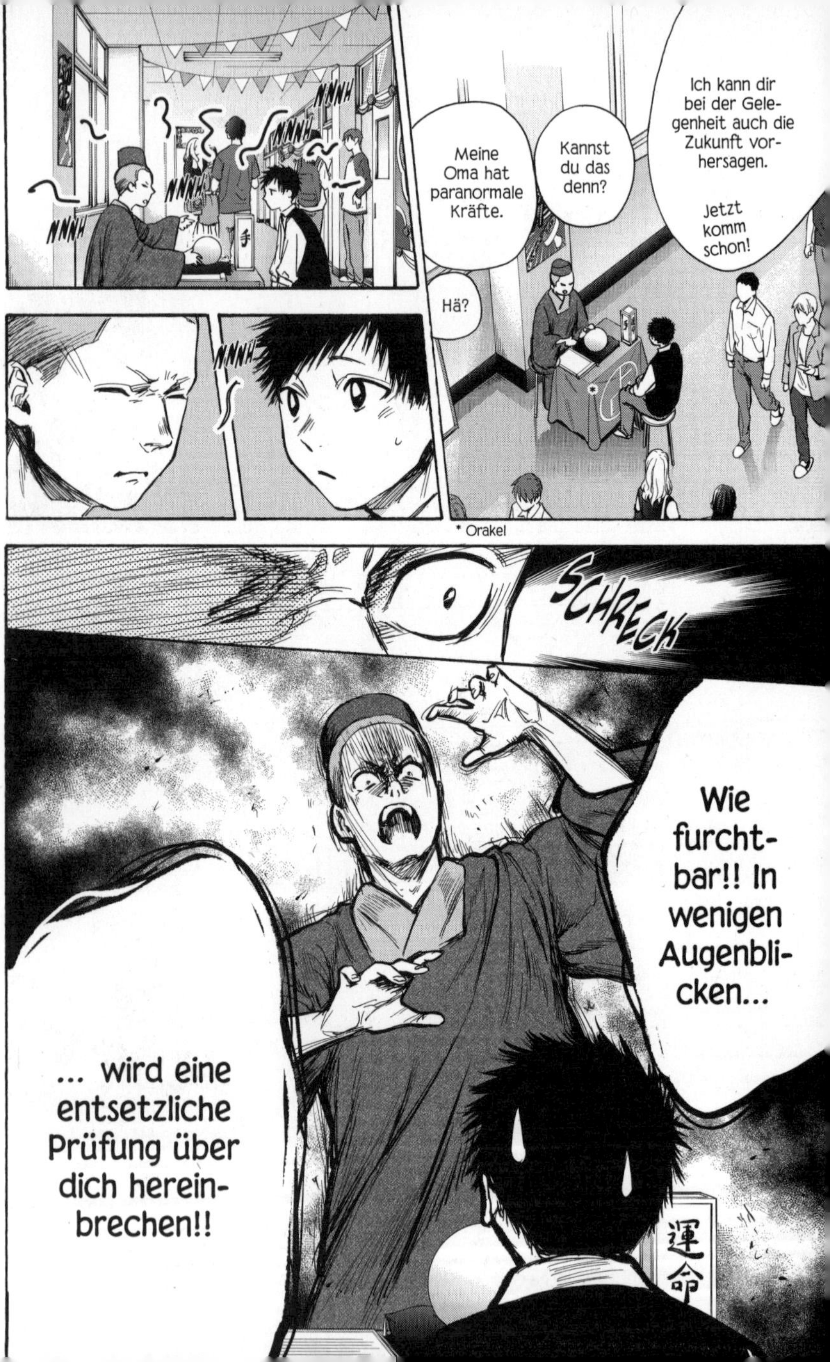
Ich kann dir bei der Gelegenheit auch die Zukunft vorhersagen.
Jetzt komm schon!
Kannst du das denn?
Meine Oma hat paranormale Kräfte.
Hä?
NNNH
NNNH
NNNH
NNNH
NNNH
* Orakel
SCHRECK
Wie furchtbar!! In wenigen Augenblicken...
... wird eine entsetzliche Prüfung über dich hereinbrechen!!

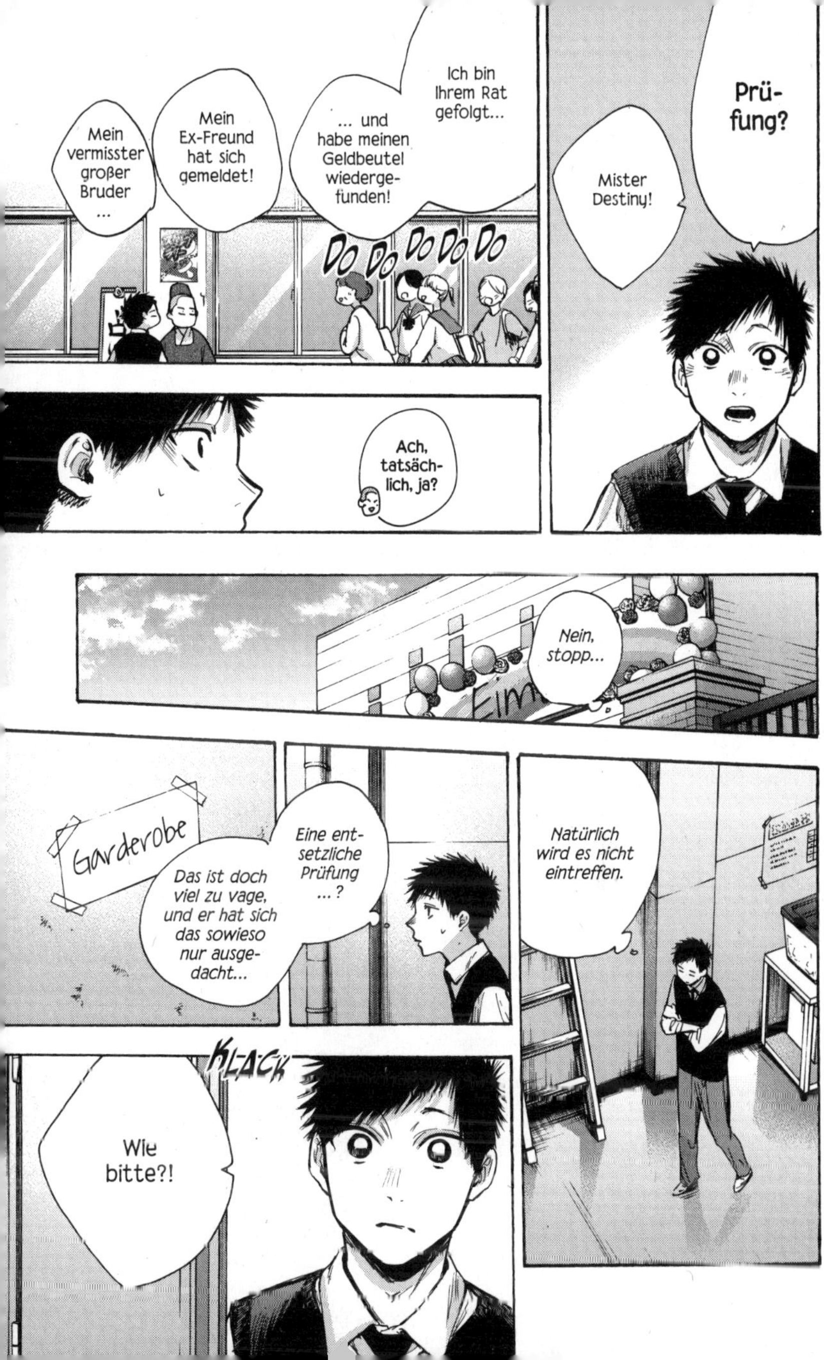

Prü-fung?
Mister Destiny!
Ich bin Ihrem Rat gefolgt...
... und habe meinen Geldbeutel wiedergefunden!
Mein Ex-Freund hat sich gemeldet!
Mein vermisster großer Bruder ...
DO DO DO DO DO
Ach, tatsächlich, ja?
Nein, stopp...
Natürlich wird es nicht eintreffen.
Eine entsetzliche Prüfung ...?
Das ist doch viel zu vage, und er hat sich das sowieso nur ausgedacht...
Garderobe
KLACK
Wie bitte?!

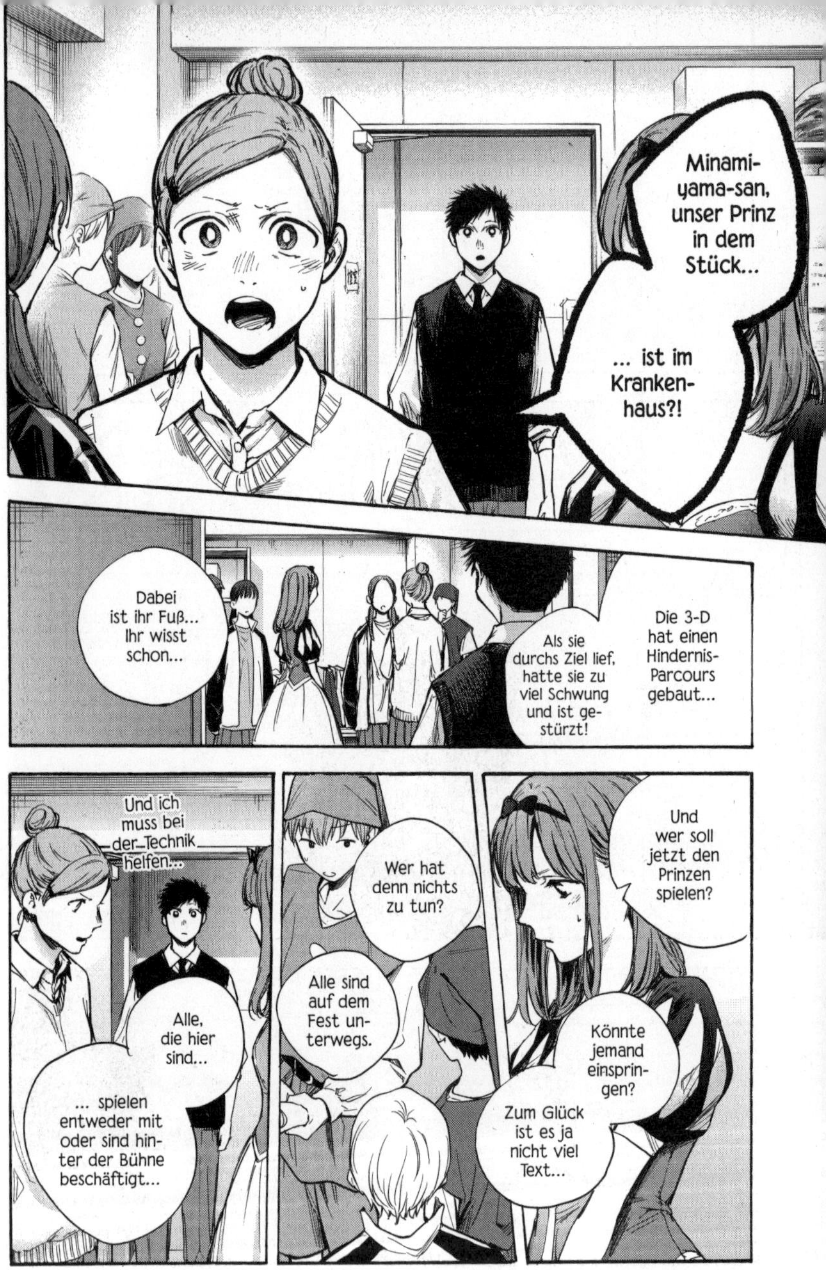
Minamiyama-san, unser Prinz in dem Stück...
... ist im Krankenhaus?!
Die 3-D hat einen Hindernis-Parcours gebaut...
Als sie durchs Ziel lief, hatte sie zu viel Schwung und ist gestürzt!
Dabei ist ihr Fuß... Ihr wisst schon...
Und wer soll jetzt den Prinzen spielen?
Könnte jemand einspringen?
Zum Glück ist es ja nicht viel Text...
Wer hat denn nichts zu tun?
Alle sind auf dem Fest unterwegs.
Und ich muss bei der Technik helfen...
Alle, die hier sind...
... spielen entweder mit oder sind hinter der Bühne beschäftigt...

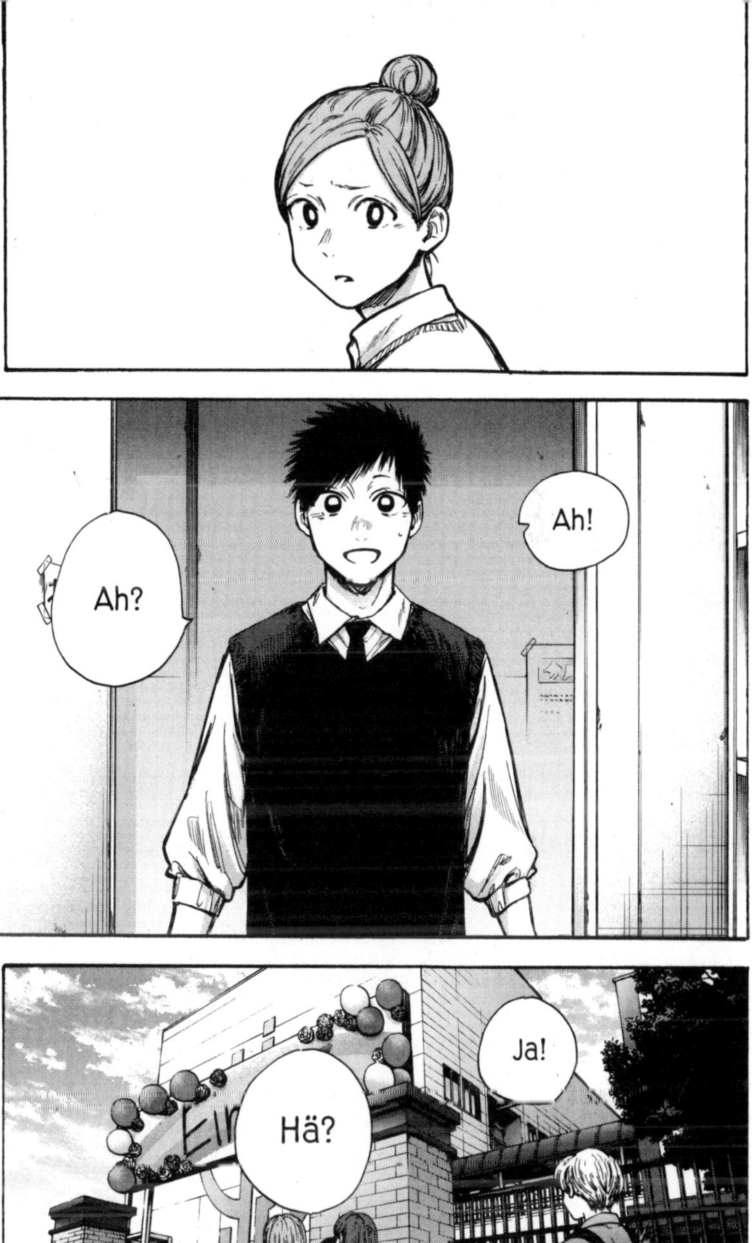
Ah!
Ah?
Ja!
Hä?

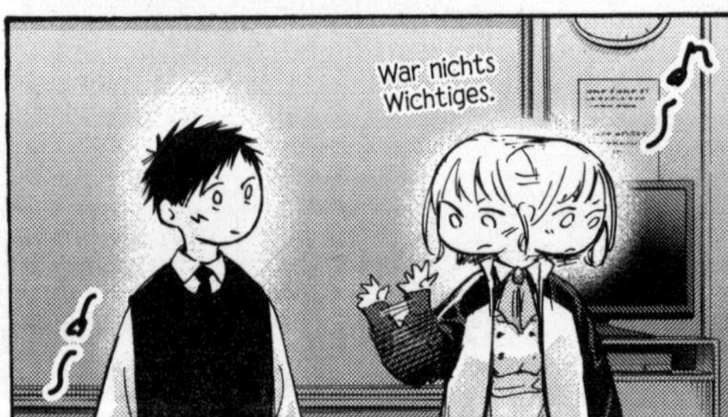

Die Autorin liebt dieses Panel. ↑

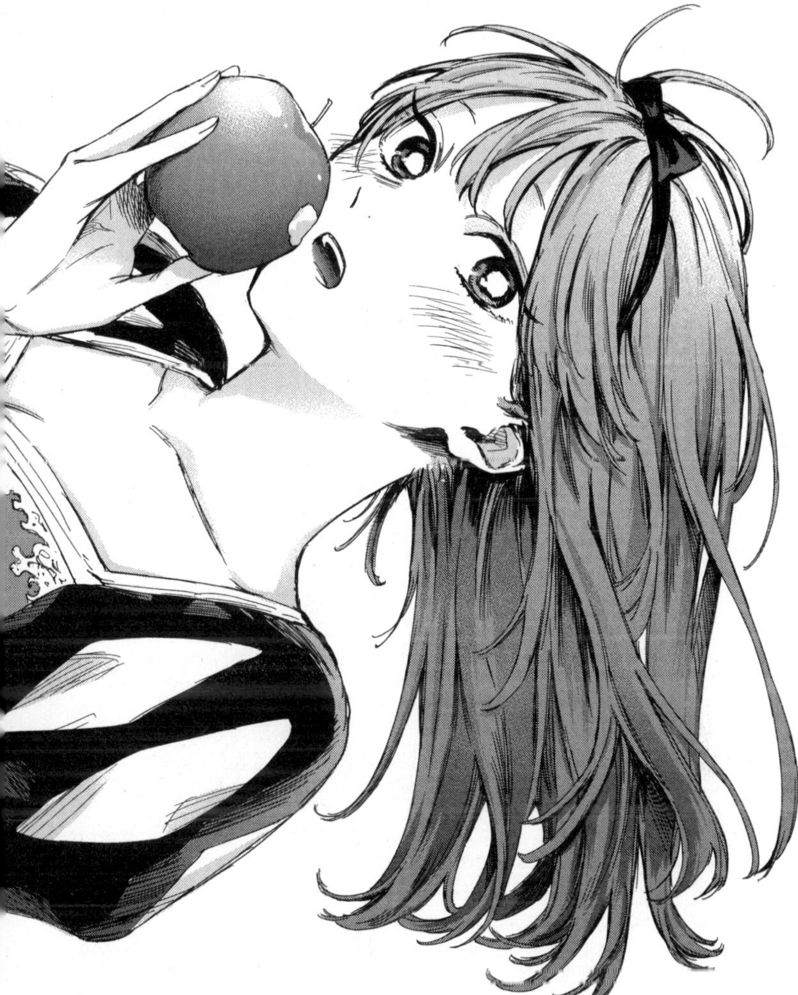

#63 Du musst uns helfen!

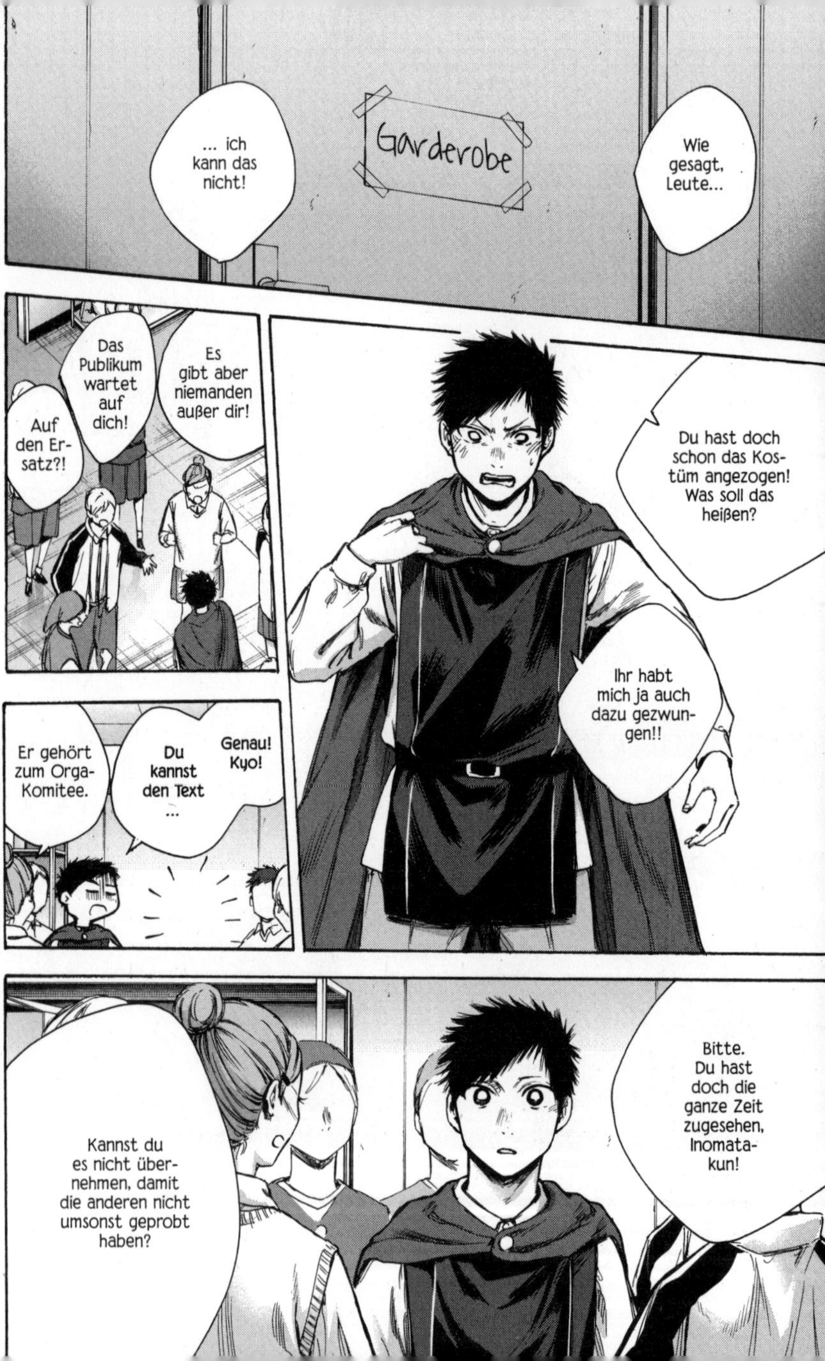
Garderobe
Wie gesagt, Leute...
... ich kann das nicht!
Du hast doch schon das Kostüm angezogen! Was soll das heißen?
Ihr habt mich ja auch dazu gezwungen!!
Es gibt aber niemanden außer dir!
Das Publikum wartet auf dich!
Auf den Ersatz?!
Genau! Kyo!
Du kannst den Text ...
Er gehört zum Orga-Komitee.
Bitte. Du hast doch die ganze Zeit zugesehen, Inomata-kun!
Kannst du es nicht übernehmen, damit die anderen nicht umsonst geprobt haben?

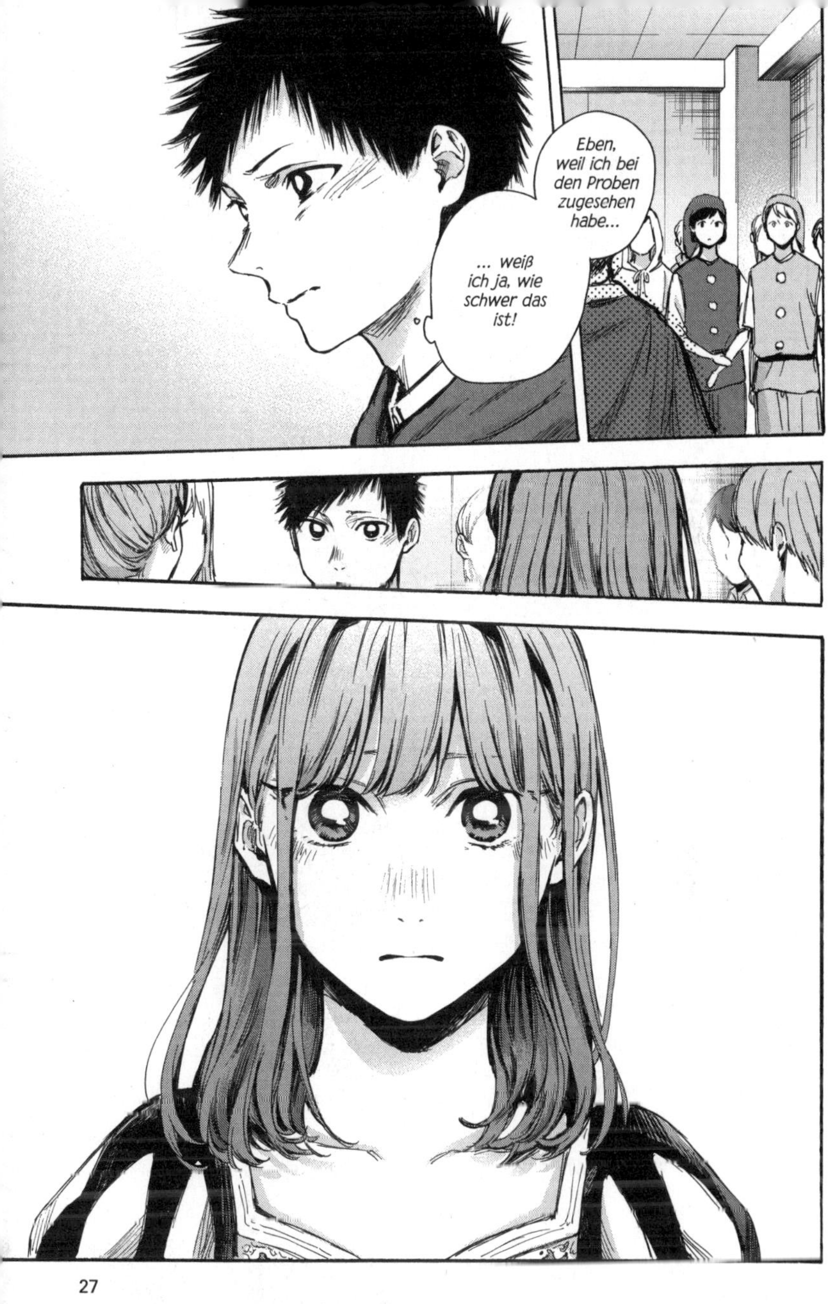
Eben, weil ich bei den Proben zugesehen habe...
... weiß ich ja, wie schwer das ist!

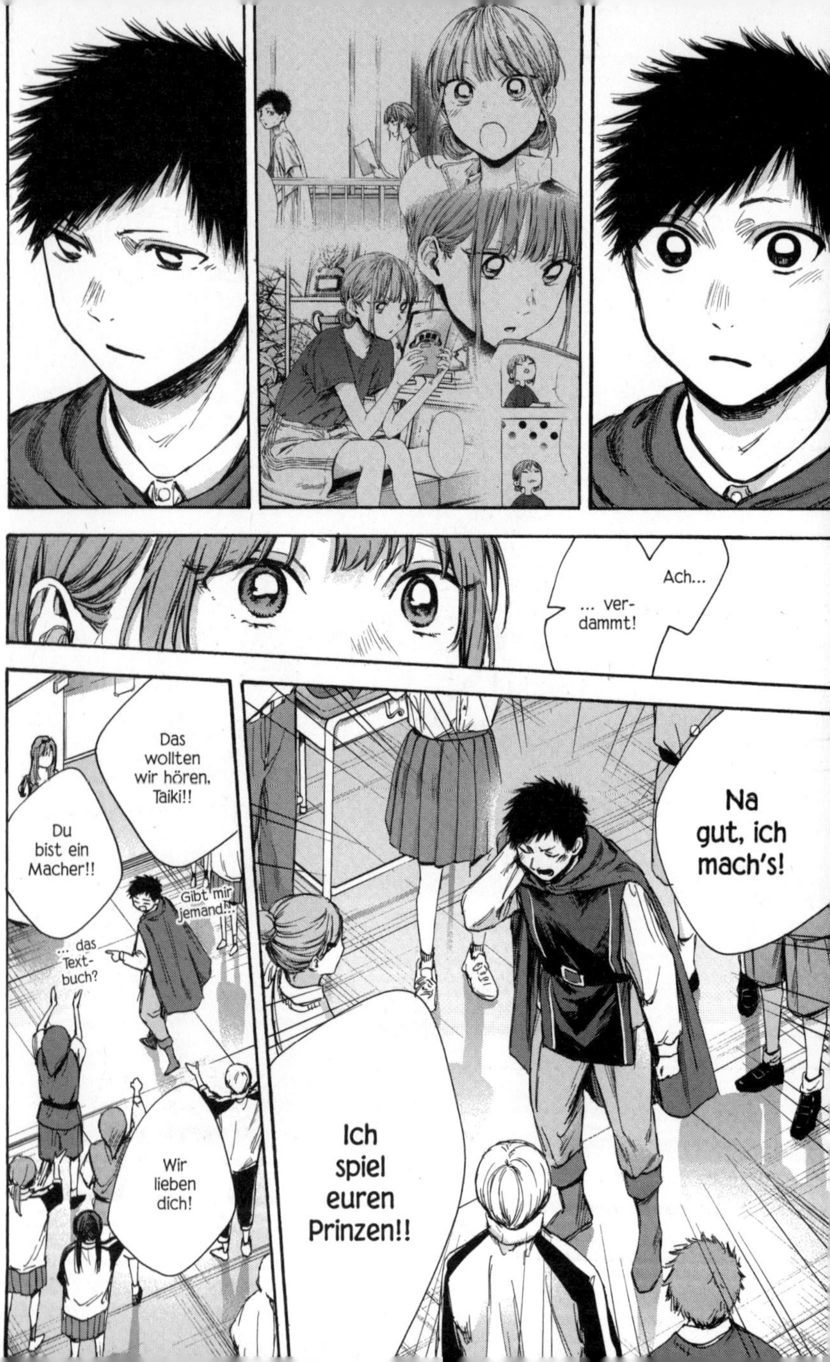

Ach...
... verdammt!
Na gut, ich mach's!
Ich spiel euren Prinzen!!
Das wollten wir hören, Taiki!!
Du bist ein Macher!!
Gibt mir jemand...
... das Textbuch?
Wir lieben dich!

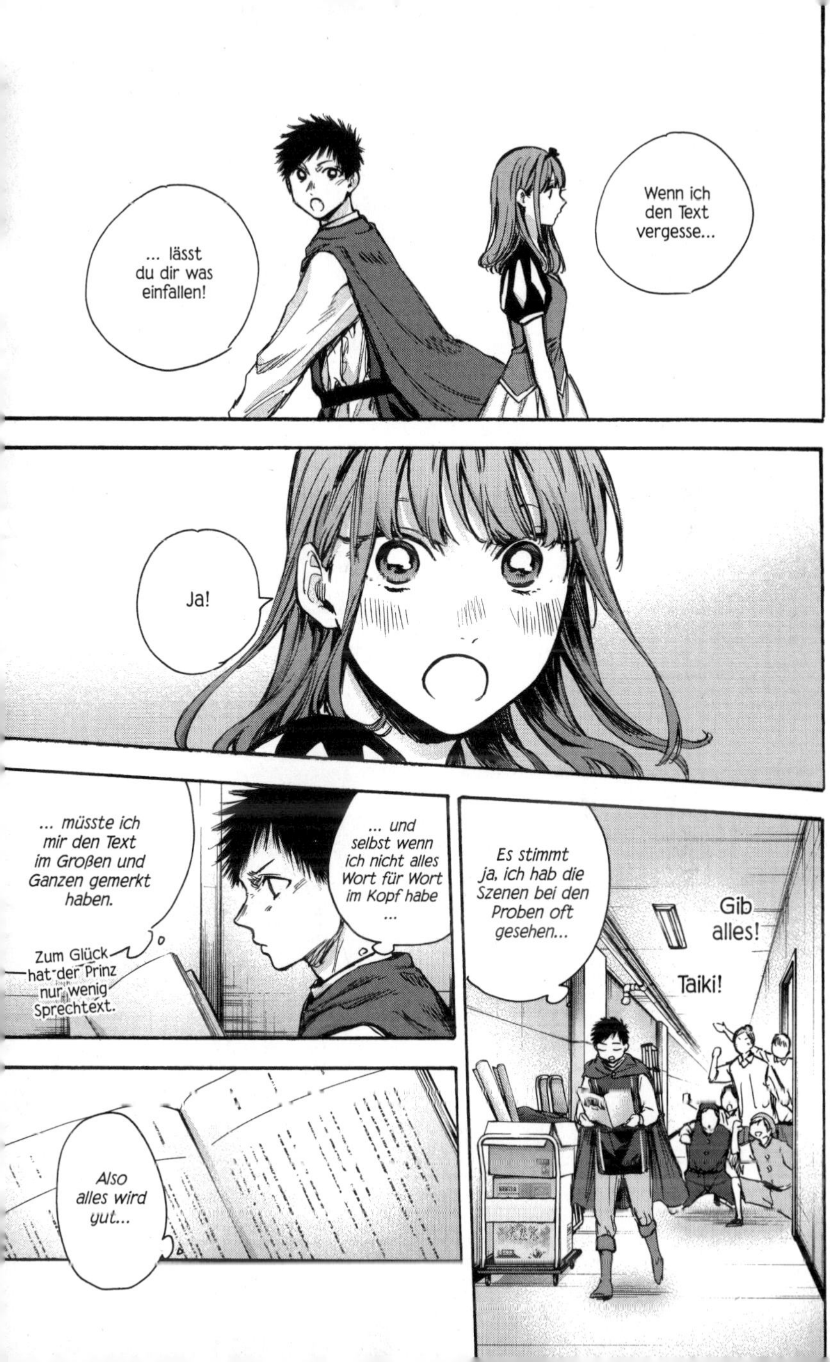
Wenn ich den Text vergesse...
... lässt du dir was einfallen!
Ja!
Es stimmt ja, ich hab die Szenen bei den Proben oft gesehen...
Gib alles!
Taiki!
... und selbst wenn ich nicht alles Wort für Wort im Kopf habe ...
... müsste ich mir den Text im Großen und Ganzen gemerkt haben.
Zum Glück hat der Prinz nur wenig Sprechtext.
Also alles wird gut...

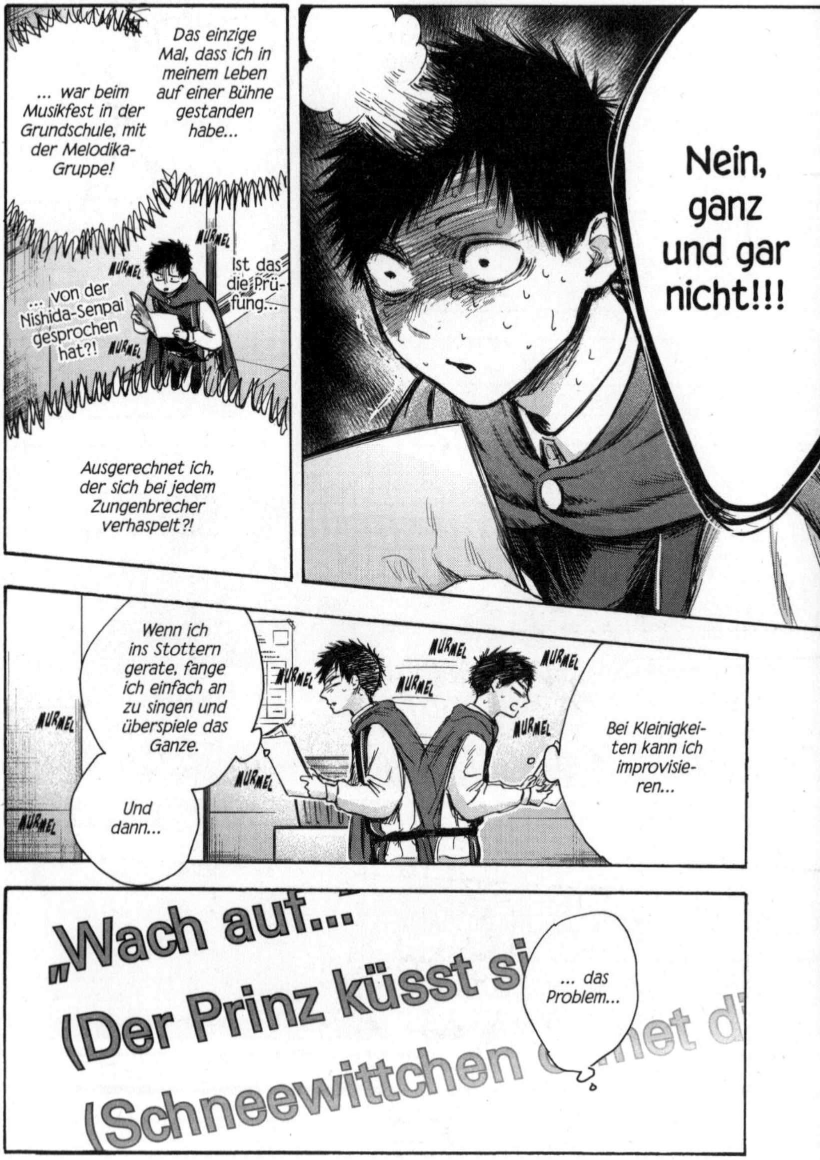
Nein, ganz und gar nicht!!!
Das einzige Mal, dass ich in meinem Leben auf einer Bühne gestanden habe...
... war beim Musikfest in der Grundschule, mit der Melodika-Gruppe!
MURMEL
Ist das die Prüfung...
... von der Nishida-Senpai gesprochen hat?!
MURMEL
Ausgerechnet ich, der sich bei jedem Zungenbrecher verhaspelt?!
Bei Kleinigkeiten kann ich improvisieren...
MURMEL
Wenn ich ins Stottern gerate, fange ich einfach an zu singen und überspiele das Ganze.
Und dann...
„Wach auf...
(Der Prinz küsst si
(Schneewittchen
... das Problem...

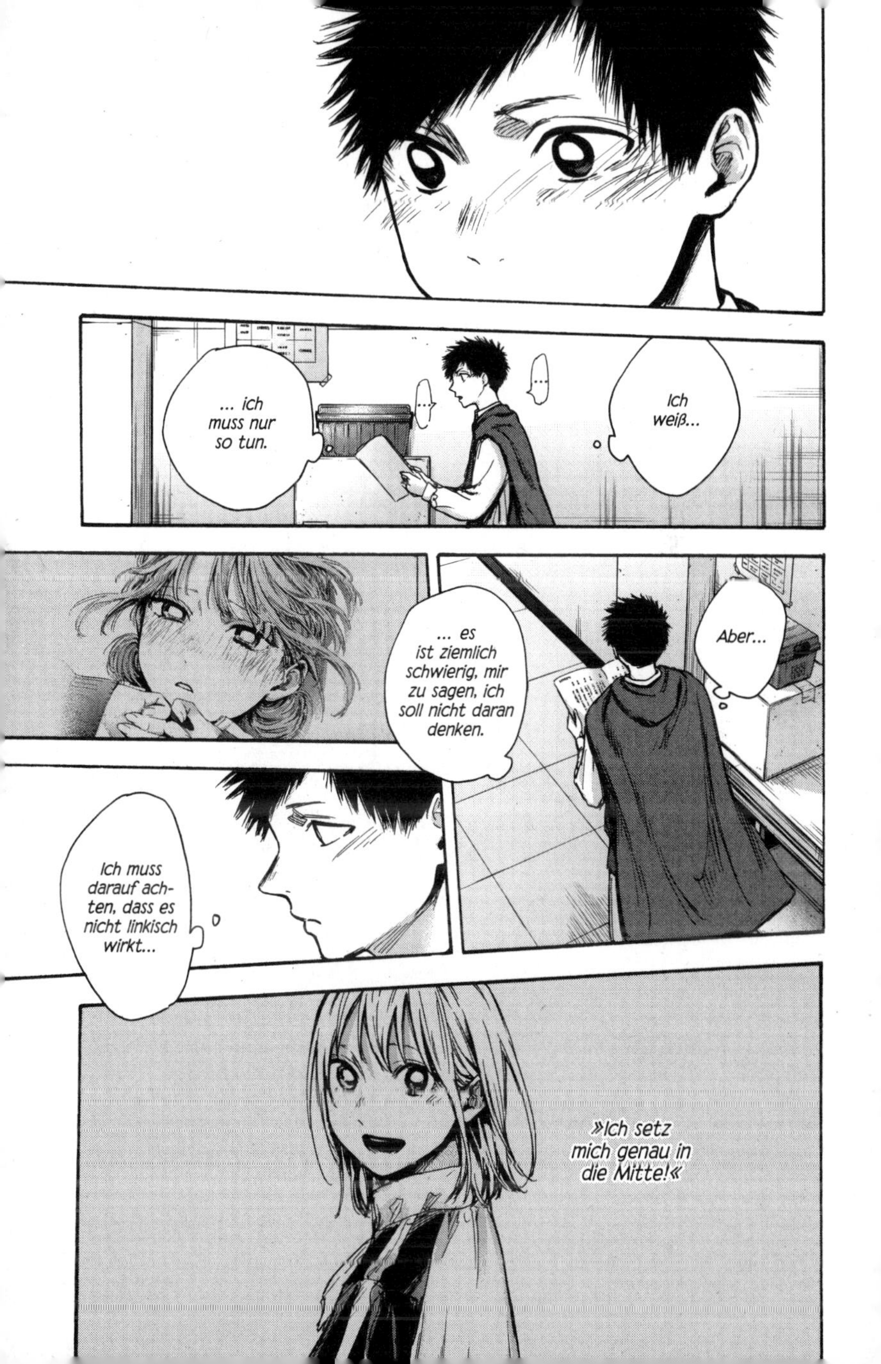
Ich weiß...
... ich muss nur so tun.
Aber...
... es ist ziemlich schwierig, mir zu sagen, ich soll nicht daran denken.
Ich muss darauf achten, dass es nicht linkisch wirkt...
»Ich setz mich genau in die Mitte!«

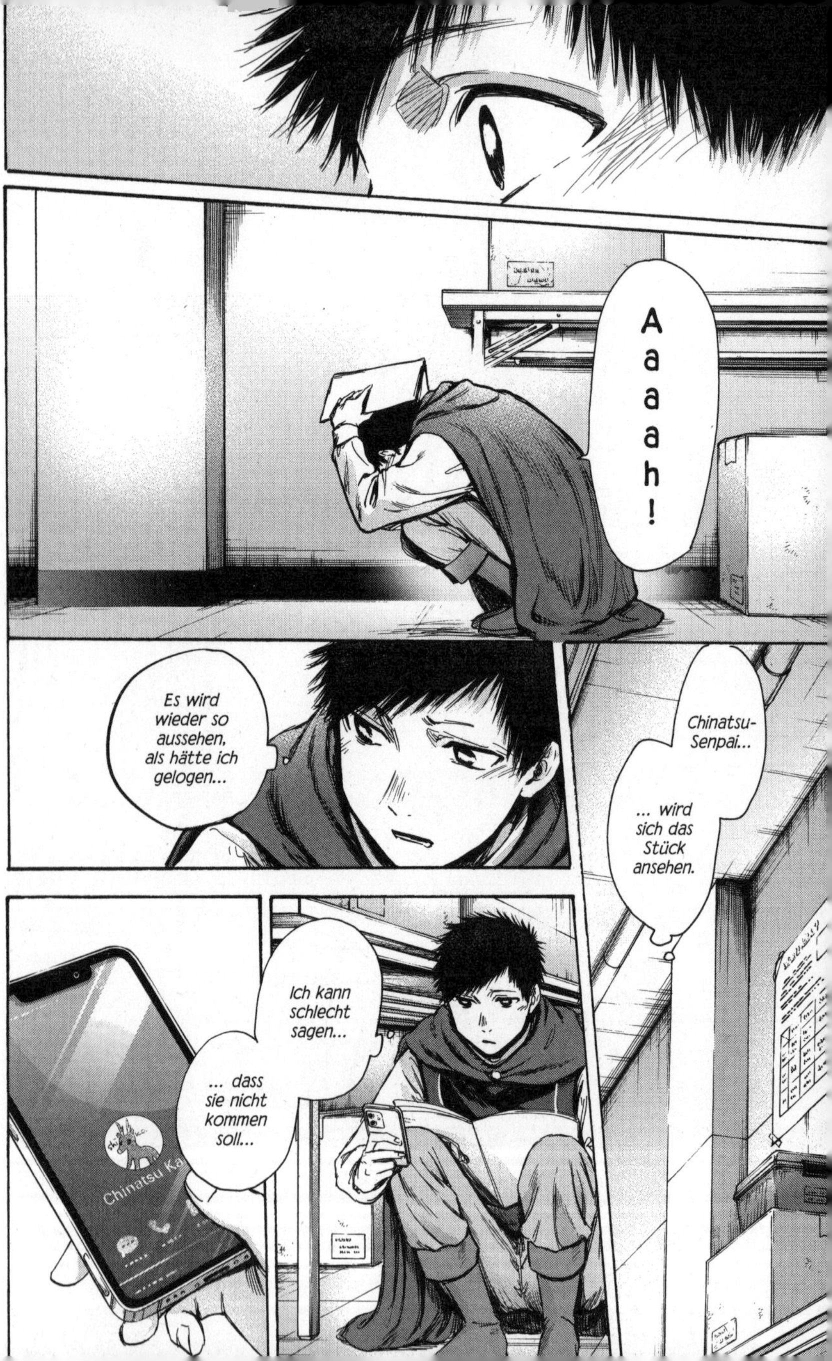
Aaaah!
Chinatsu-Senpai...
... wird sich das Stück ansehen.
Es wird wieder so aussehen, als hätte ich gelogen...
Ich kann schlecht sagen...
... dass sie nicht kommen soll...
Chinatsu Ka

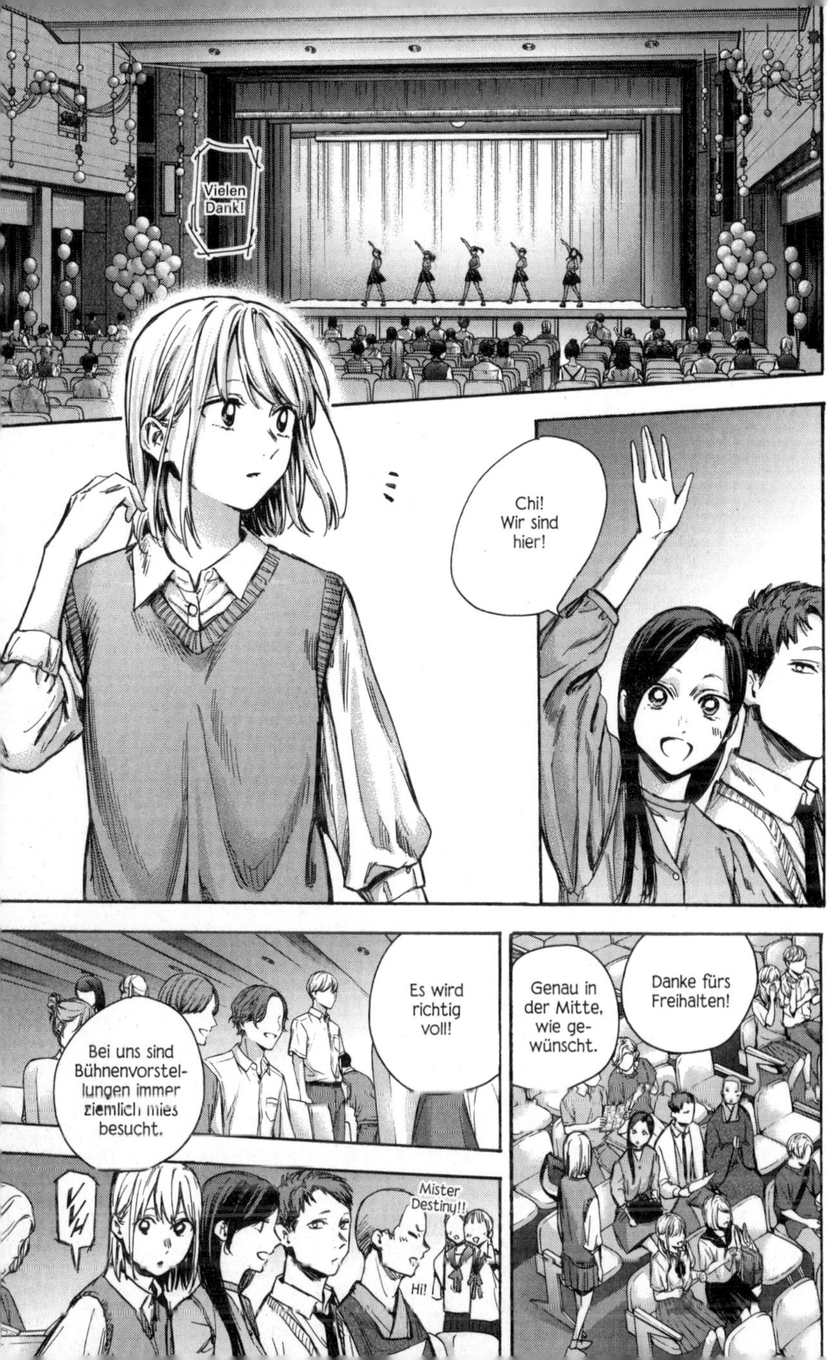
Vielen Dank!
Chi! Wir sind hier!
Danke fürs Freihalten!
Genau in der Mitte, wie gewünscht.
Es wird richtig voll!
Bei uns sind Bühnenvorstellungen immer ziemlich mies besucht.
Mister Destiny!!
Hi!

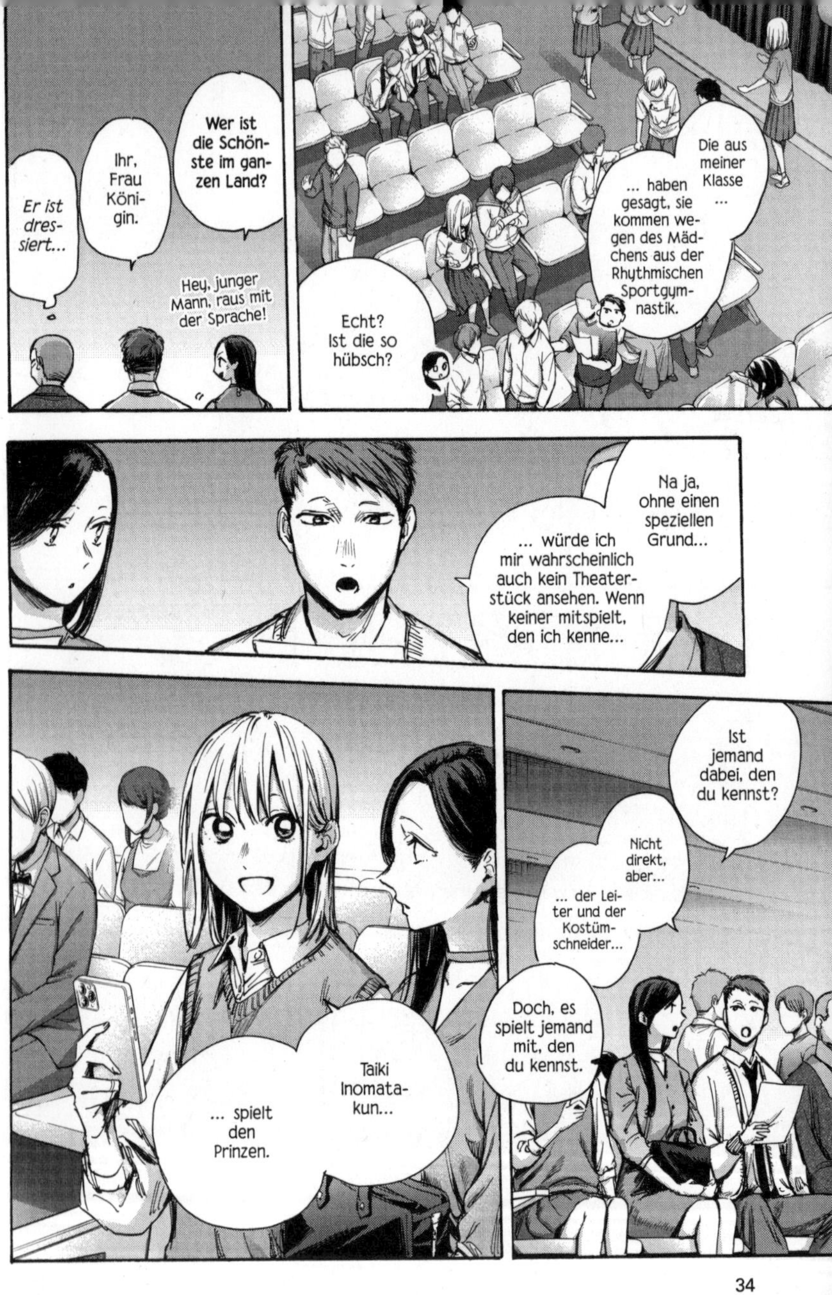
Die aus meiner Klasse ...
... haben gesagt, sie kommen wegen des Mädchens aus der Rhythmischen Sportgymnastik.
Echt? Ist die so hübsch?
Wer ist die Schönste im ganzen Land?
Ihr, Frau Königin.
Hey, junger Mann, raus mit der Sprache!
Er ist dressiert...
Na ja, ohne einen speziellen Grund...
... würde ich mir wahrscheinlich auch kein Theaterstück ansehen. Wenn keiner mitspielt, den ich kenne...
Ist jemand dabei, den du kennst?
Nicht direkt, aber...
... der Leiter und der Kostümschneider...
Doch, es spielt jemand mit, den du kennst.
Taiki Inomata-kun...
... spielt den Prinzen.

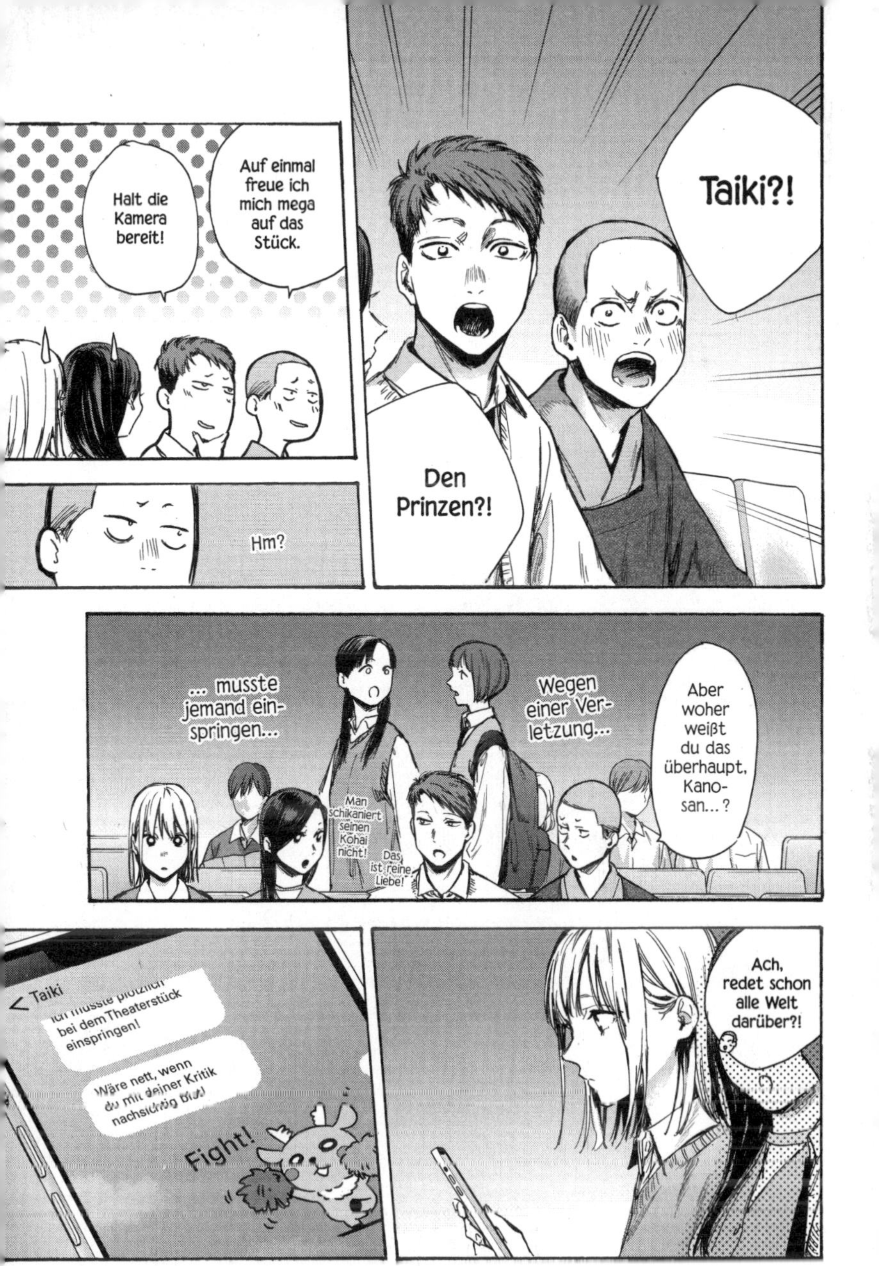
Taiki?!
Den Prinzen?!
Auf einmal freue ich mich mega auf das Stück.
Halt die Kamera bereit!
Hm?
Aber woher weißt du das überhaupt, Kano-san...?
Wegen einer Verletzung...
... musste jemand einspringen...
Das ist reine Liebe!
Man schikaniert seinen Kohai nicht!
Ach, redet schon alle Welt darüber?!
< Taiki
Ich musste plötzlich bei dem Theaterstück einspringen!
Wäre nett, wenn du mit deiner Kritik nachsichtig bist!
Fight!

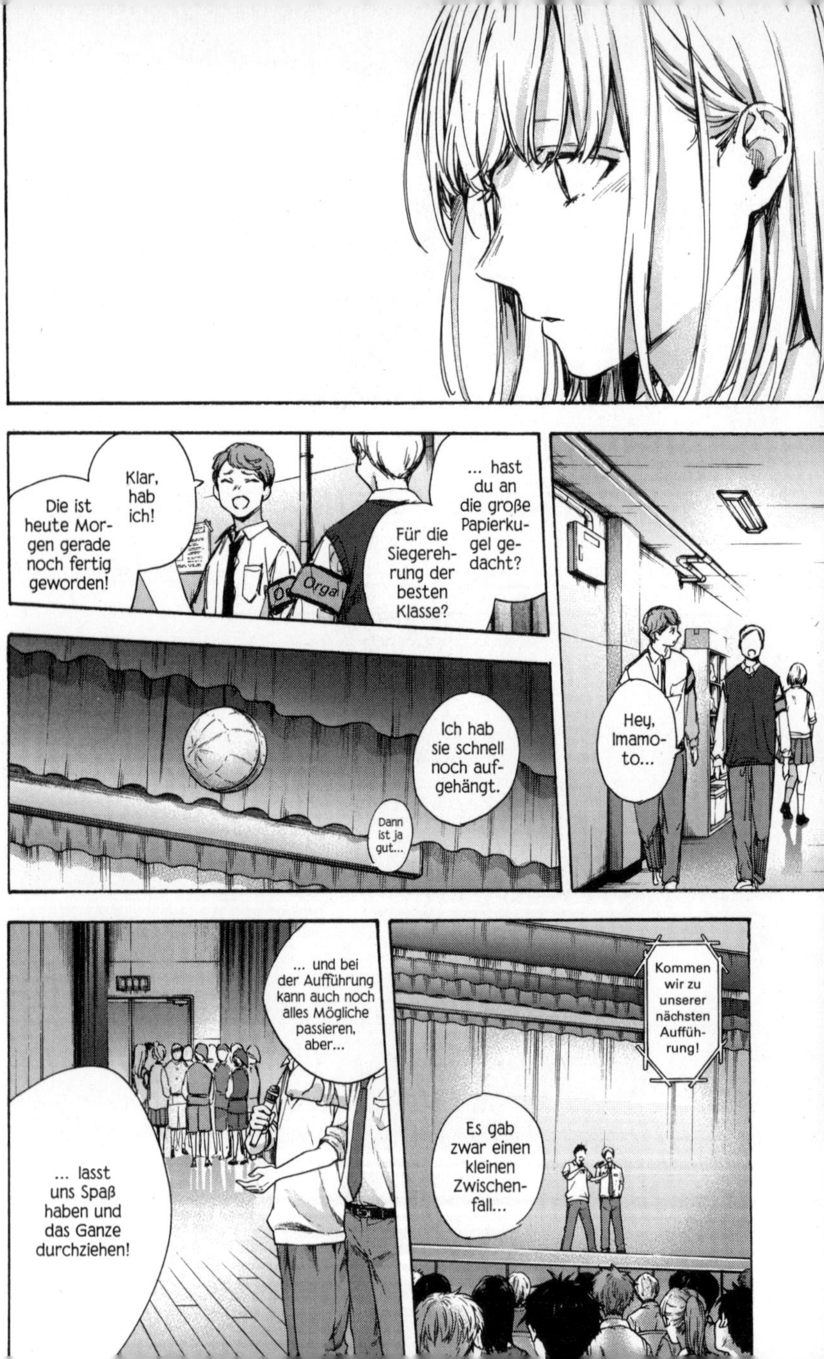
Hey, Imamoto...
... hast du an die große Papierkugel gedacht?
Für die Siegerehrung der besten Klasse?
Klar, hab ich!
Die ist heute Morgen gerade noch fertig geworden!
Orga
Ich hab sie schnell noch aufgehängt.
Dann ist ja gut...
Kommen wir zu unserer nächsten Aufführung!
Es gab zwar einen kleinen Zwischenfall...
... und bei der Aufführung kann auch noch alles Mögliche passieren, aber...
... lasst uns Spaß haben und das Ganze durchziehen!

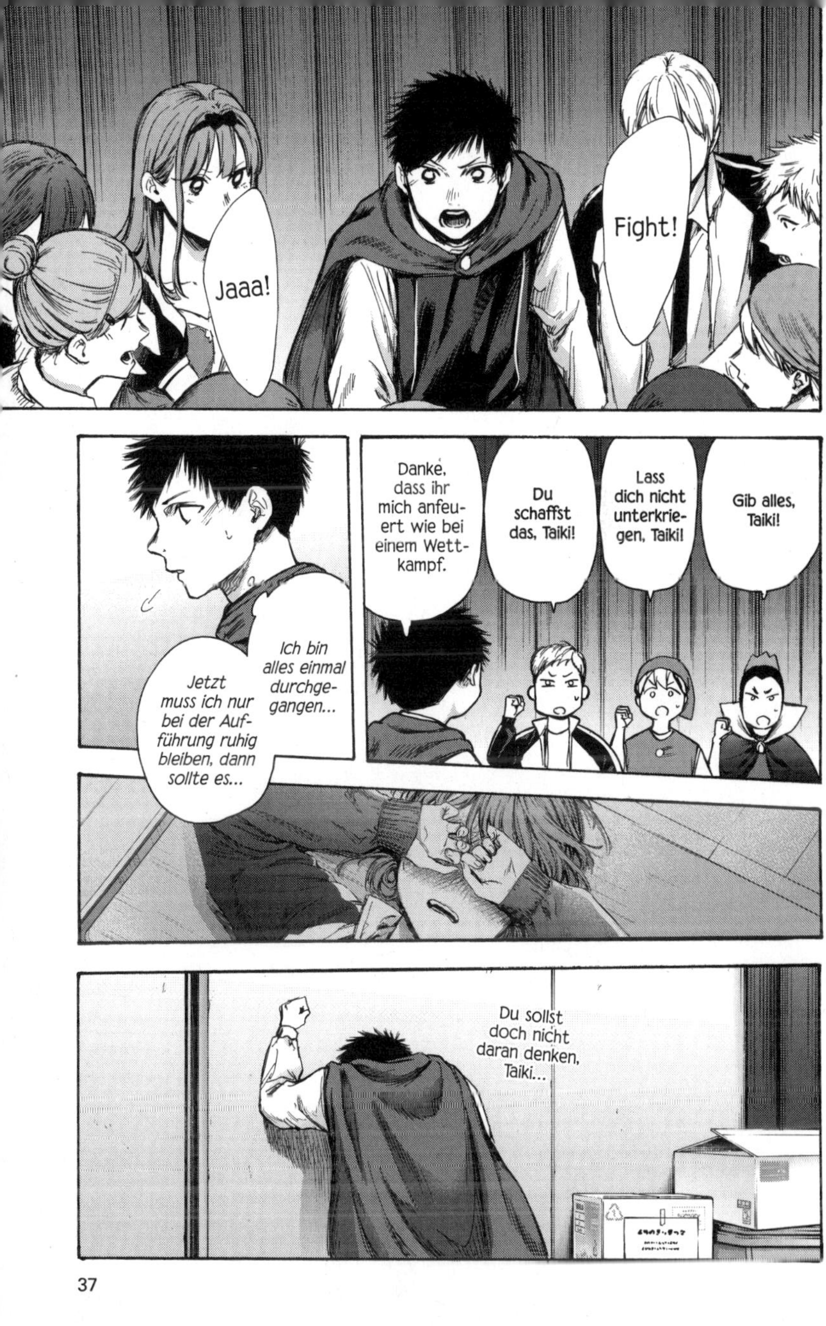
Fight!
Jaaa!
Gib alles, Taiki!
Lass dich nicht unterkriegen, Taiki!
Du schaffst das, Taiki!
Danke, dass ihr mich anfeuert wie bei einem Wettkampf.
Ich bin alles einmal durchgegangen...
Jetzt muss ich nur bei der Aufführung ruhig bleiben, dann sollte es...
Du sollst doch nicht daran denken, Taiki...

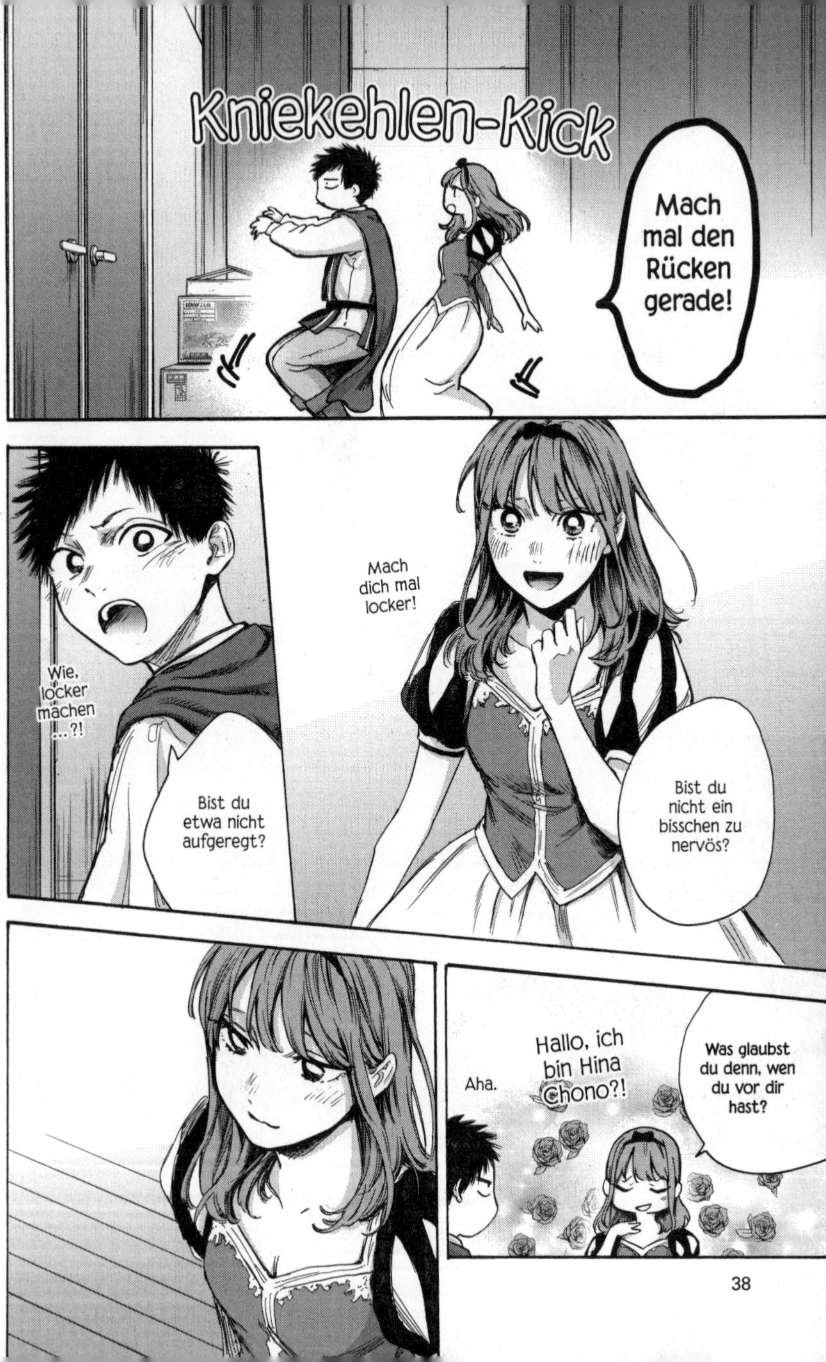
Kniekehlen-Kick
Mach mal den Rücken gerade!
Bist du nicht ein bisschen zu nervös?
Mach dich mal locker!
Wie, locker machen ...?!
Bist du etwa nicht aufgeregt?
Was glaubst du denn, wen du vor dir hast?
Hallo, ich bin Hina Chono?!
Aha.

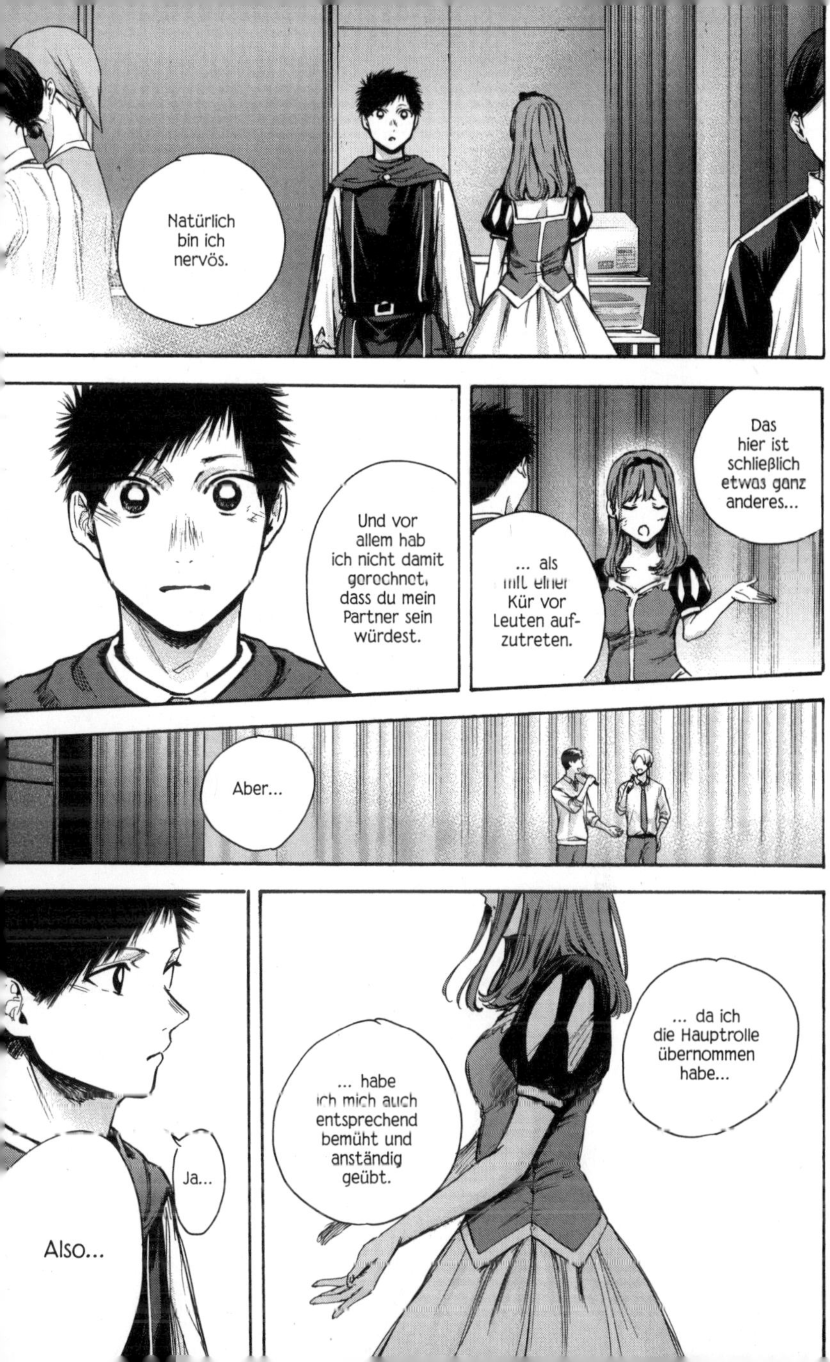
Natürlich bin ich nervös.
Das hier ist schließlich etwas ganz anderes...
... als mit einer Kür vor Leuten aufzutreten.
Und vor allem hab ich nicht damit gerechnet, dass du mein Partner sein würdest.
Aber...
... da ich die Hauptrolle übernommen habe...
... habe ich mich auch entsprechend bemüht und anständig geübt.
Ja...
Also...

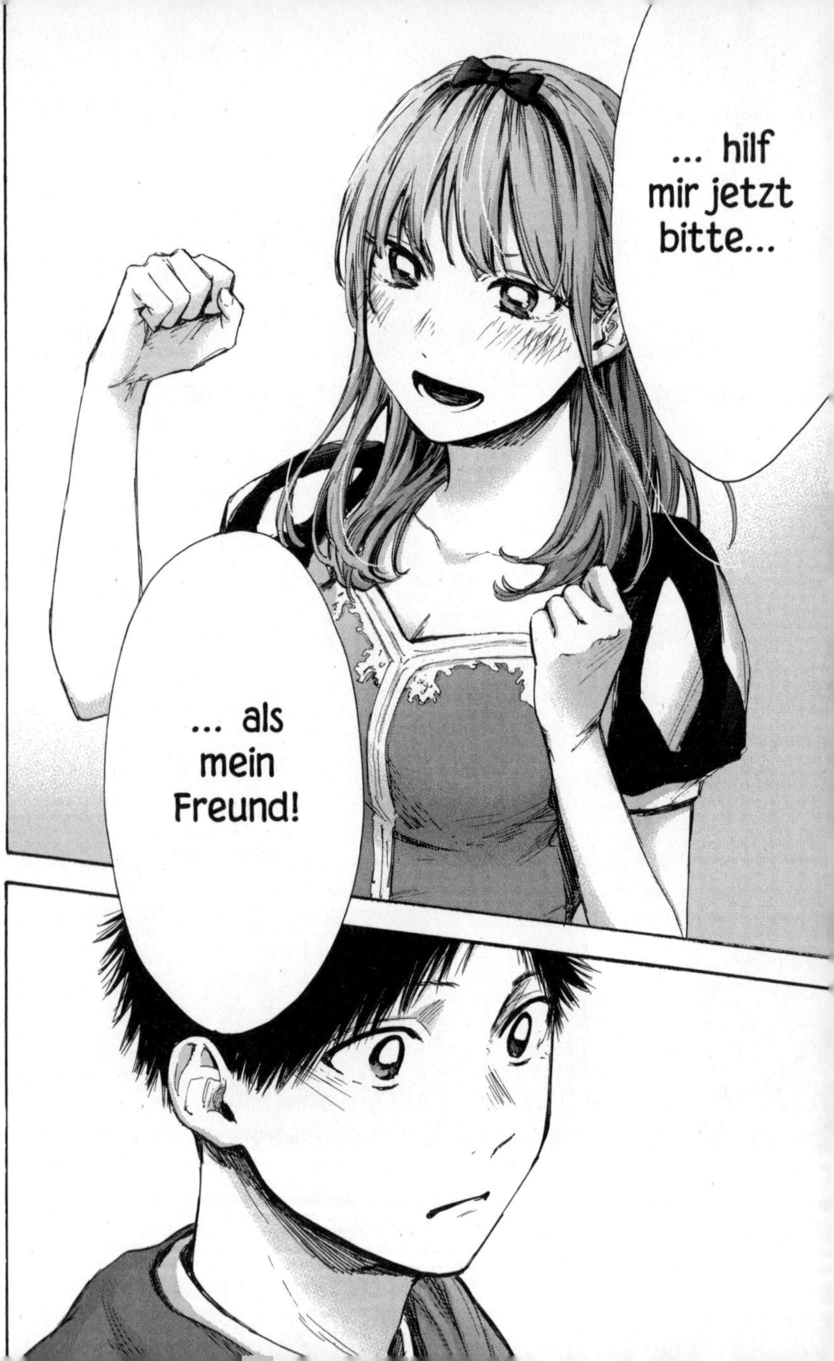
... hilf mir jetzt bitte...
... als mein Freund!

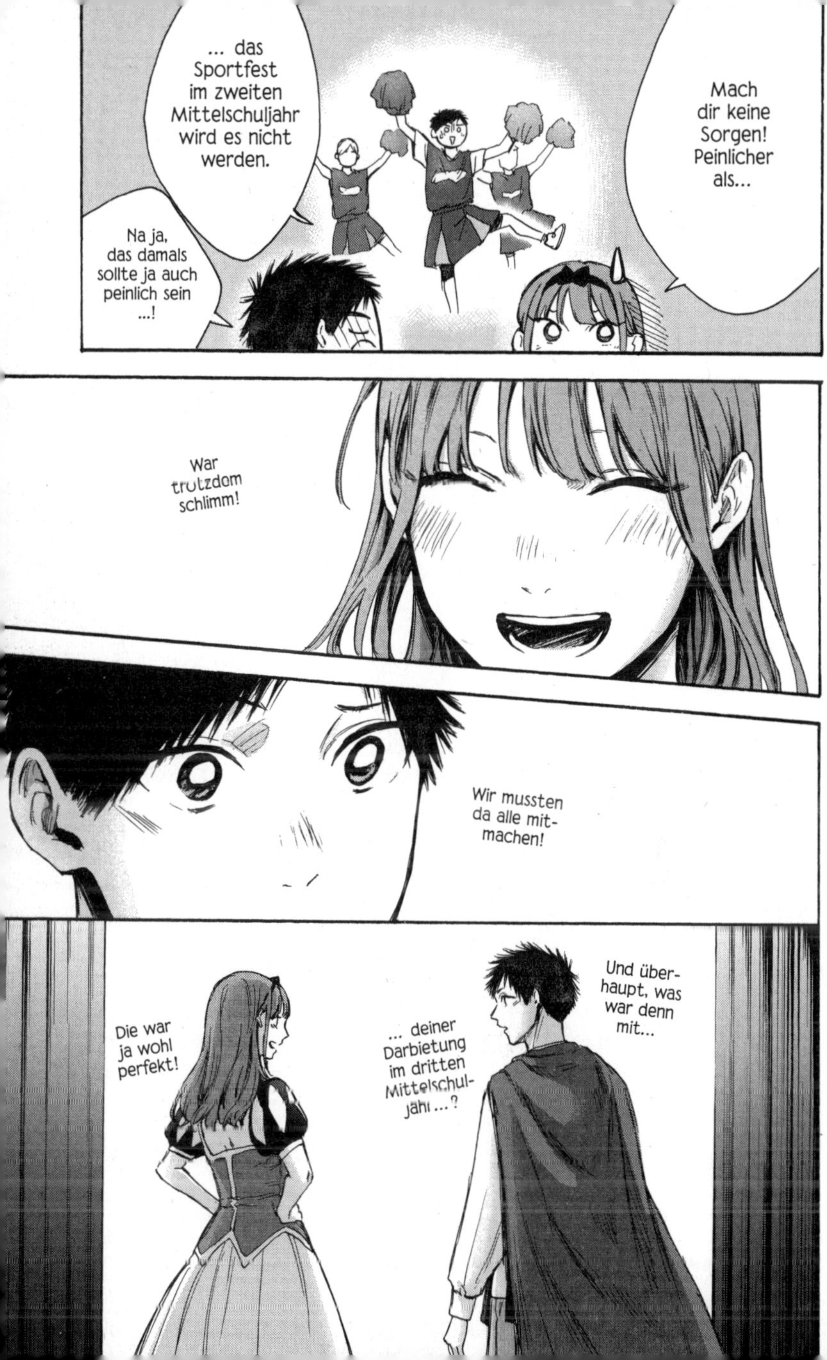
Mach dir keine Sorgen! Peinlicher als...
... das Sportfest im zweiten Mittelschuljahr wird es nicht werden.
Na ja, das damals sollte ja auch peinlich sein ...!
War trotzdem schlimm!
Wir mussten da alle mit-machen!
Und über-haupt, was war denn mit...
... deiner Darbietung im dritten Mittelschul-jahr ...?
Die war ja wohl perfekt!

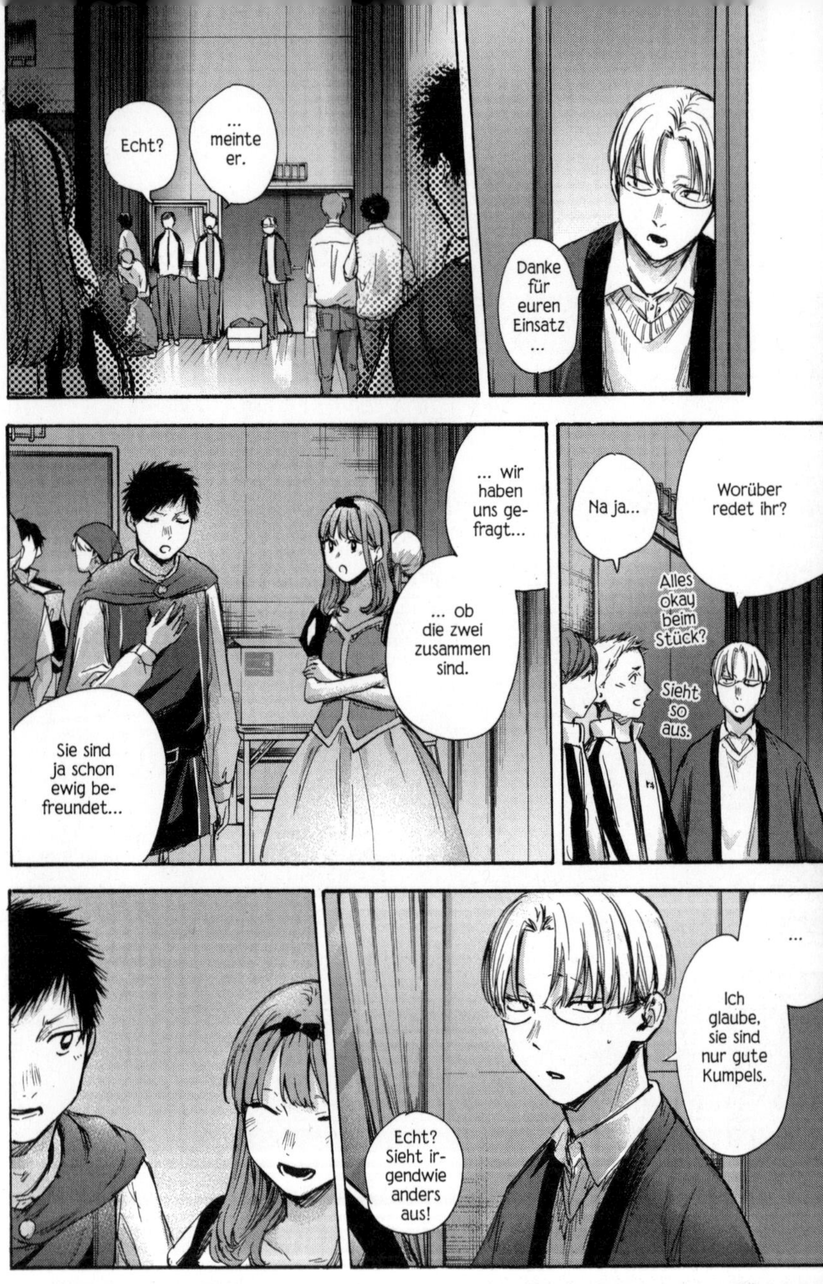
Danke für euren Einsatz ...
... meinte er.
Echt?
Worüber redet ihr?
Na ja...
Alles okay beim Stück?
Sieht so aus.
... wir haben uns gefragt...
... ob die zwei zusammen sind.
Sie sind ja schon ewig befreundet...
...
Ich glaube, sie sind nur gute Kumpels.
Echt? Sieht irgendwie anders aus!

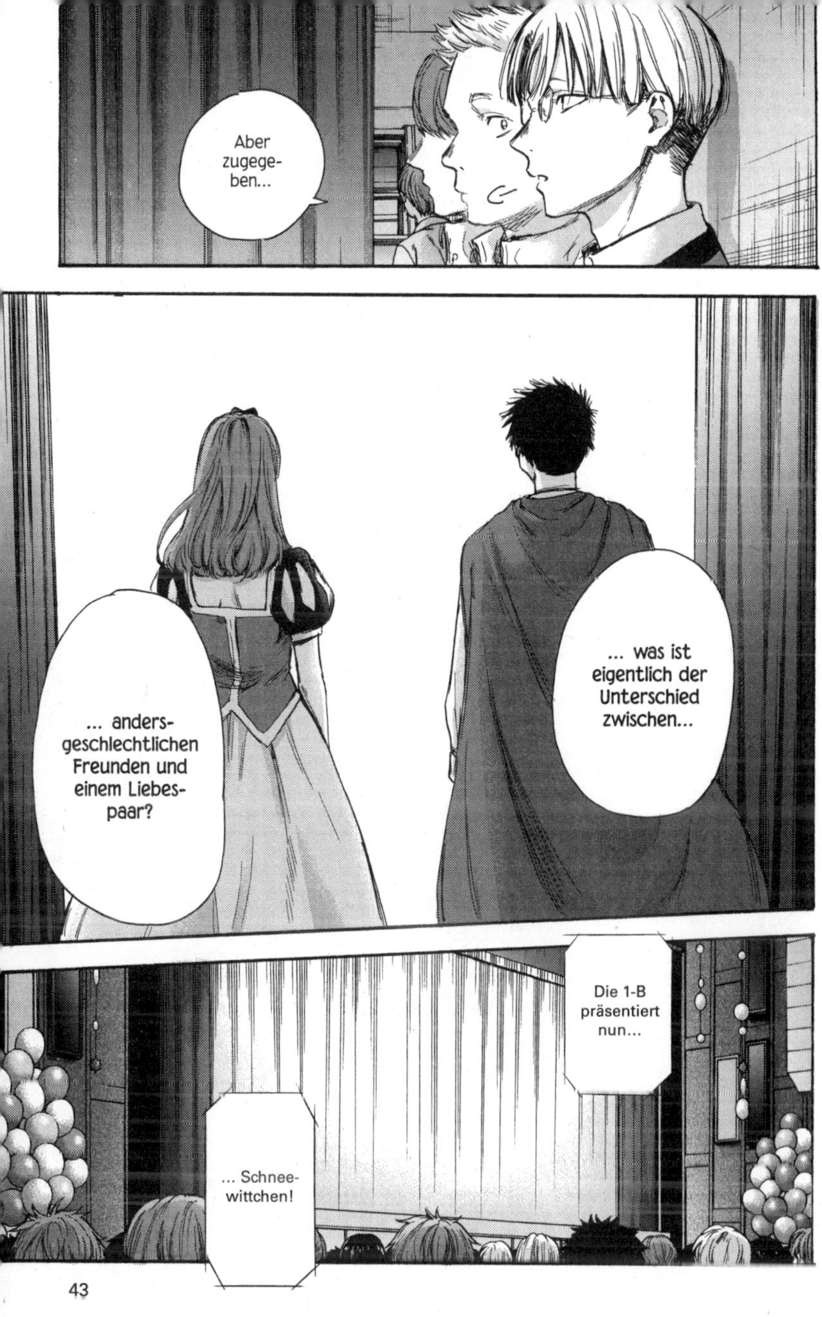
Aber zugegeben...
... was ist eigentlich der Unterschied zwischen...
... andersgeschlechtlichen Freunden und einem Liebespaar?
Die 1-B präsentiert nun...
... Schneewittchen!

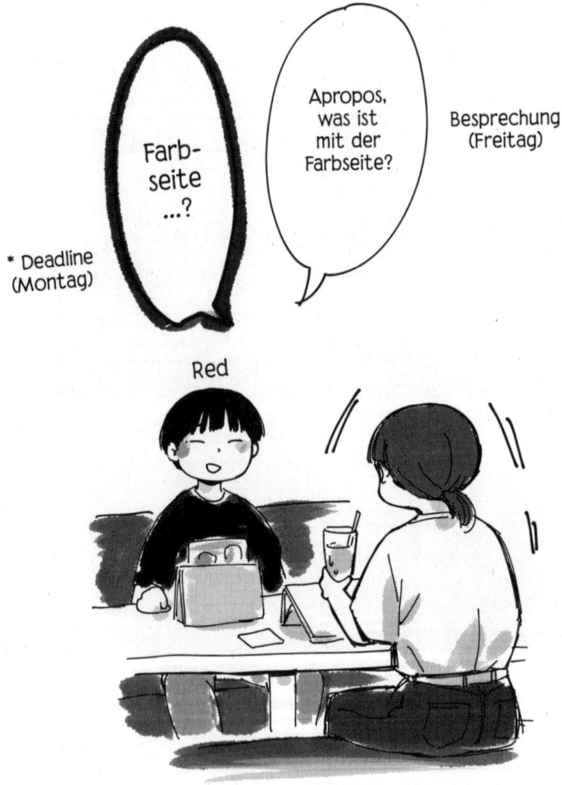

Besprechung
(Freitag)
Apropos, was ist mit der Farbseite?
Farbseite ...?
* Deadline
(Montag)
Red

#64 Als Freund

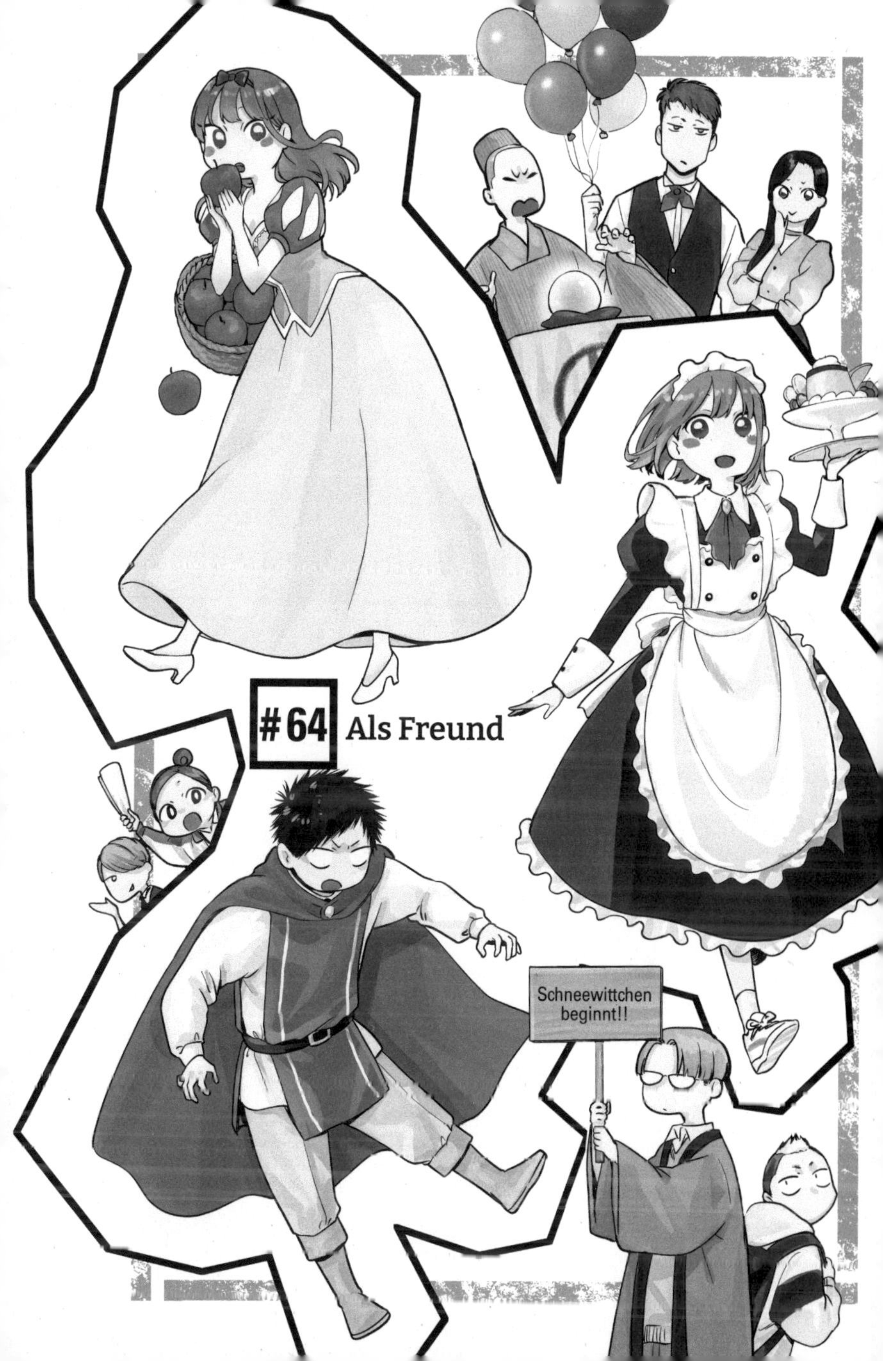

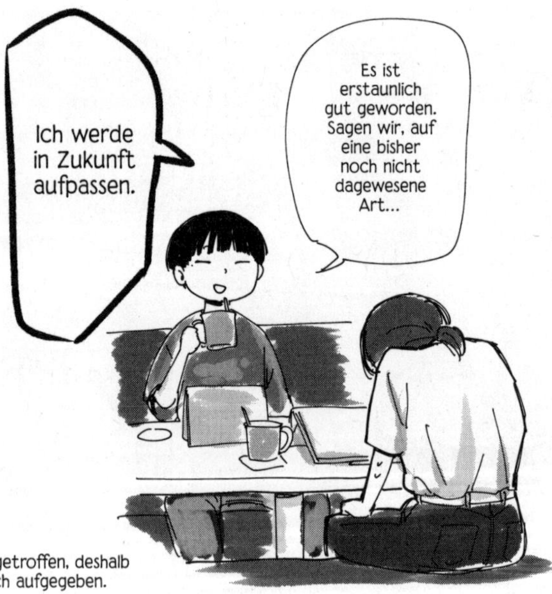

* Sie ist nicht gut getroffen, deshalb hab ich es einfach aufgegeben.

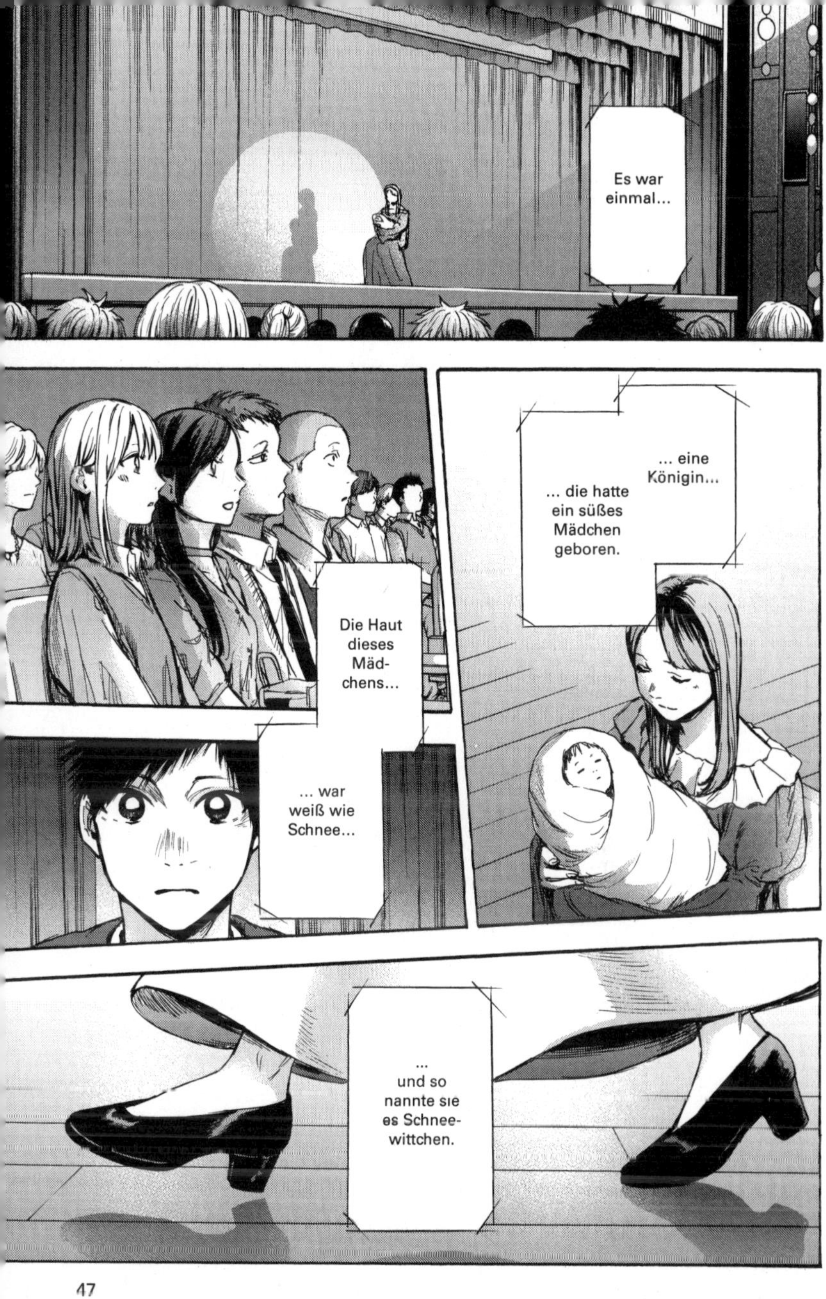
Es war einmal...
... eine Königin...
... die hatte ein süßes Mädchen geboren.
Die Haut dieses Mädchens...
... war weiß wie Schnee...
... und so nannte sie es Schneewittchen.

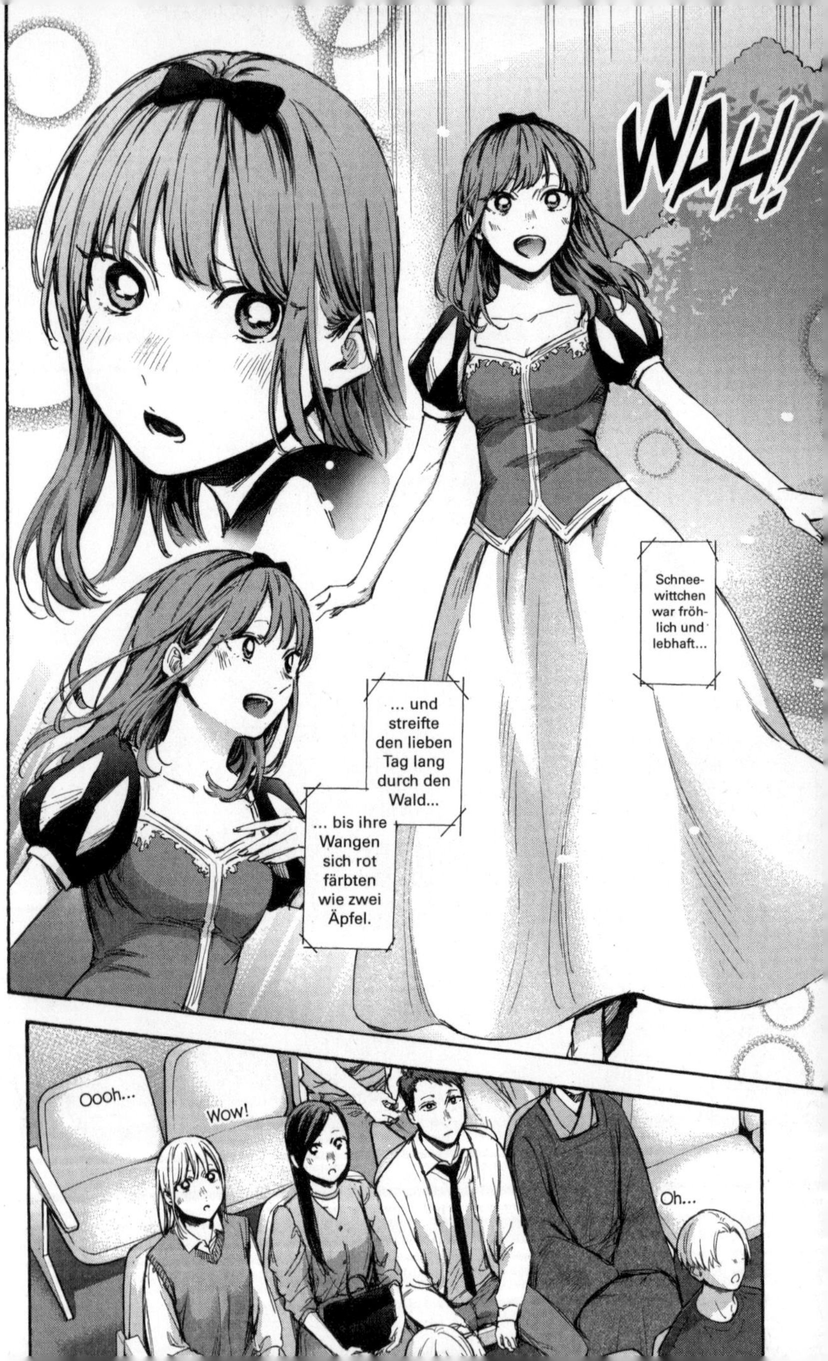

WAH!
Schneewittchen war fröhlich und lebhaft...
... und streifte den lieben Tag lang durch den Wald...
... bis ihre Wangen sich rot färbten wie zwei Äpfel.
Oh...
Wow!
Oooh...

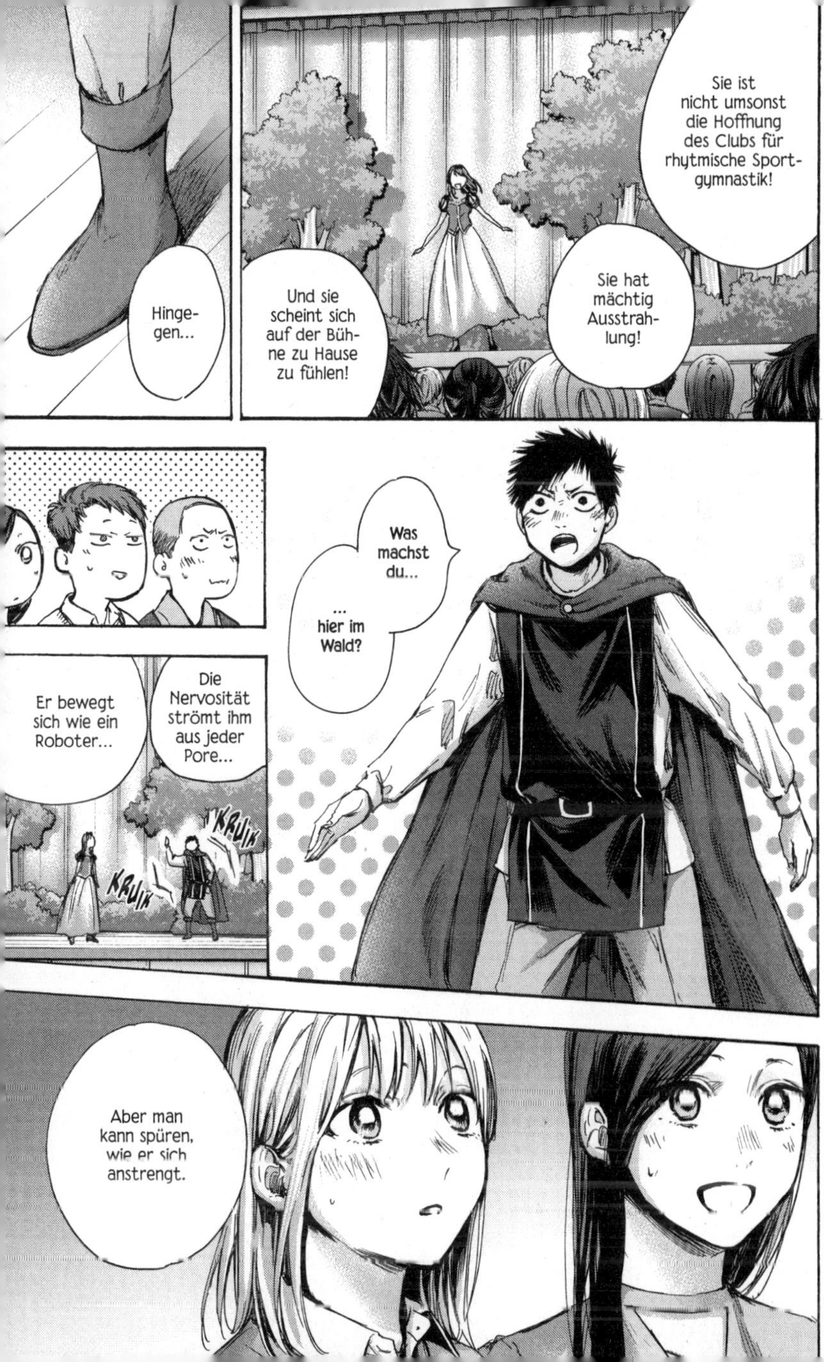
Sie ist nicht umsonst die Hoffnung des Clubs für rhytmische Sport-gymnastik!
Sie hat mächtig Ausstrah-lung!
Und sie scheint sich auf der Büh-ne zu Hause zu fühlen!
Hinge-gen...
Was machst du...
... hier im Wald?
Die Nervosität strömt ihm aus jeder Pore...
Er bewegt sich wie ein Roboter...
KRUIK
KRUIK
Aber man kann spüren, wie er sich anstrengt.

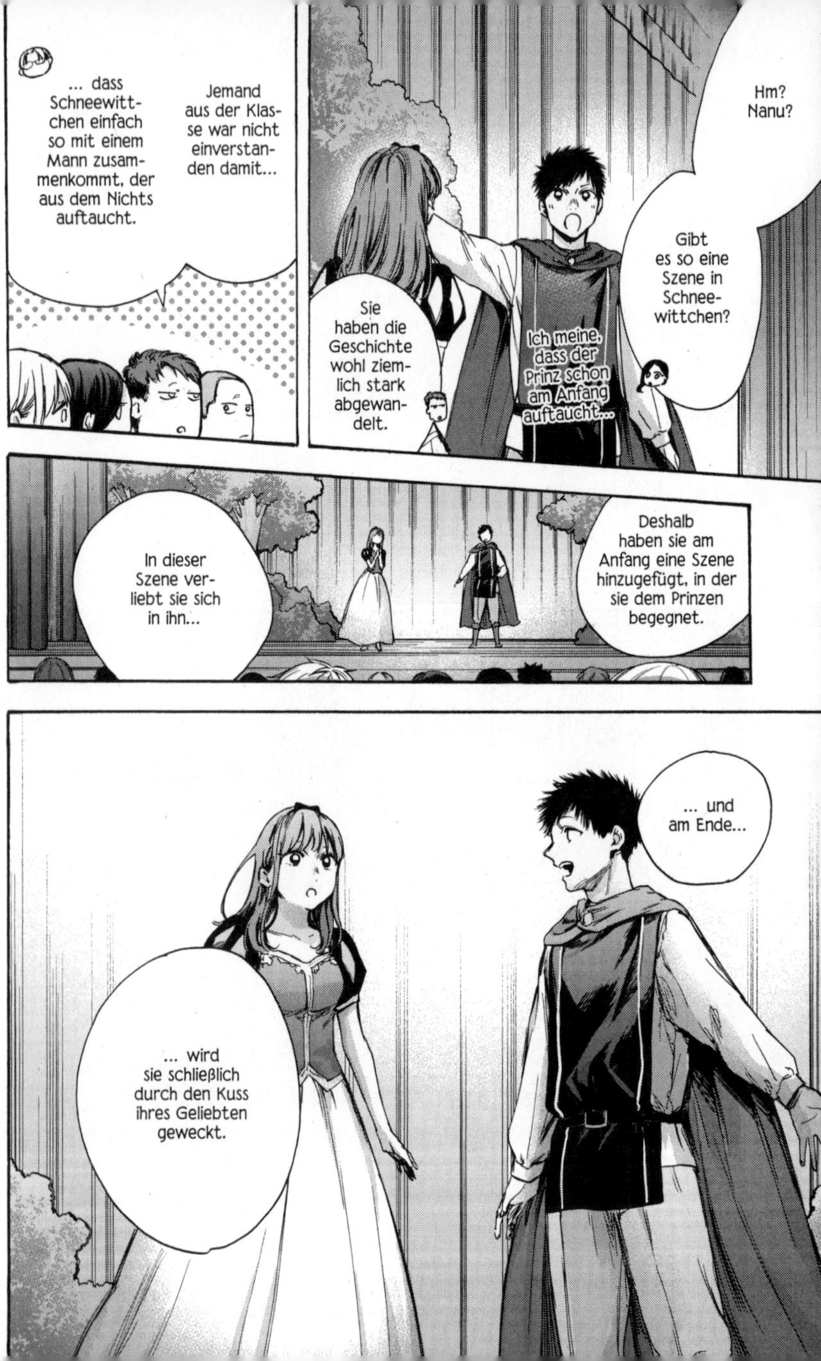

Hm? Nanu?
Gibt es so eine Szene in Schneewittchen?
Ich meine, dass der Prinz schon am Anfang auftaucht...
Sie haben die Geschichte wohl ziemlich stark abgewandelt.
Jemand aus der Klasse war nicht einverstanden damit...
... dass Schneewittchen einfach so mit einem Mann zusammenkommt, der aus dem Nichts auftaucht.
Deshalb haben sie am Anfang eine Szene hinzugefügt, in der sie dem Prinzen begegnet.
In dieser Szene verliebt sie sich in ihn...
... und am Ende...
... wird sie schließlich durch den Kuss ihres Geliebten geweckt.

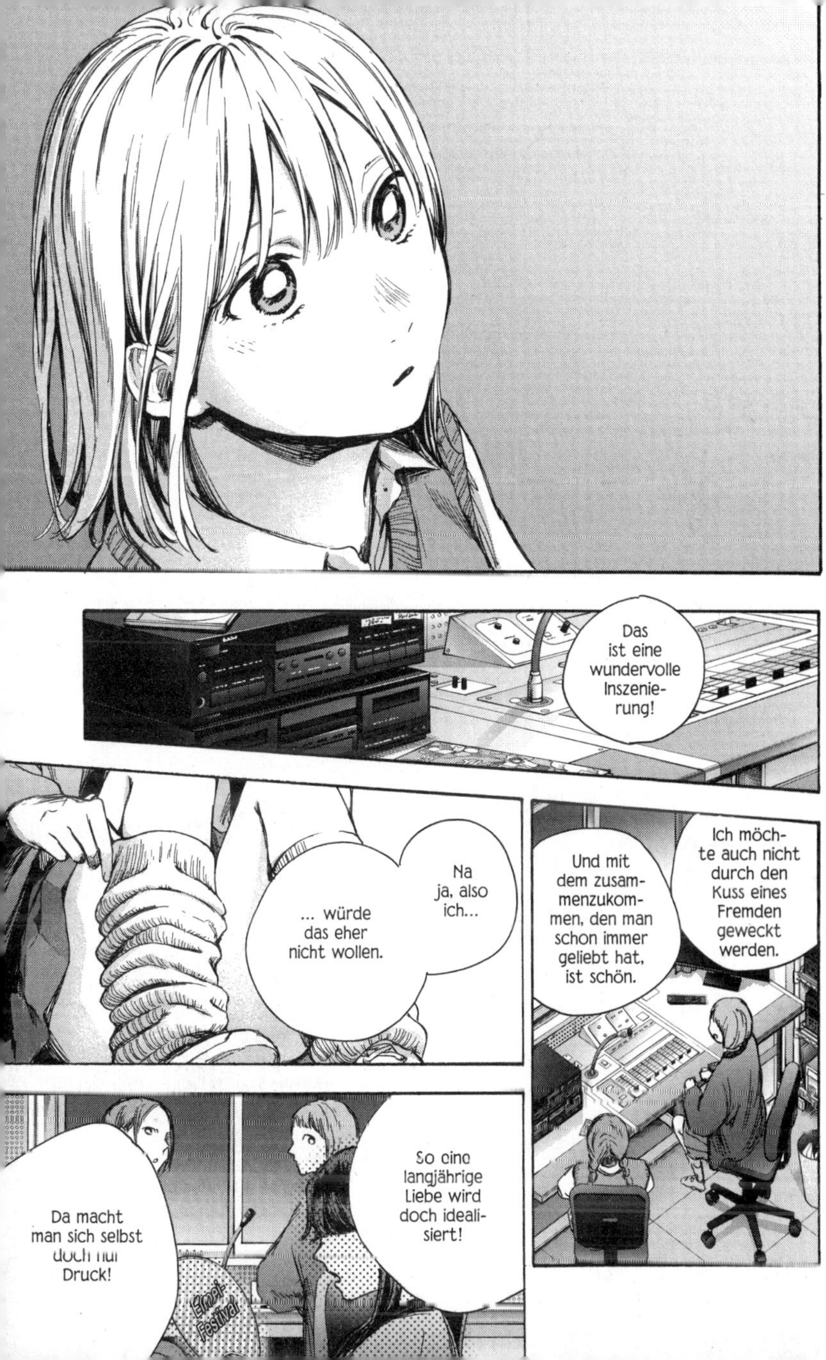
Das ist eine wundervolle Inszenierung!
Ich möchte auch nicht durch den Kuss eines Fremden geweckt werden.
Und mit dem zusammenzukommen, den man schon immer geliebt hat, ist schön.
Na ja, also ich...
... würde das eher nicht wollen.
So eine langjährige Liebe wird doch idealisiert!
Da macht man sich selbst doch nur Druck!

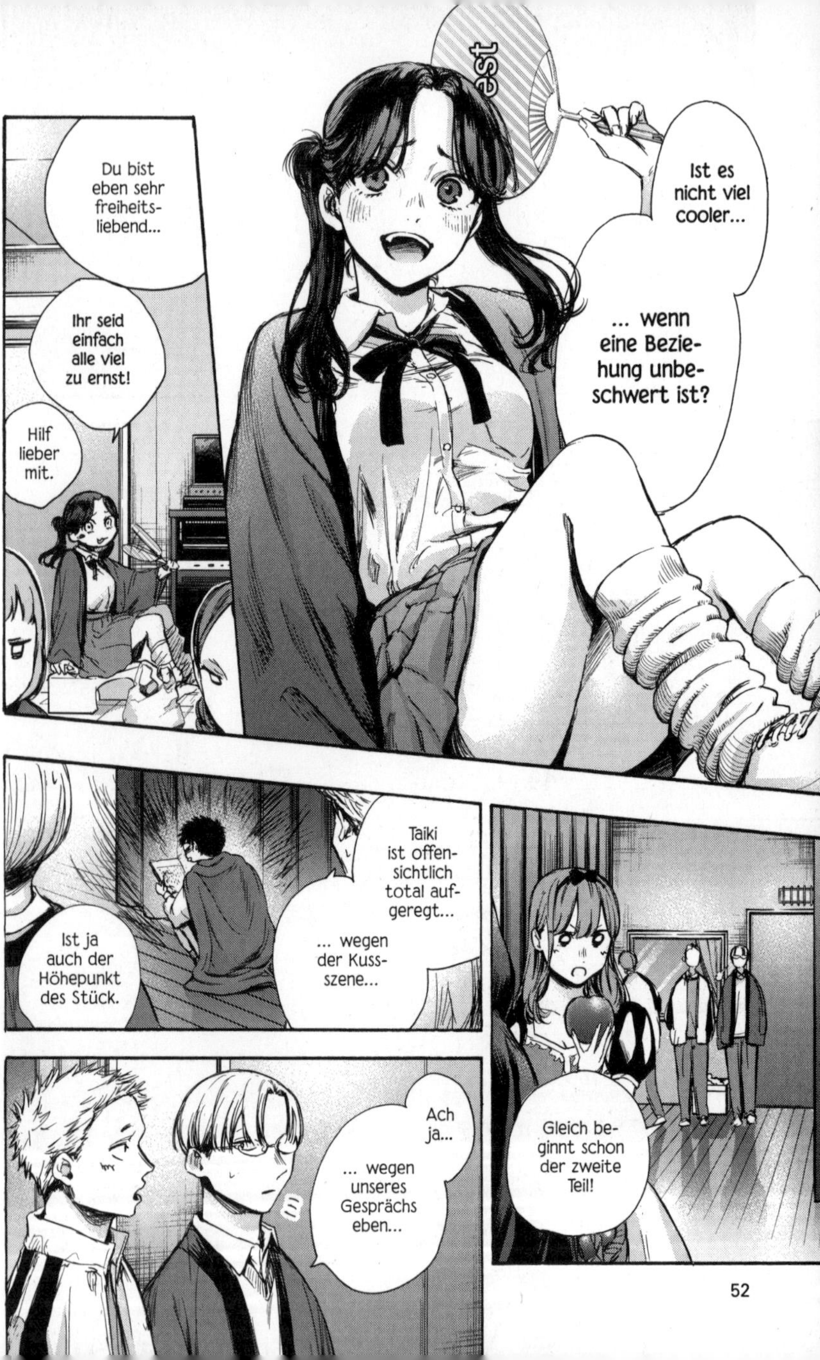
est
Ist es nicht viel cooler...
... wenn eine Beziehung unbeschwert ist?
Du bist eben sehr freiheitsliebend...
Ihr seid einfach alle viel zu ernst!
Hilf lieber mit.
Gleich beginnt schon der zweite Teil!
Taiki ist offensichtlich total aufgeregt...
... wegen der Kussszene...
Ist ja auch der Höhepunkt des Stück.
Ach ja...
... wegen unseres Gesprächs eben...

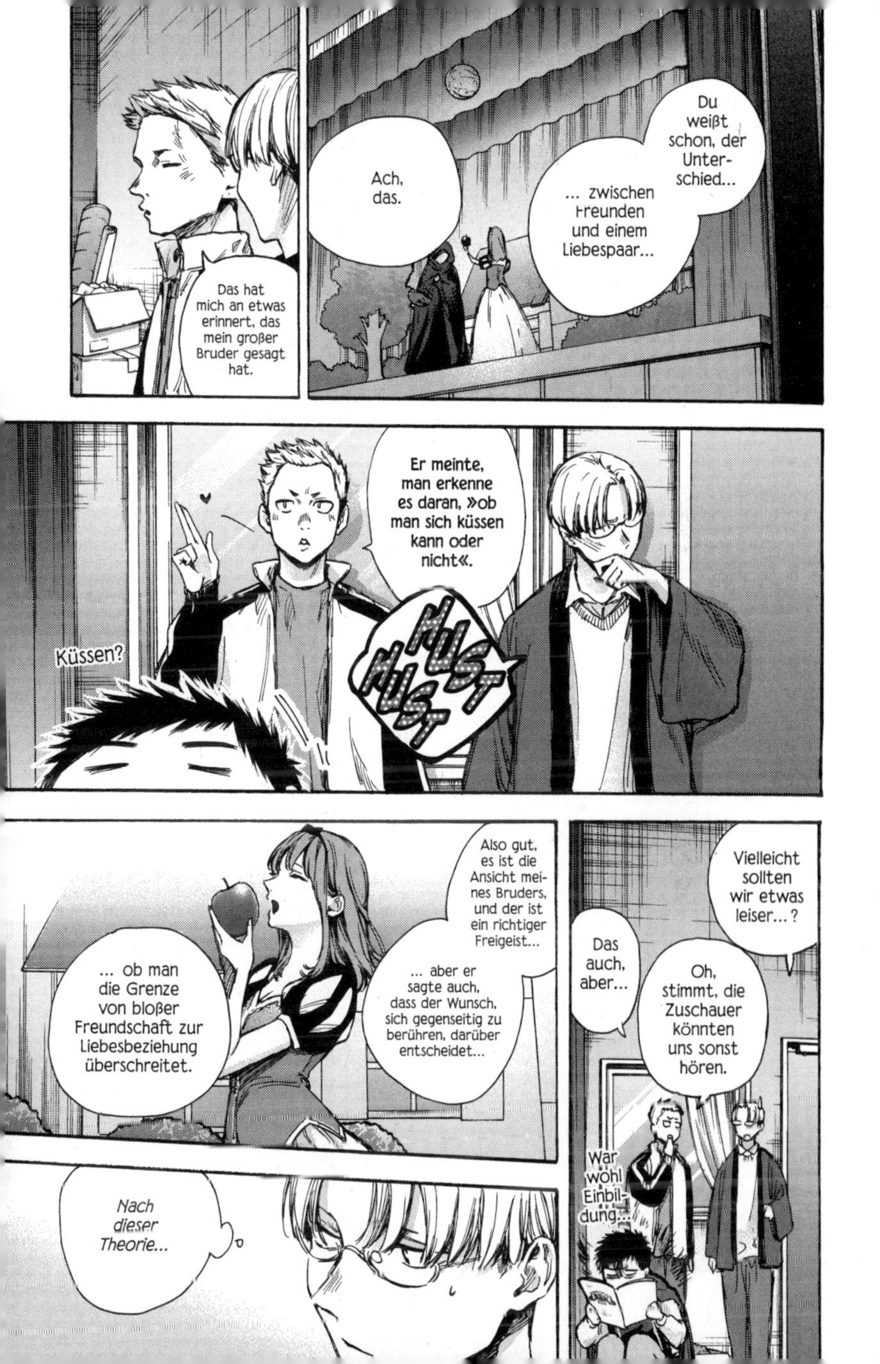
Du weißt schon, der Unterschied...
... zwischen Freunden und einem Liebespaar...
Ach, das.
Das hat mich an etwas erinnert, das mein großer Bruder gesagt hat.
Er meinte, man erkenne es daran, »ob man sich küssen kann oder nicht«.
HUST HUST
Küssen?
Vielleicht sollten wir etwas leiser...?
Oh, stimmt, die Zuschauer könnten uns sonst hören.
Das auch, aber...
War wohl Einbildung...
Also gut, es ist die Ansicht meines Bruders, und der ist ein richtiger Freigeist...
... aber er sagte auch, dass der Wunsch, sich gegenseitig zu berühren, darüber entscheidet...
... ob man die Grenze von bloßer Freundschaft zur Liebesbeziehung überschreitet.
Nach dieser Theorie...

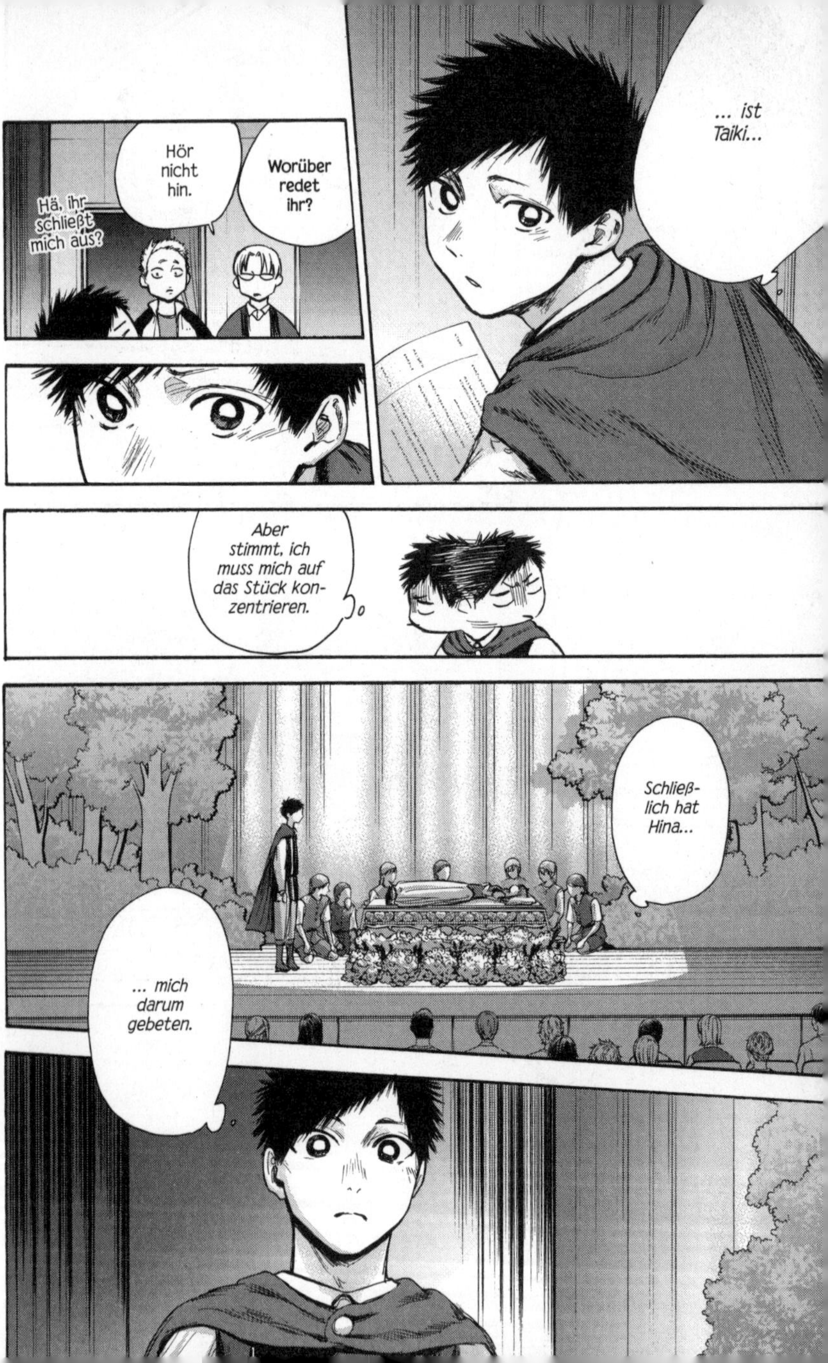
... ist Taiki...
Worüber redet ihr?
Hör nicht hin.
Hä, ihr schließt mich aus?
Aber stimmt, ich muss mich auf das Stück konzentrieren.
Schließlich hat Hina...
... mich darum gebeten.

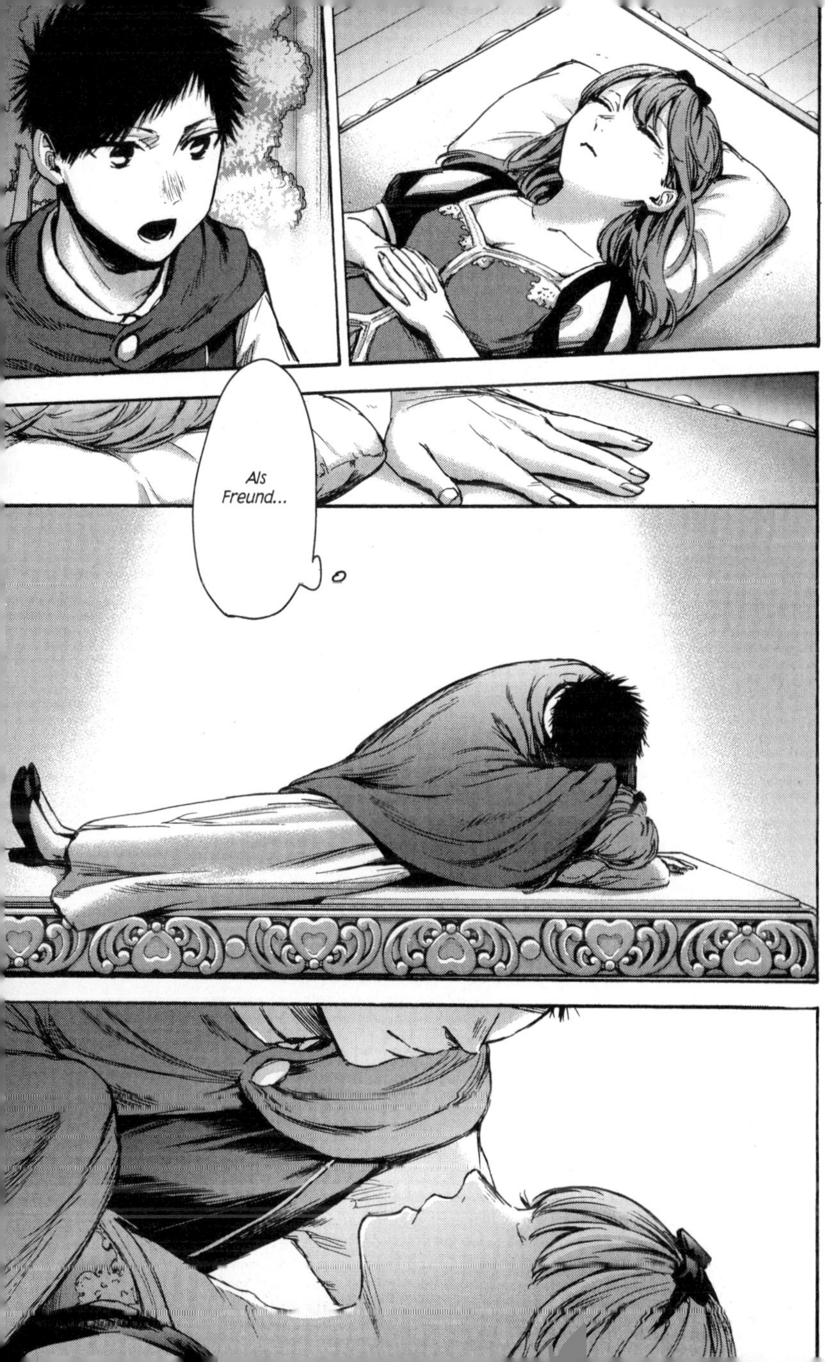
Als Freund...

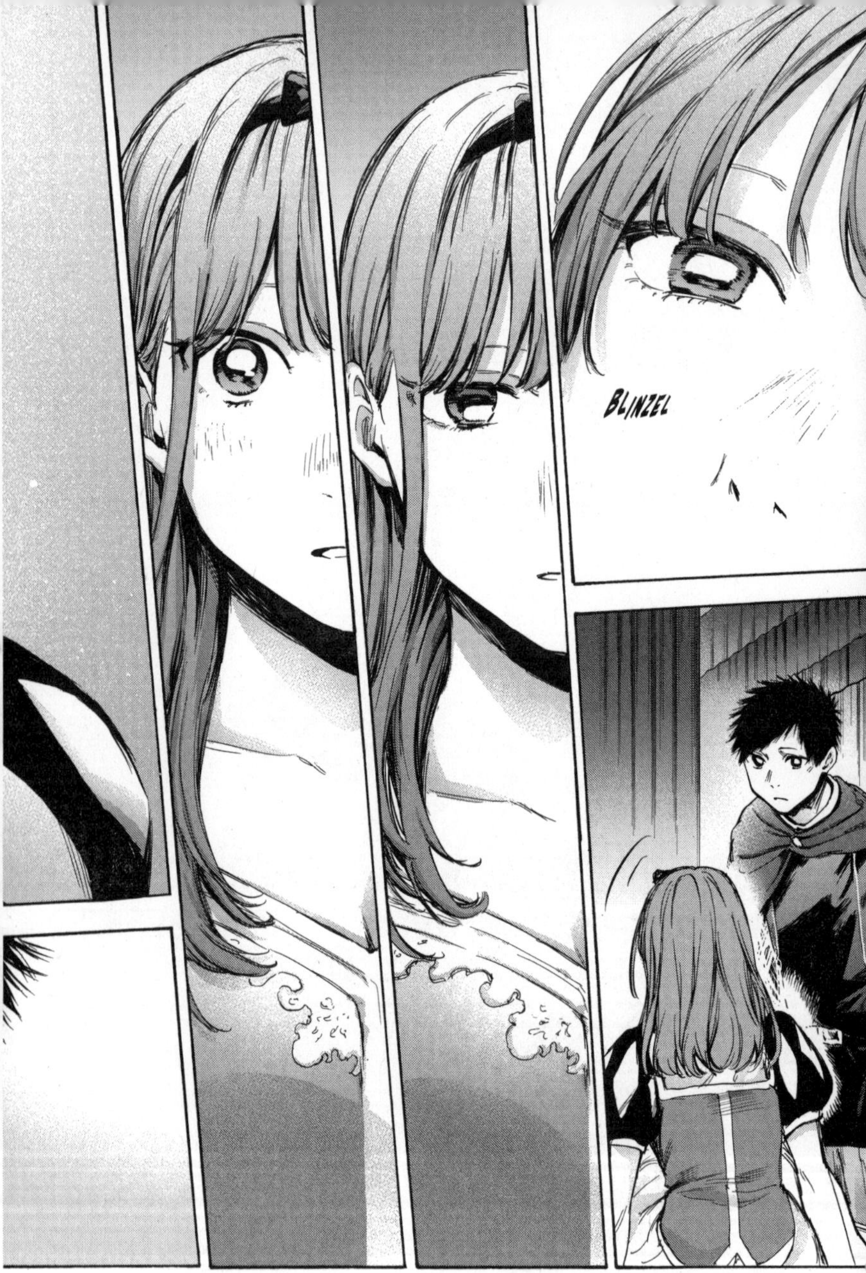
BLINZEL

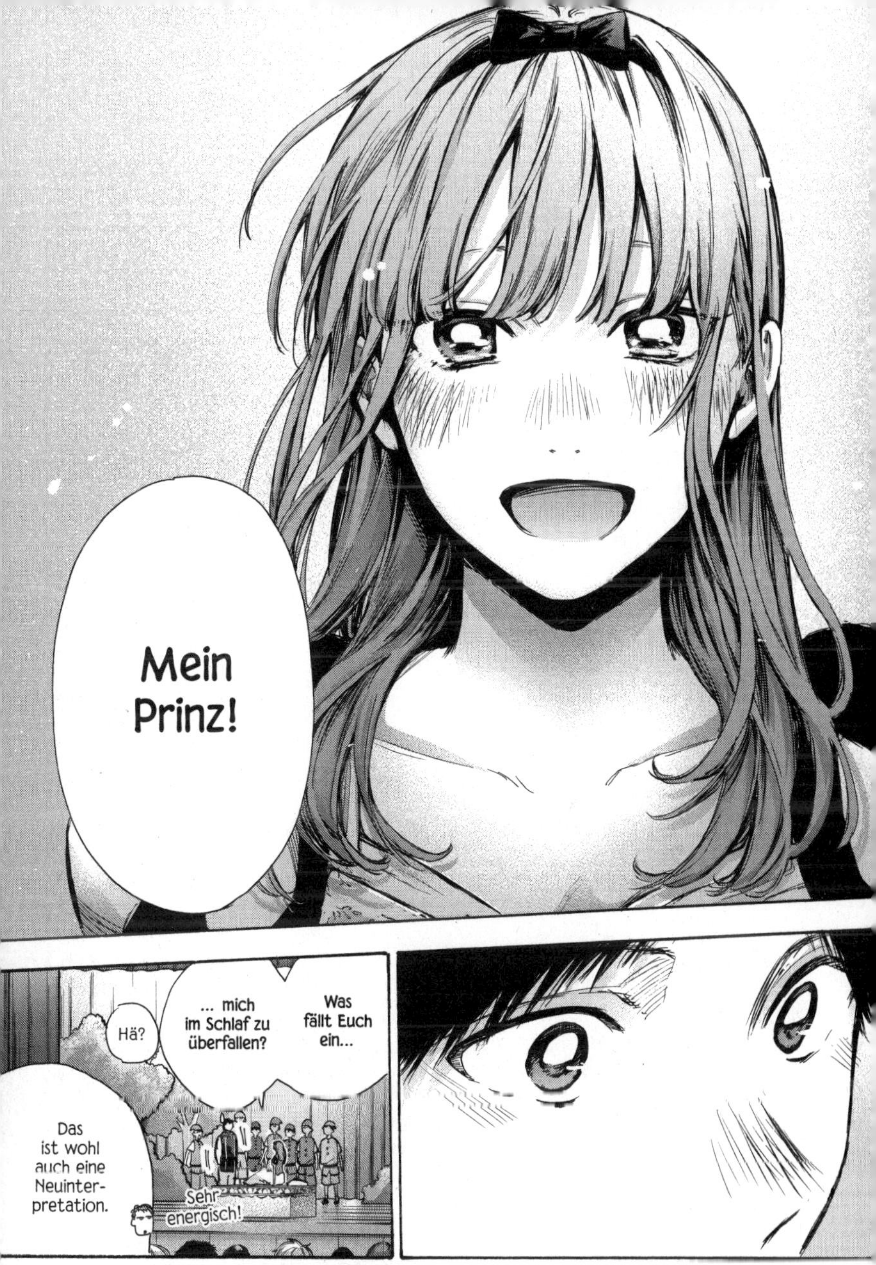
Mein Prinz!
Was fällt Euch ein...
... mich im Schlaf zu überfallen?
Hä?
Das ist wohl auch eine Neuinterpretation.
Sehr energisch!

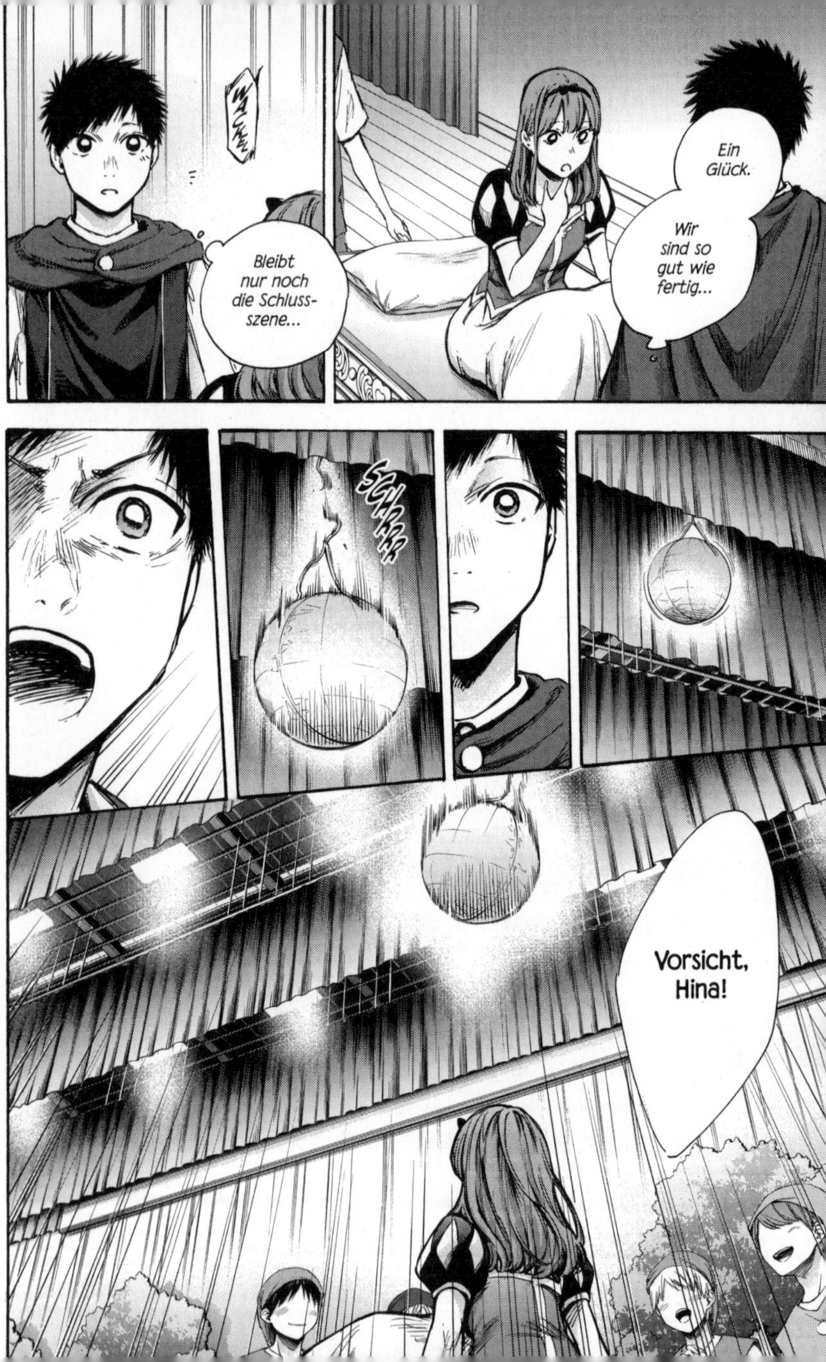
Ein Glück.
Wir sind so gut wie fertig...
WACKEL
Bleibt nur noch die Schluss-szene...
Vorsicht, Hina!

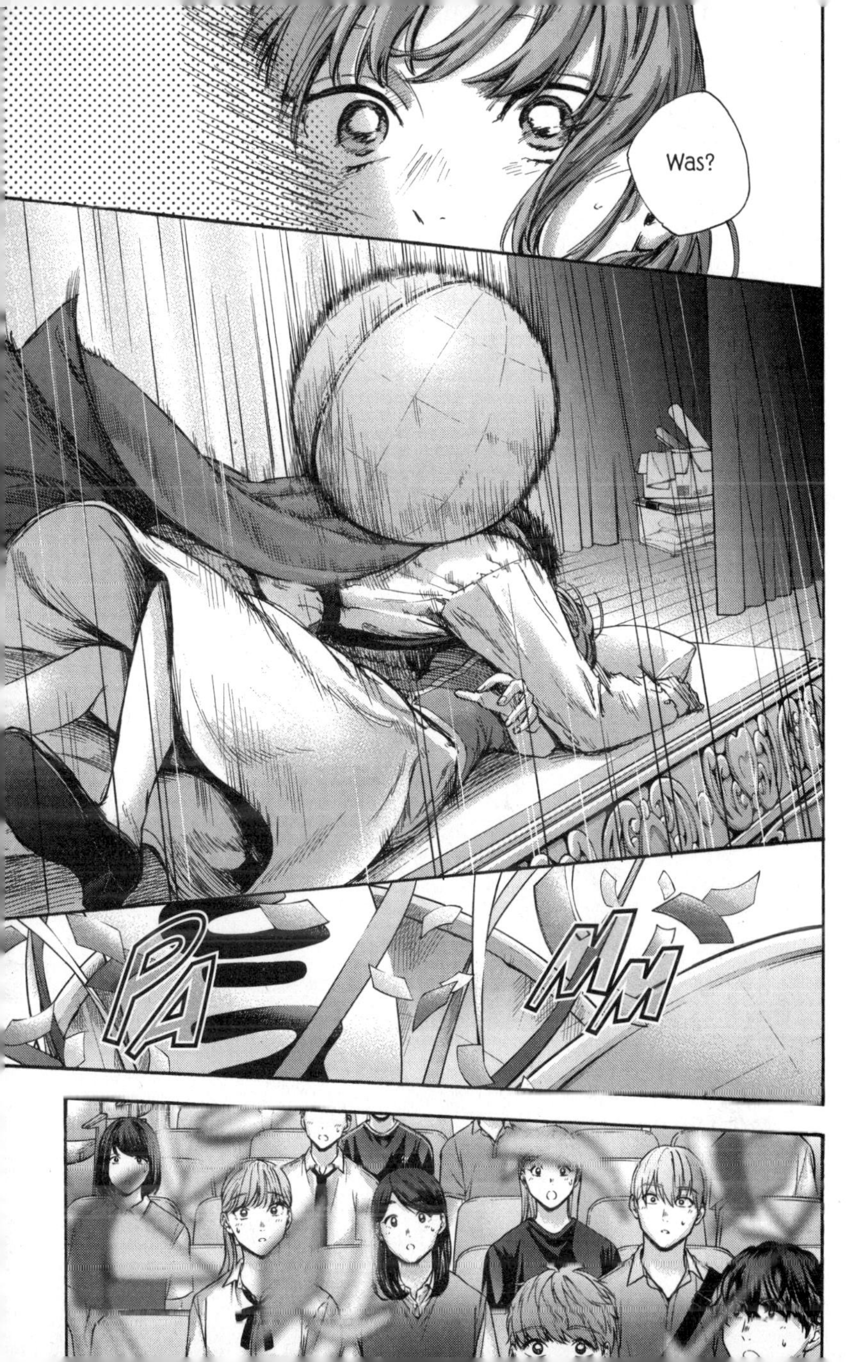
Was?
PAMM

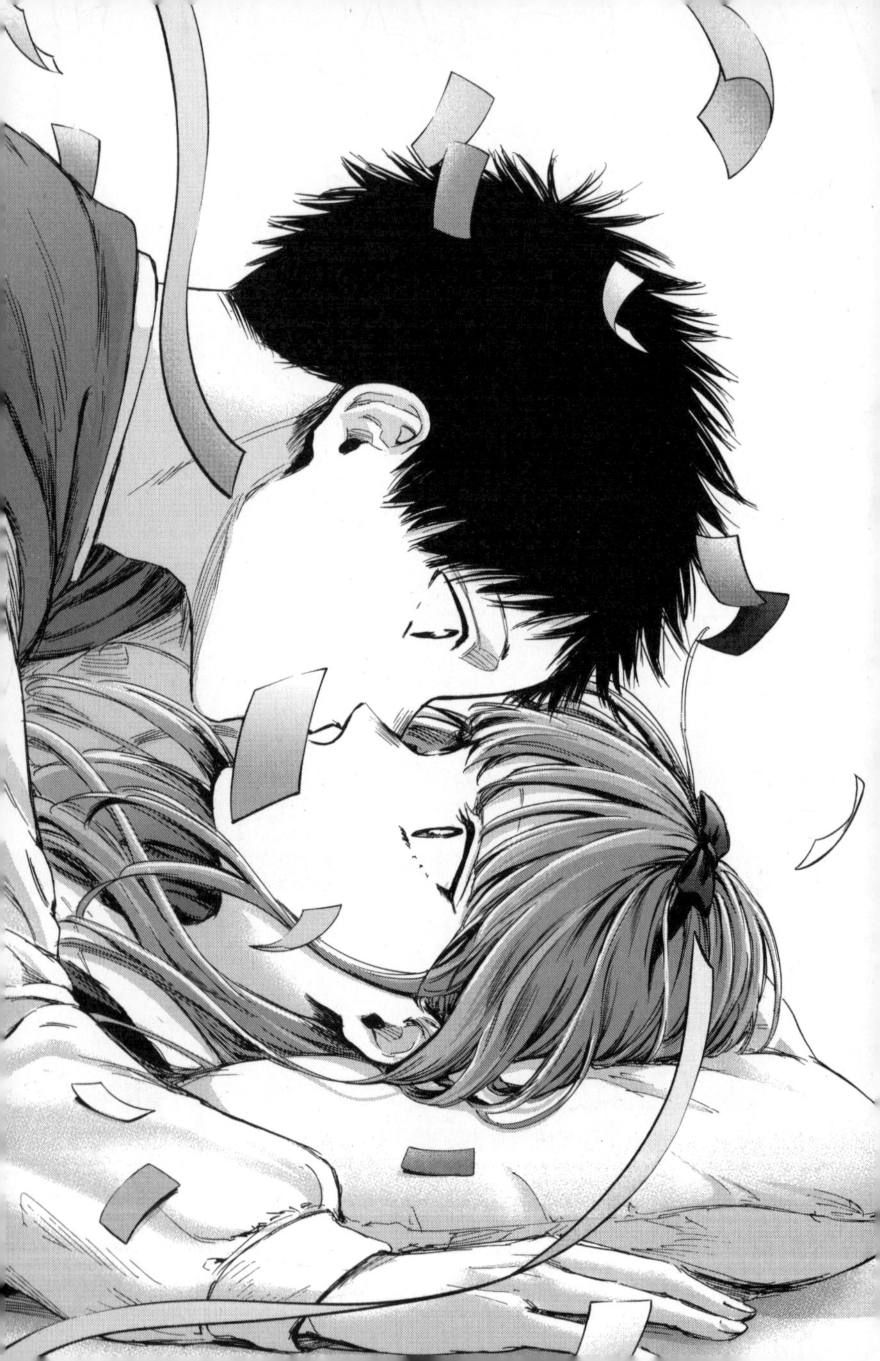

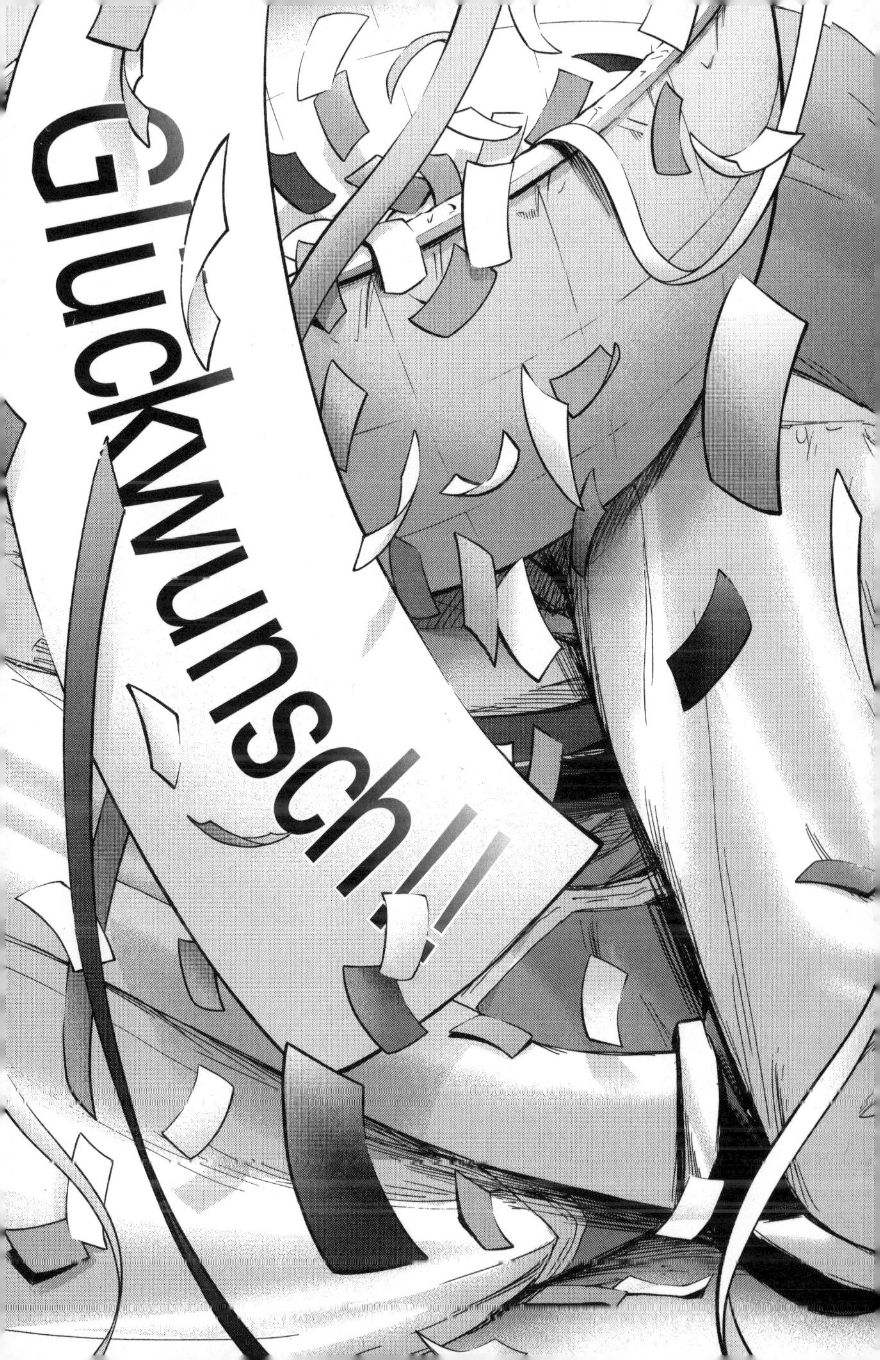
Glückwunsch!!

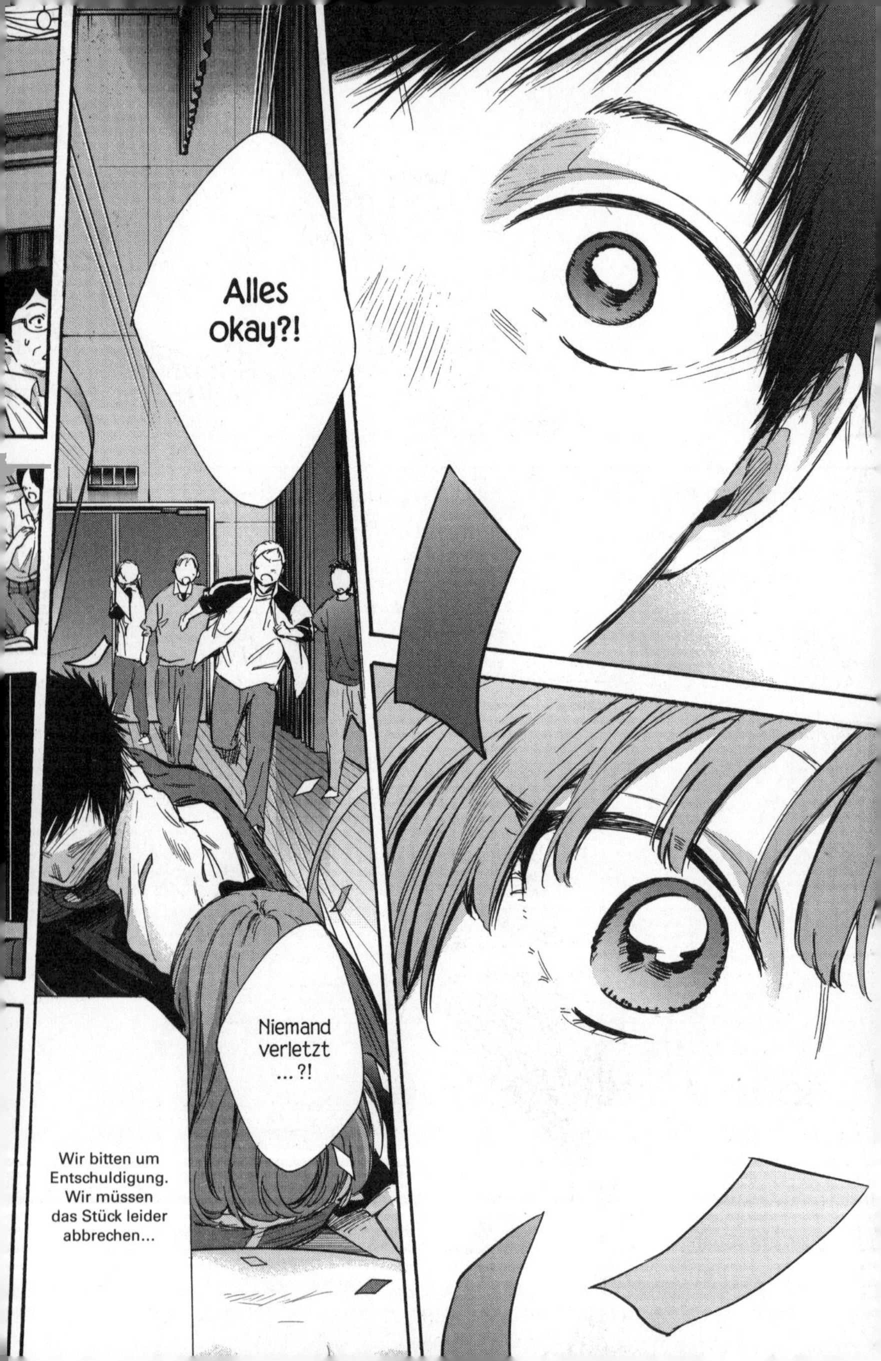
Alles okay?!
Niemand verletzt ...?!
Wir bitten um Entschuldigung. Wir müssen das Stück leider abbrechen...

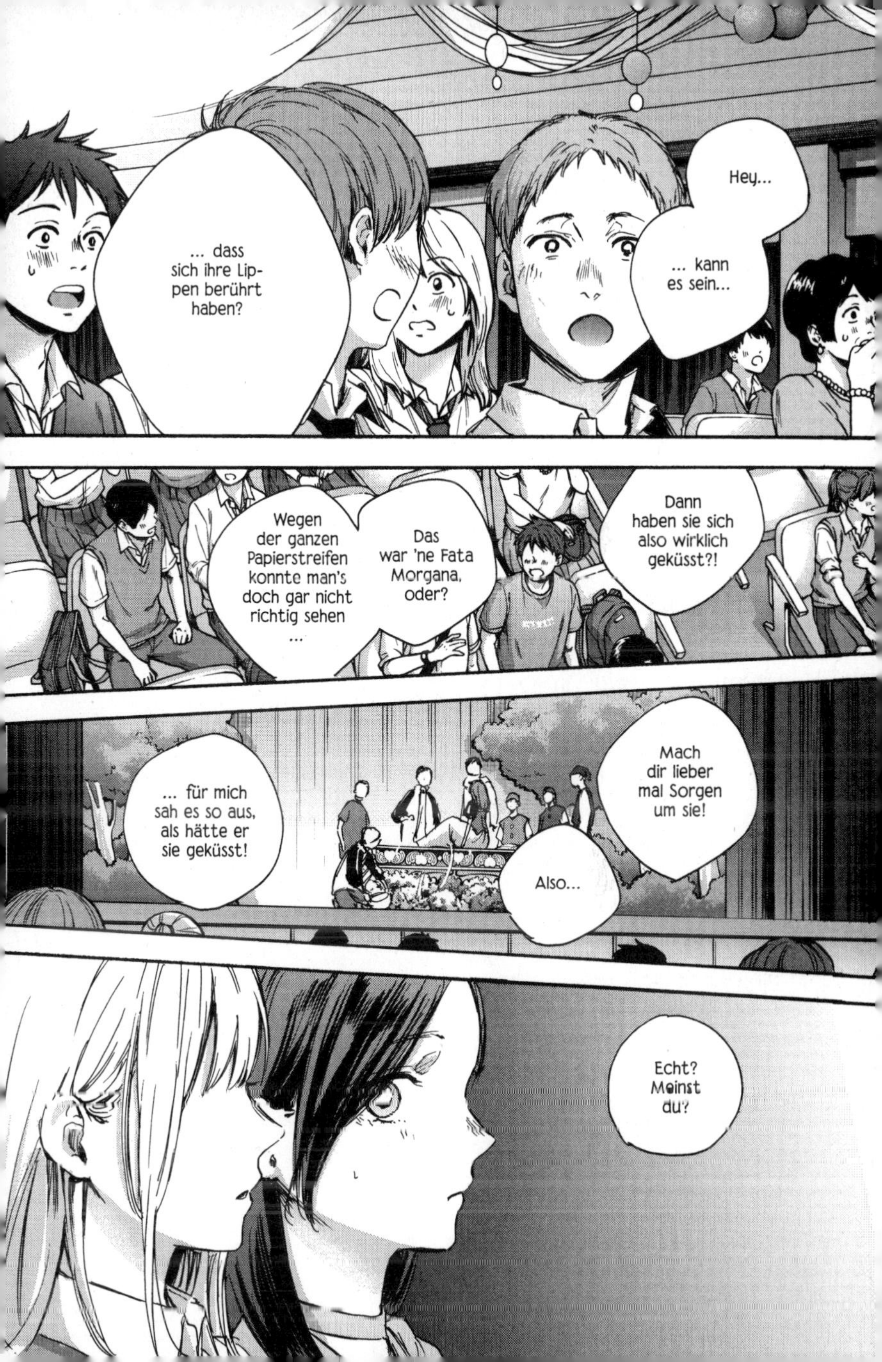
Hey...
... kann es sein...
... dass sich ihre Lippen berührt haben?
Dann haben sie sich also wirklich geküsst?!
Das war 'ne Fata Morgana, oder?
Wegen der ganzen Papierstreifen konnte man's doch gar nicht richtig sehen ...
Mach dir lieber mal Sorgen um sie!
Also...
... für mich sah es so aus, als hätte er sie geküsst!
Echt? Meinst du?

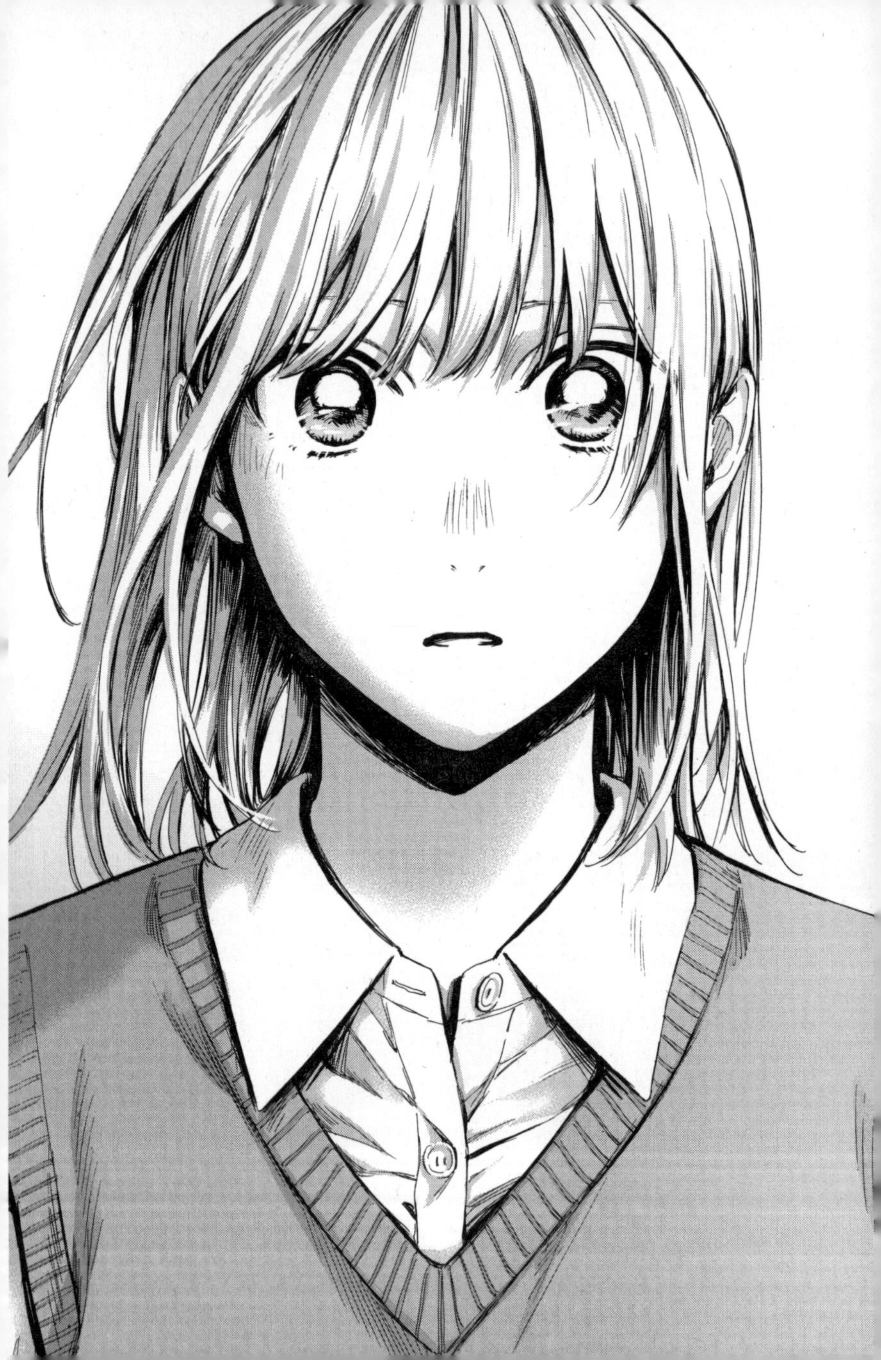

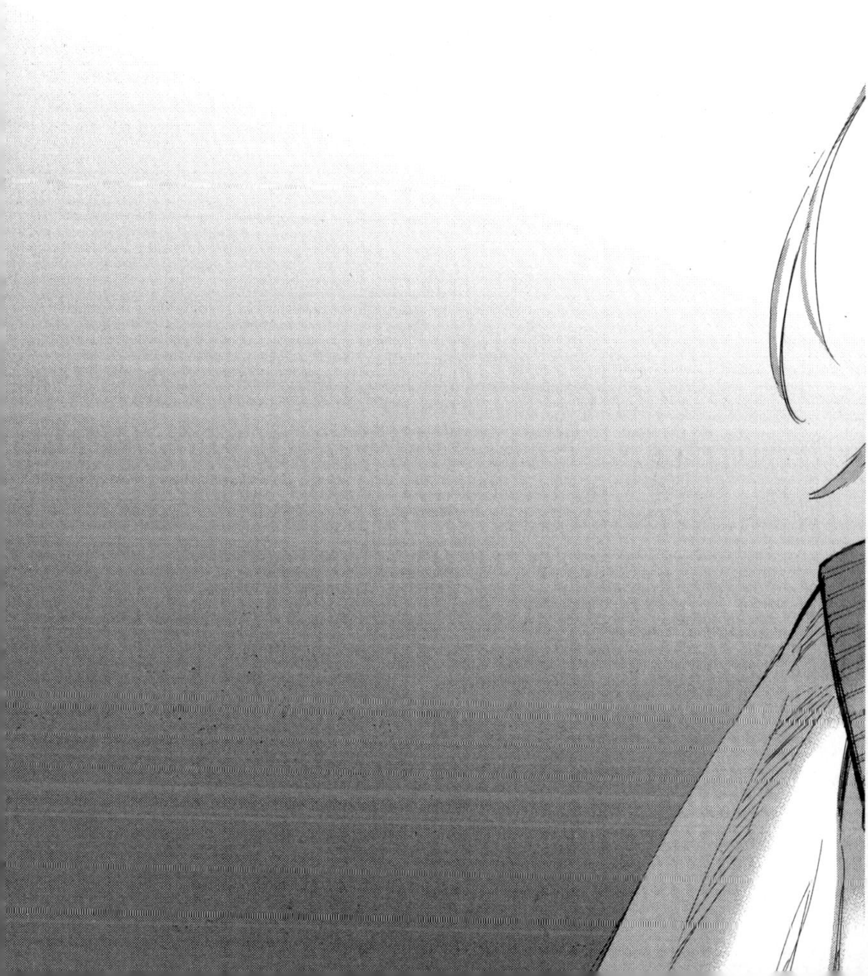

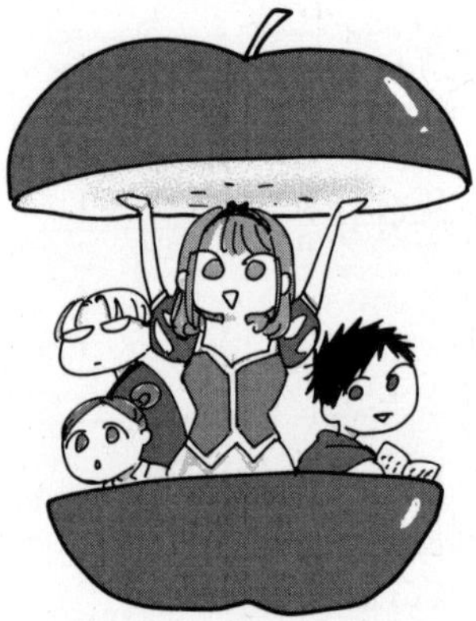

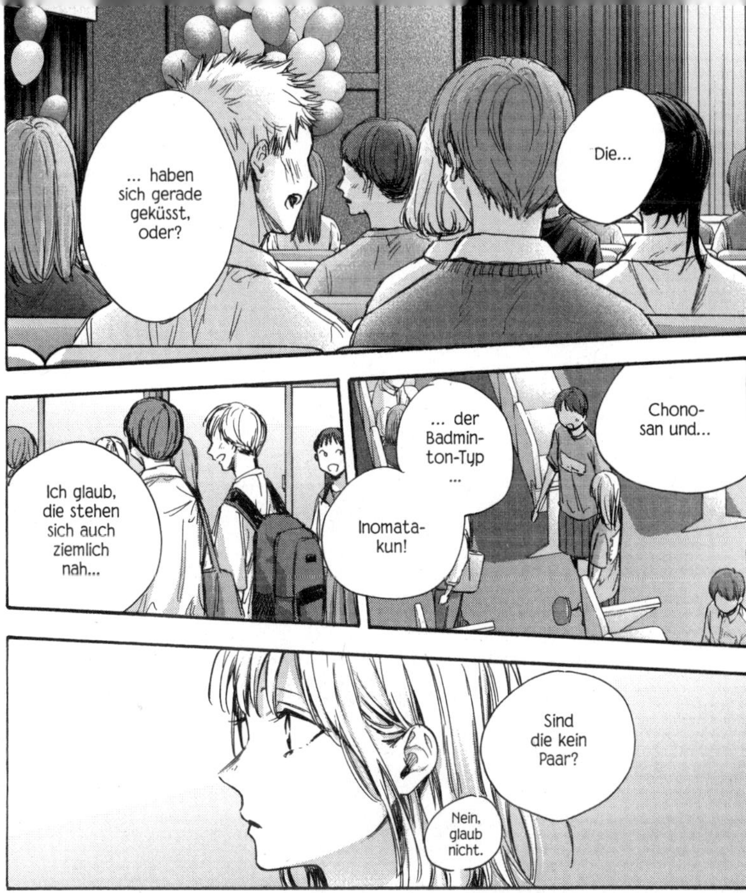

#65 Darum ging es nicht!

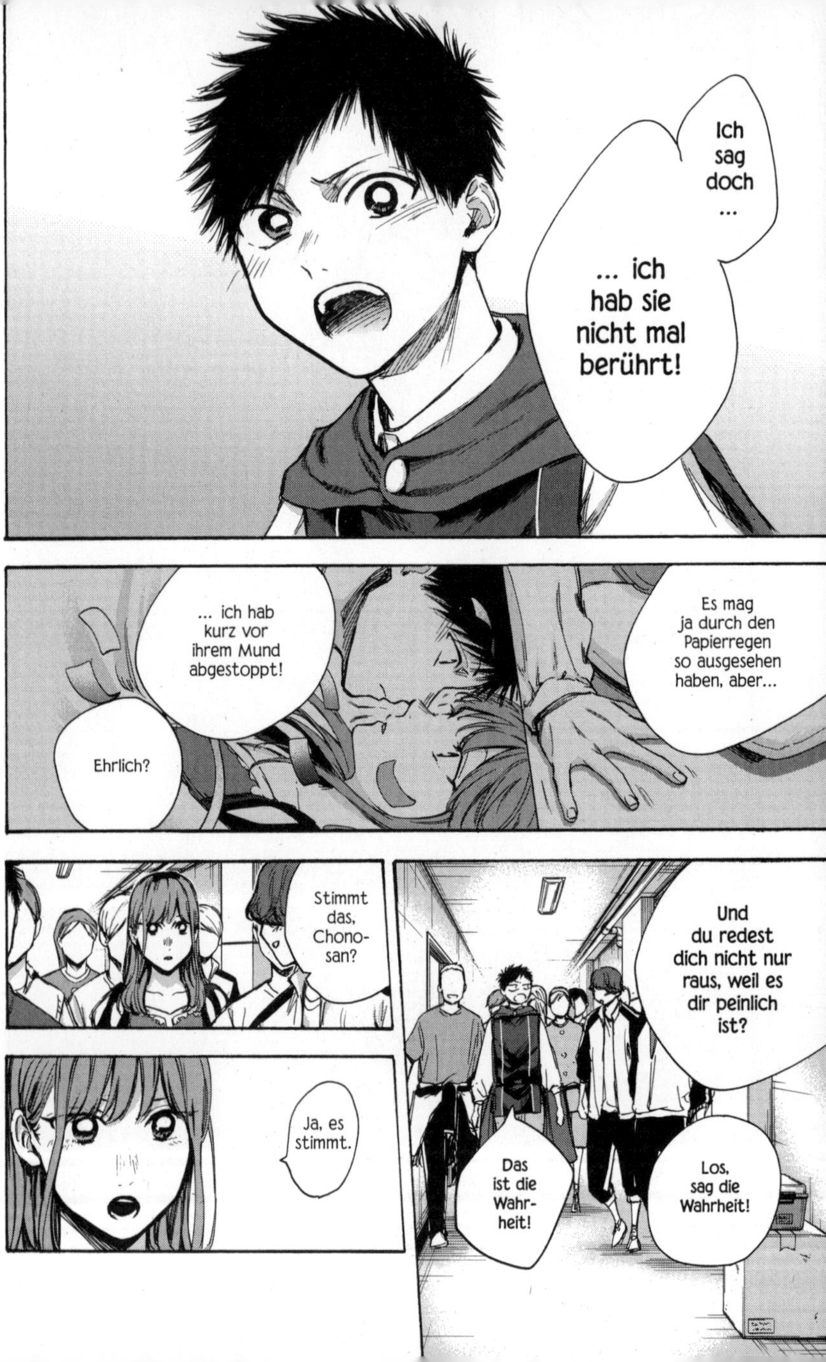
Ich sag doch ...
... ich hab sie nicht mal berührt!
Es mag ja durch den Papierregen so ausgesehen haben, aber...
... ich hab kurz vor ihrem Mund abgestoppt!
Ehrlich?
Und du redest dich nicht nur raus, weil es dir peinlich ist?
Los, sag die Wahrheit!
Das ist die Wahrheit!
Stimmt das, Chono-san?
Ja, es stimmt.

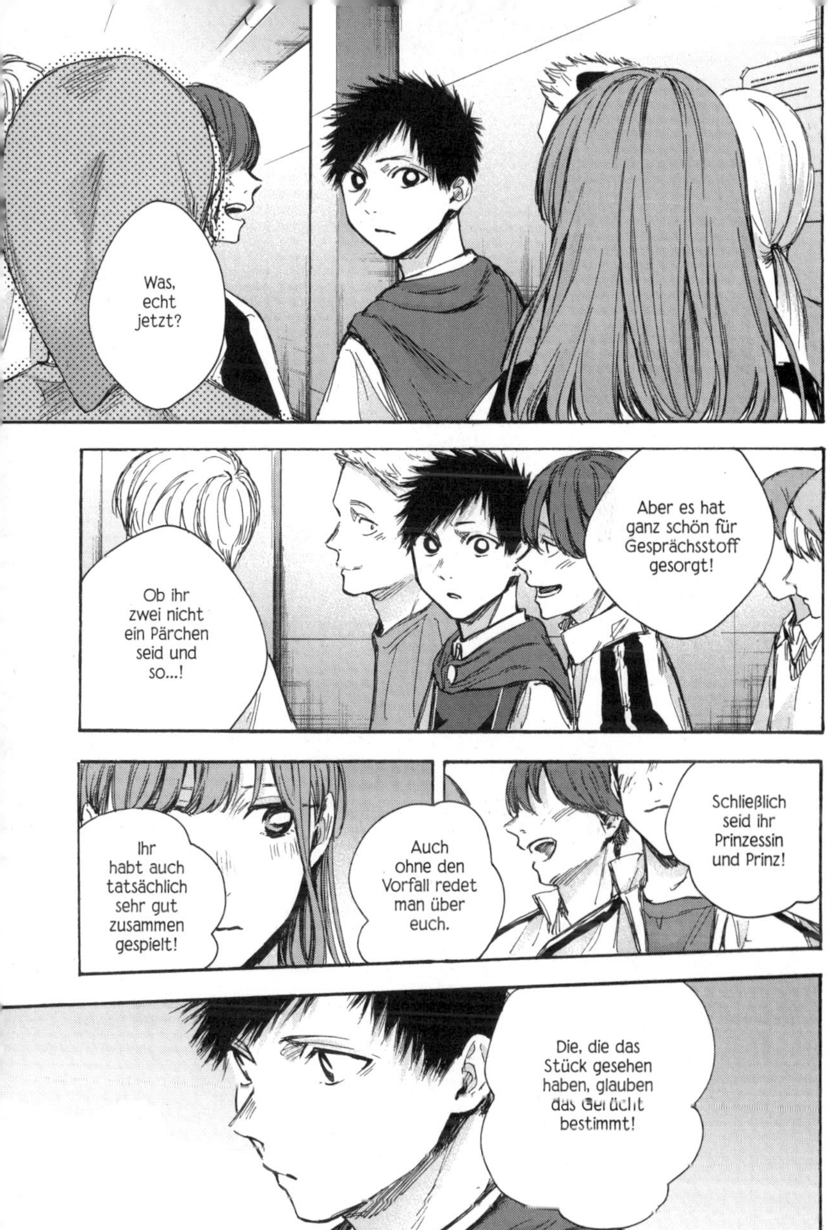
Was, echt jetzt?
Aber es hat ganz schön für Gesprächsstoff gesorgt!
Ob ihr zwei nicht ein Pärchen seid und so...!
Schließlich seid ihr Prinzessin und Prinz!
Auch ohne den Vorfall redet man über euch.
Ihr habt auch tatsächlich sehr gut zusammen gespielt!
Die, die das Stück gesehen haben, glauben das Gerücht bestimmt!

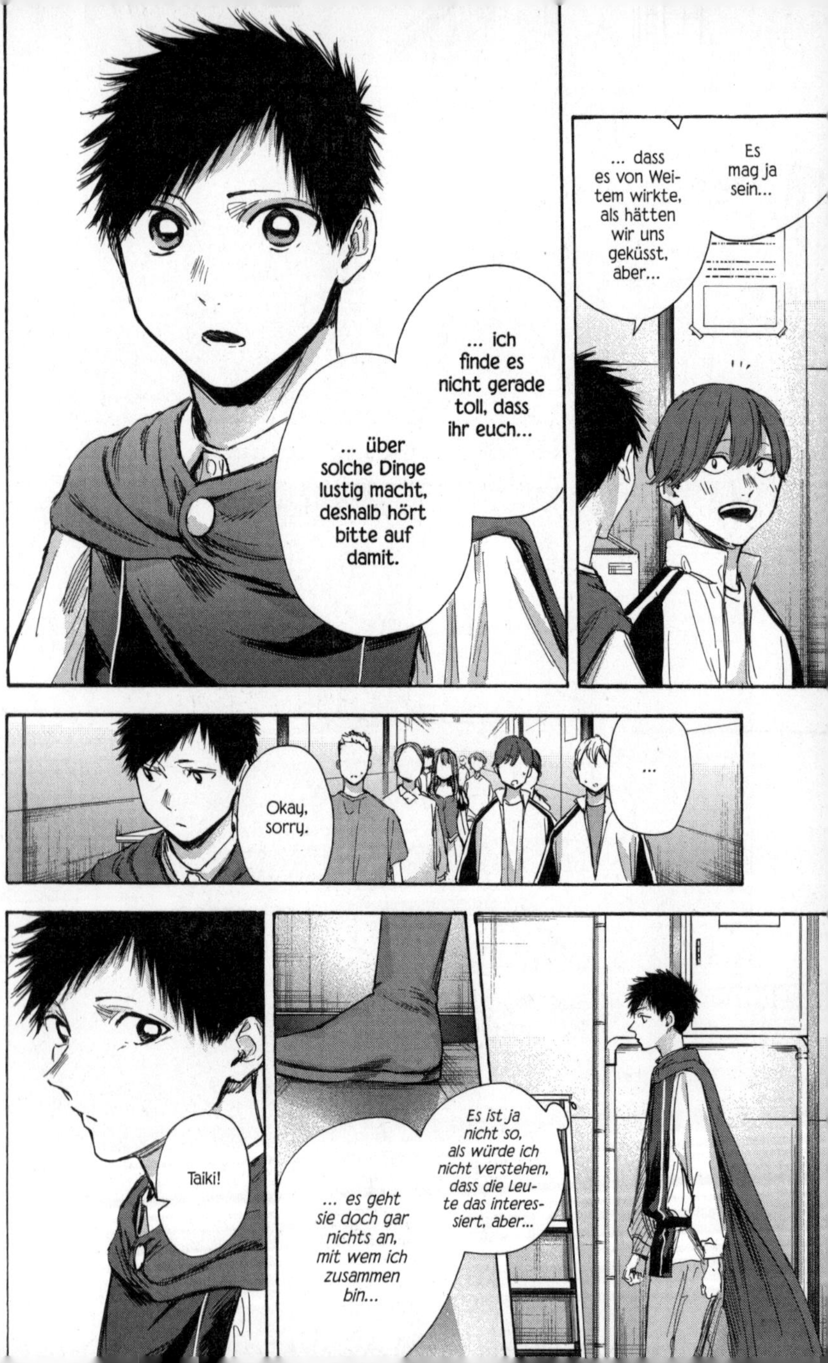

Es mag ja sein...
... dass es von Weitem wirkte, als hätten wir uns geküsst, aber...
... ich finde es nicht gerade toll, dass ihr euch...
... über solche Dinge lustig macht, deshalb hört bitte auf damit.
...
Okay, sorry.
Es ist ja nicht so, als würde ich nicht verstehen, dass die Leute das interessiert, aber...
... es geht sie doch gar nichts an, mit wem ich zusammen bin...
Taiki!

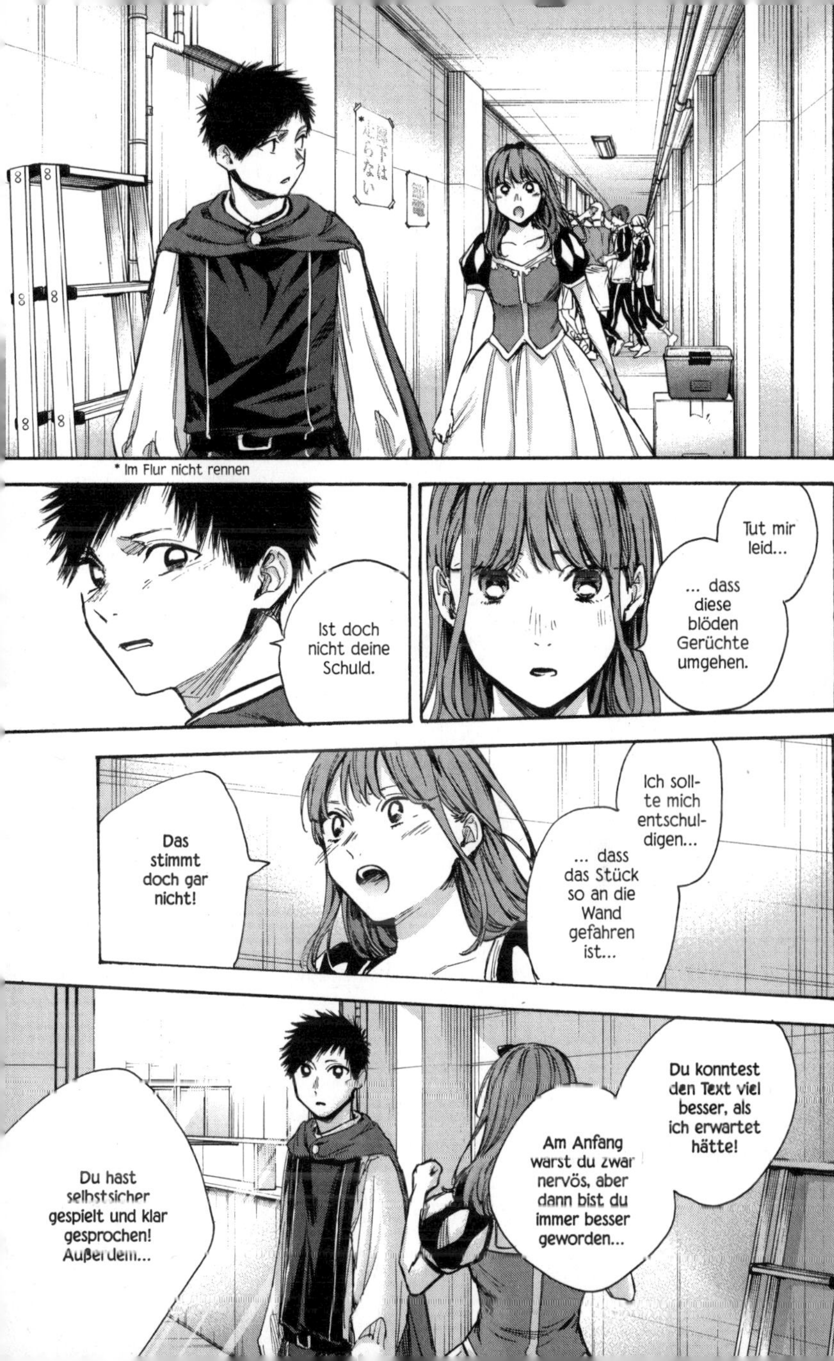

* Im Flur nicht rennen

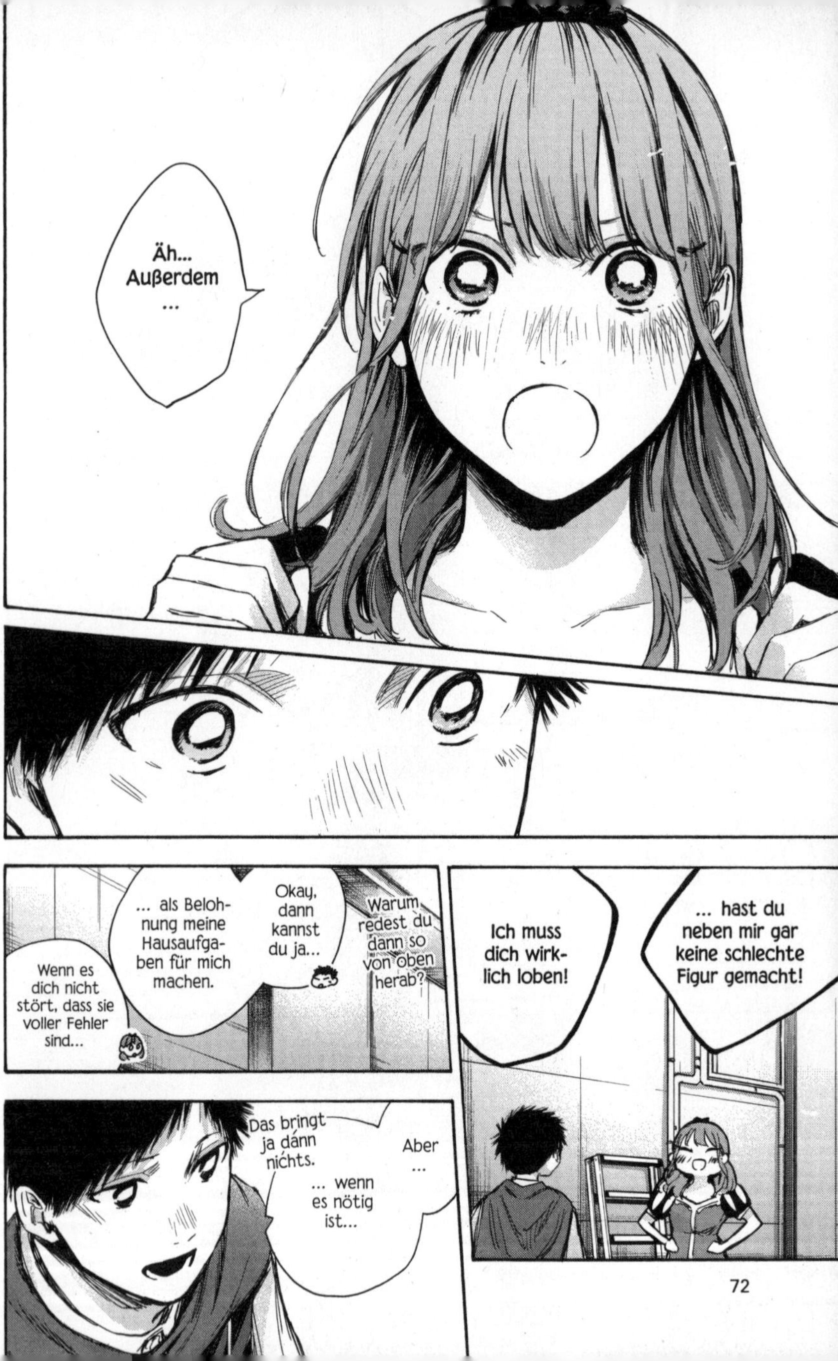
Äh... Außerdem ...
... hast du neben mir gar keine schlechte Figur gemacht!
Ich muss dich wirklich loben!
Warum redest du dann so von oben herab?
Okay, dann kannst du ja...
... als Belohnung meine Hausaufgaben für mich machen.
Wenn es dich nicht stört, dass sie voller Fehler sind...
Aber ...
... wenn es nötig ist...
Das bringt ja dann nichts.

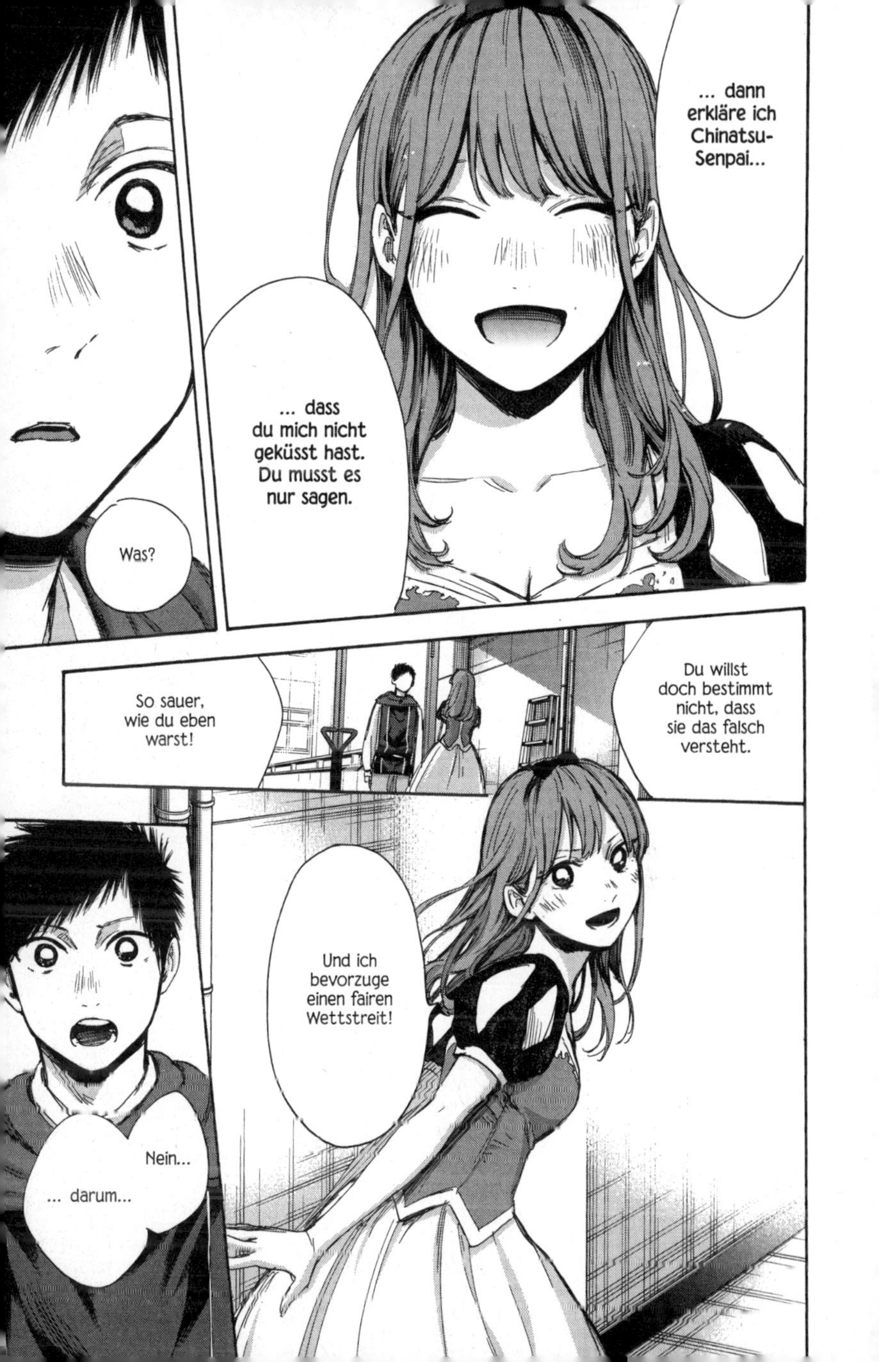
... dann erkläre ich Chinatsu-Senpai...
... dass du mich nicht geküsst hast. Du musst es nur sagen.
Was?
Du willst doch bestimmt nicht, dass sie das falsch versteht.
So sauer, wie du eben warst!
Und ich bevorzuge einen fairen Wettstreit!
Nein...
... darum...

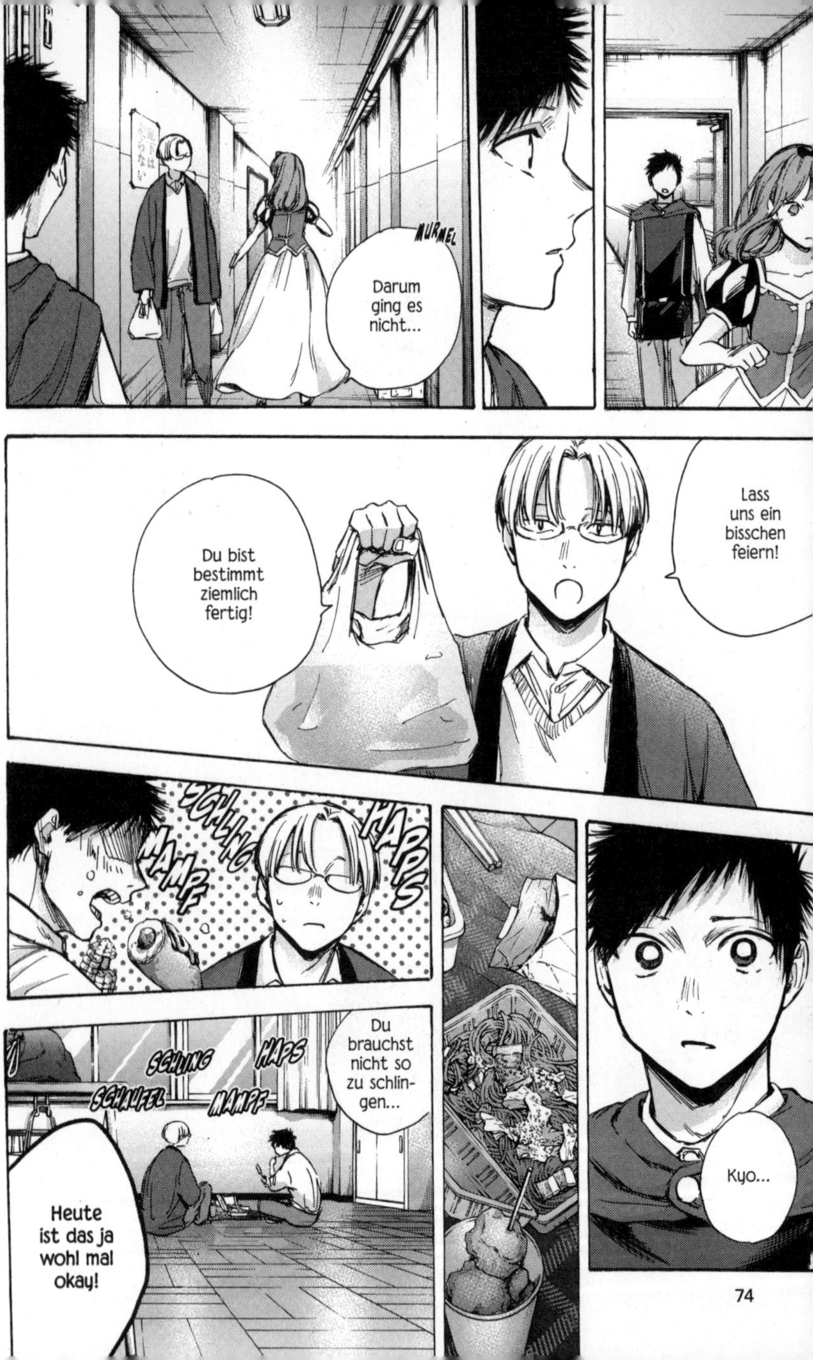
MURMEL
Darum ging es nicht...
Lass uns ein bisschen feiern!
Du bist bestimmt ziemlich fertig!
Kyo...
HAPPS
SCHLING
MAMPF
Du brauchst nicht so zu schlingen...
HAPS
SCHLING
SCHAUFEL
MAMPF
Heute ist das ja wohl mal okay!

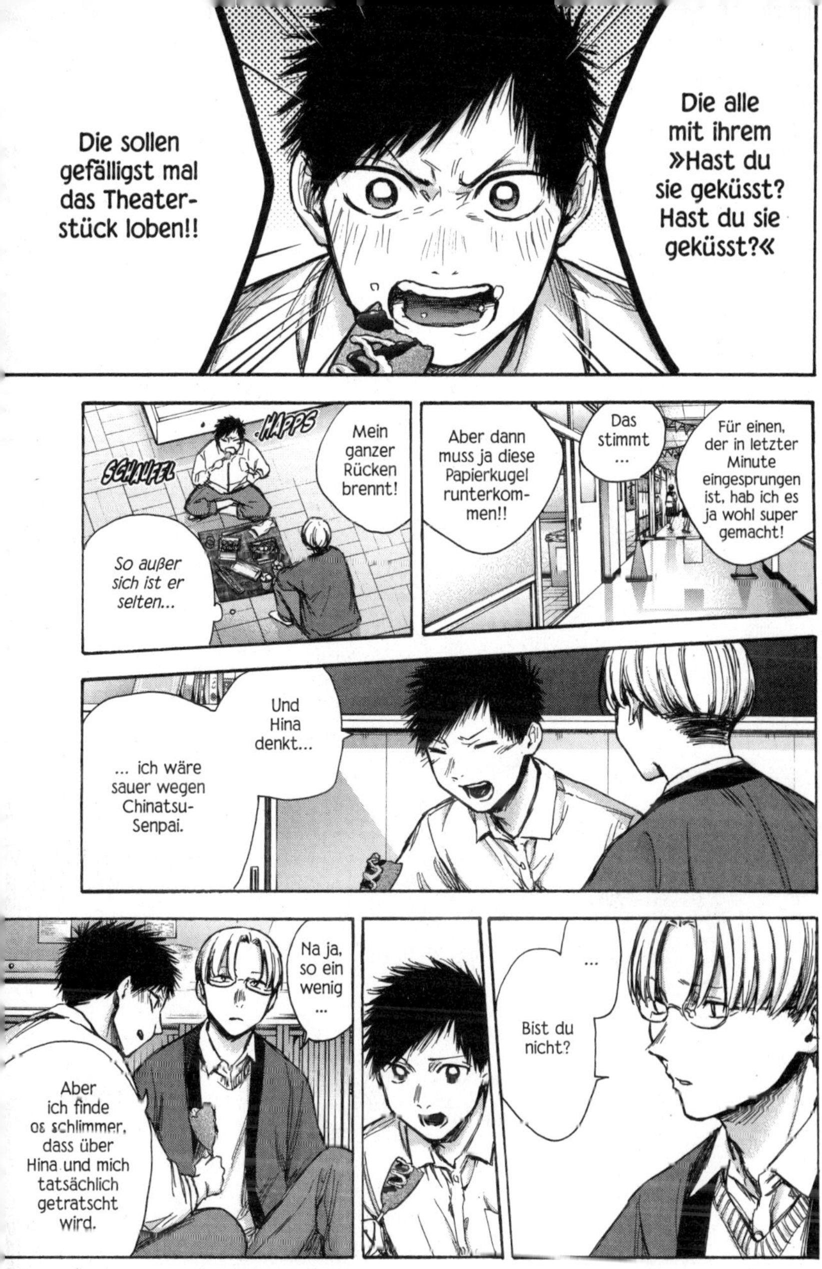
Die alle mit ihrem »Hast du sie geküsst? Hast du sie geküsst?«
Die sollen gefälligst mal das Theaterstück loben!!
Für einen, der in letzter Minute eingesprungen ist, hab ich es ja wohl super gemacht!
Das stimmt ...
Aber dann muss ja diese Papierkugel runterkommen!!
Mein ganzer Rücken brennt!
HAPPS
SCHAUFEL
So außer sich ist er selten...
Und Hina denkt...
... ich wäre sauer wegen Chinatsu-Senpai.
...
Bist du nicht?
Na ja, so ein wenig ...
Aber ich finde es schlimmer, dass über Hina und mich tatsächlich getratscht wird.

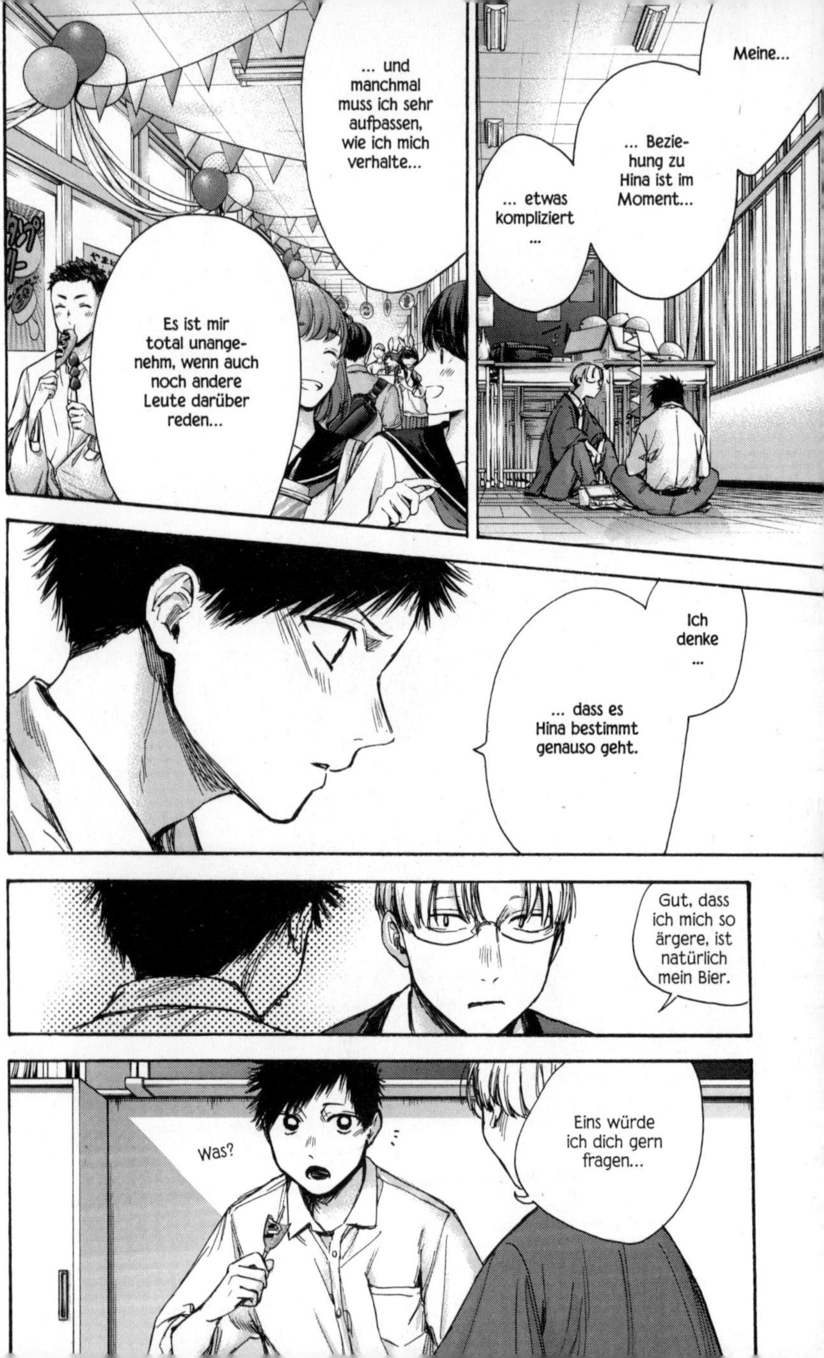
Meine...
... Beziehung zu Hina ist im Moment...
... etwas kompliziert ...
... und manchmal muss ich sehr aufpassen, wie ich mich verhalte...
Es ist mir total unangenehm, wenn auch noch andere Leute darüber reden...
Ich denke ...
... dass es Hina bestimmt genauso geht.
Gut, dass ich mich so ärgere, ist natürlich mein Bier.
Eins würde ich dich gern fragen...
Was?

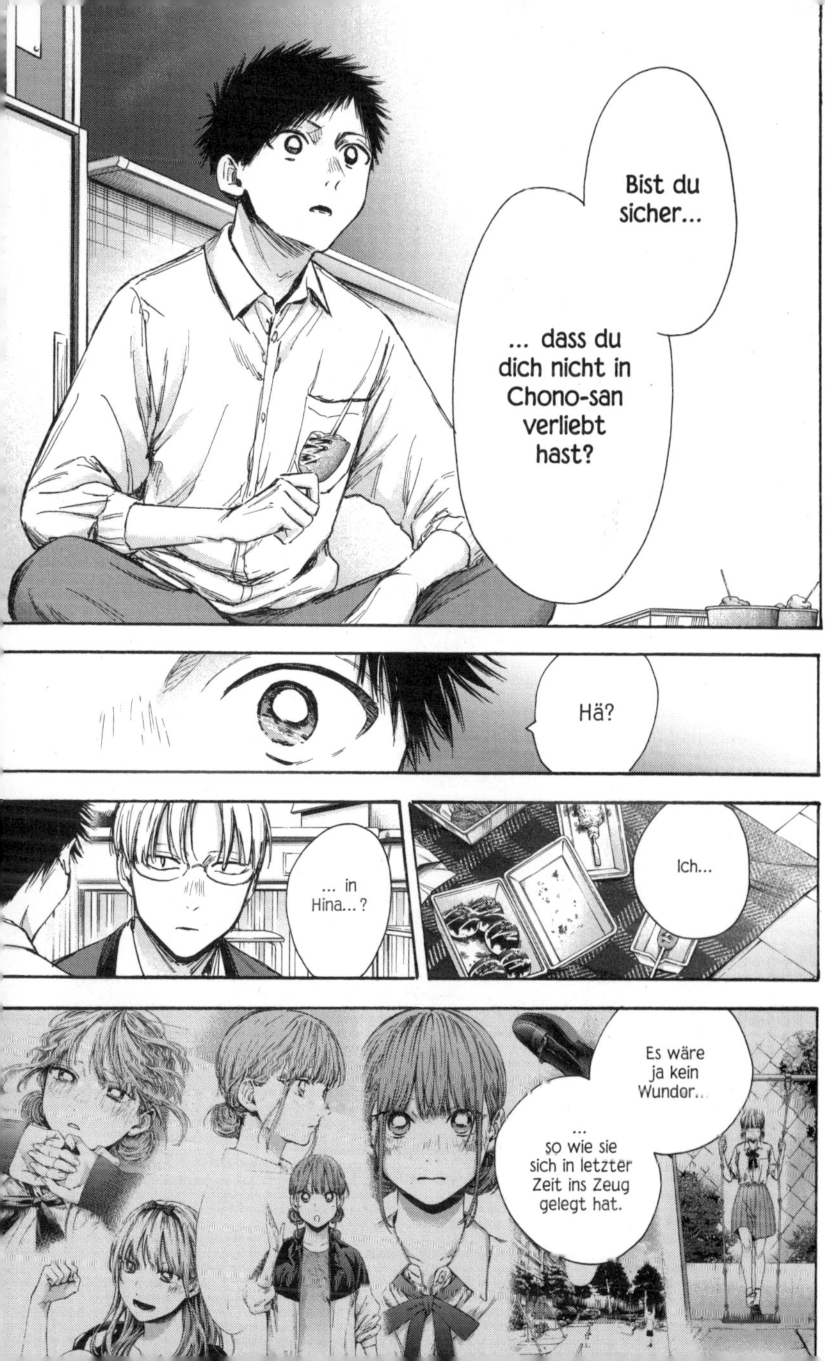
Bist du sicher...
... dass du dich nicht in Chono-san verliebt hast?
Hä?
Ich...
... in Hina...?
Es wäre ja kein Wundor...
... so wie sie sich in letzter Zeit ins Zeug gelegt hat.

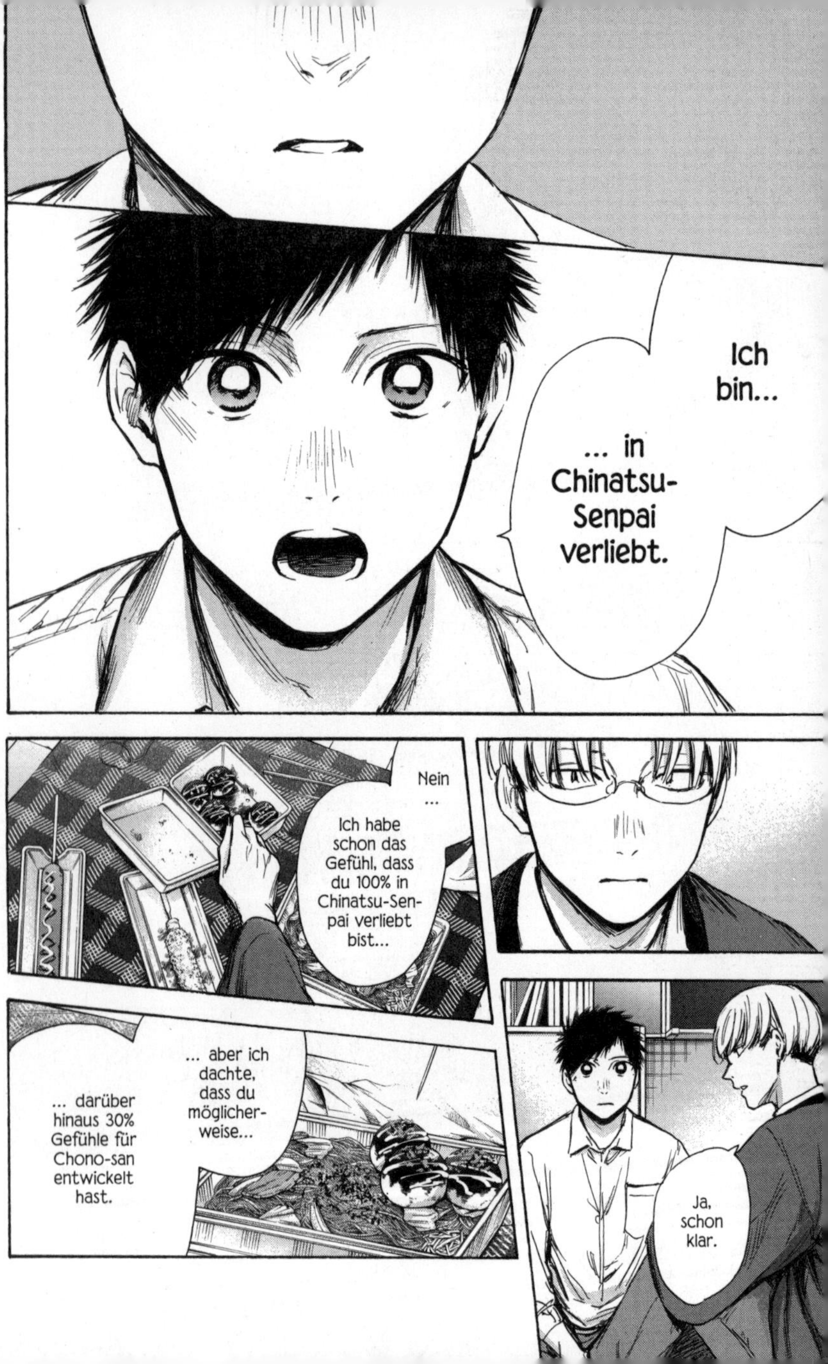
Ich bin...
... in Chinatsu-Senpai verliebt.
Nein ...
Ich habe schon das Gefühl, dass du 100% in Chinatsu-Senpai verliebt bist...
Ja, schon klar.
... aber ich dachte, dass du möglicherweise...
... darüber hinaus 30% Gefühle für Chono-san entwickelt hast.

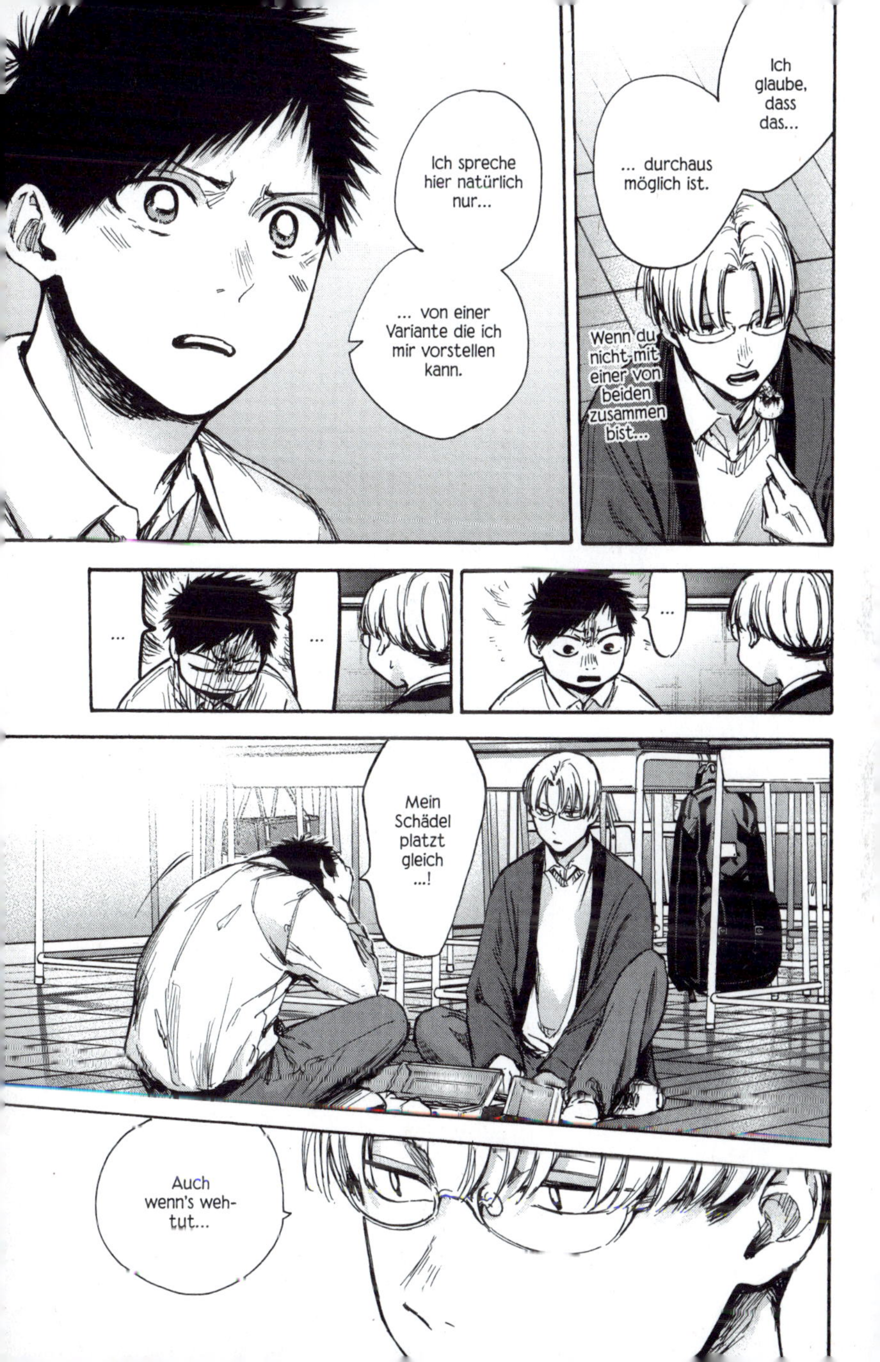
Ich glaube, dass das...
... durchaus möglich ist.
Wenn du nicht mit einer von beiden zusammen bist...
Ich spreche hier natürlich nur...
... von einer Variante die ich mir vorstellen kann.
...
...
...
Mein Schädel platzt gleich ...!
Auch wenn's weh-tut...

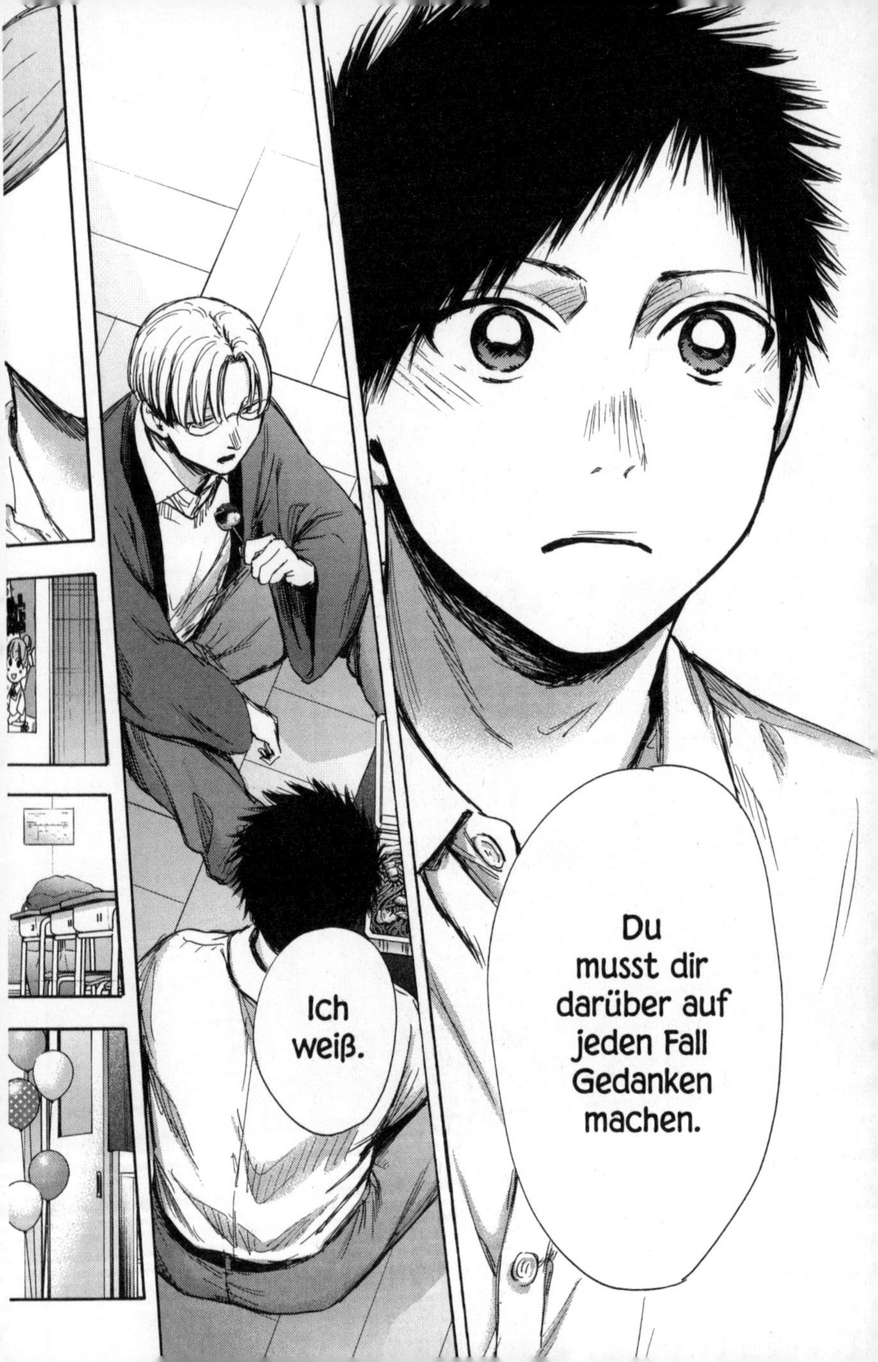
Du musst dir darüber auf jeden Fall Gedanken machen.
Ich weiß.

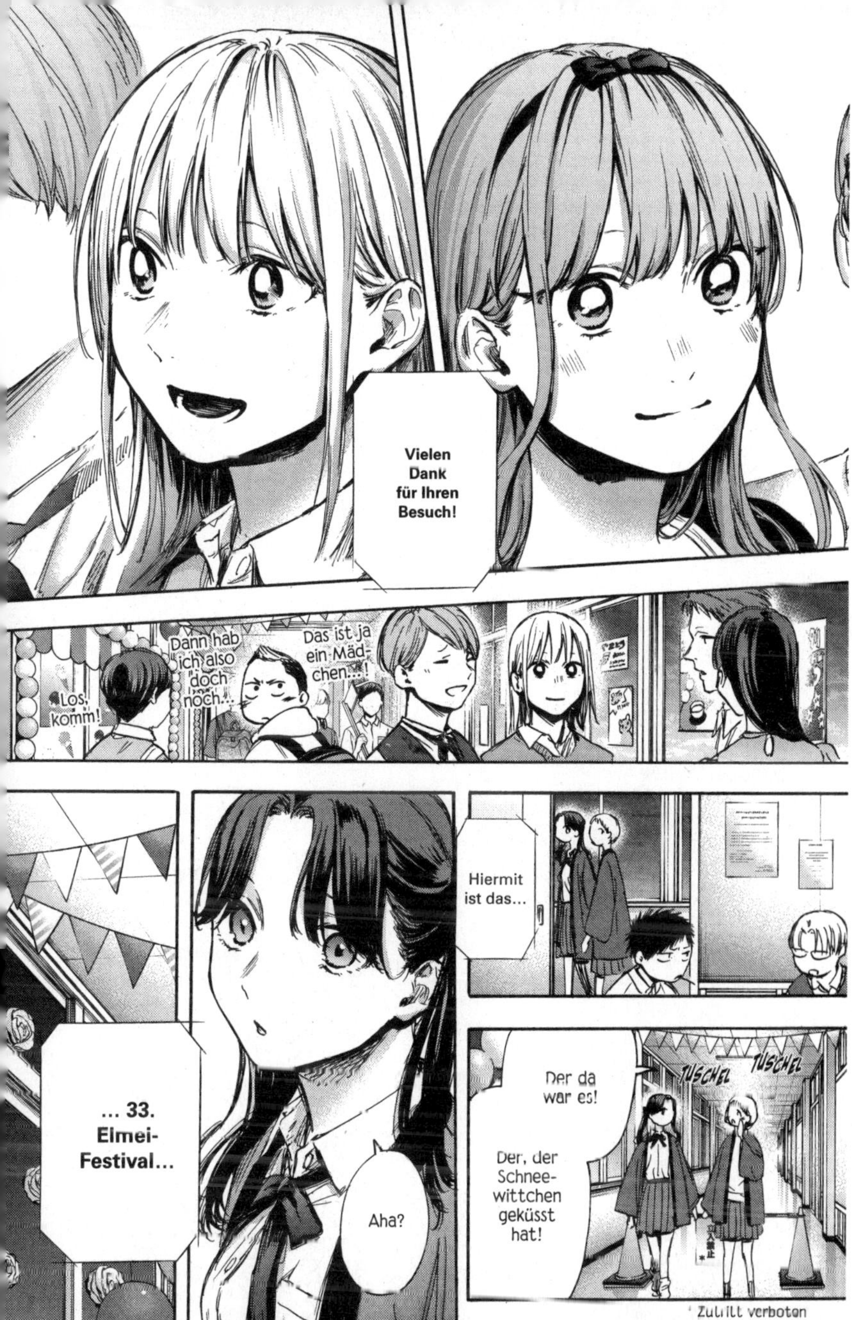
Vielen Dank für Ihren Besuch!
Das ist ja ein Mädchen…!
Dann hab ich also doch noch…
Los, komm!
Hiermit ist das…
… 33. Elmei-Festival…
Aha?
Der da war es!
Der, der Schneewittchen geküsst hat!
TUSCHEL
TUSCHEL
* Zutritt verboten

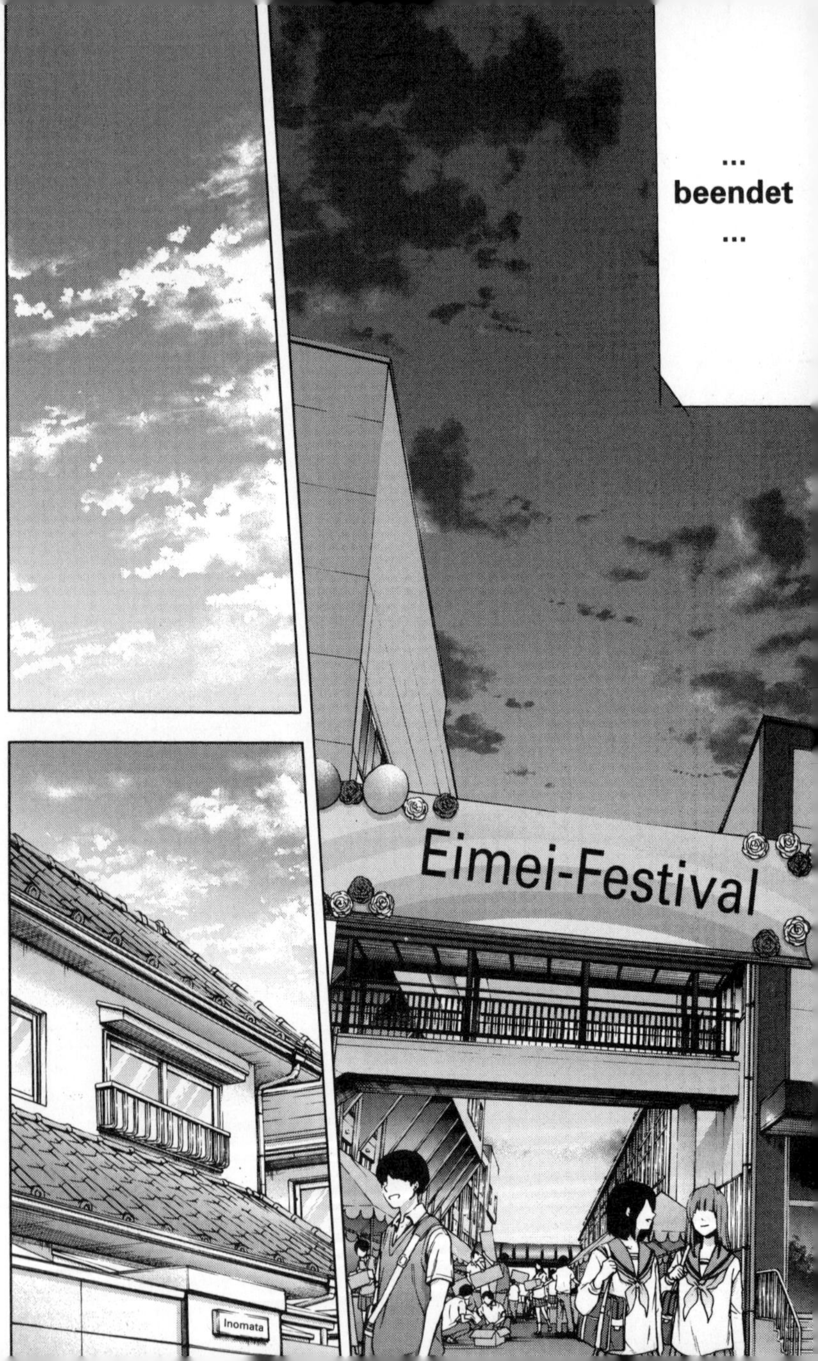
... beendet ...
Eimei-Festival
Inomata

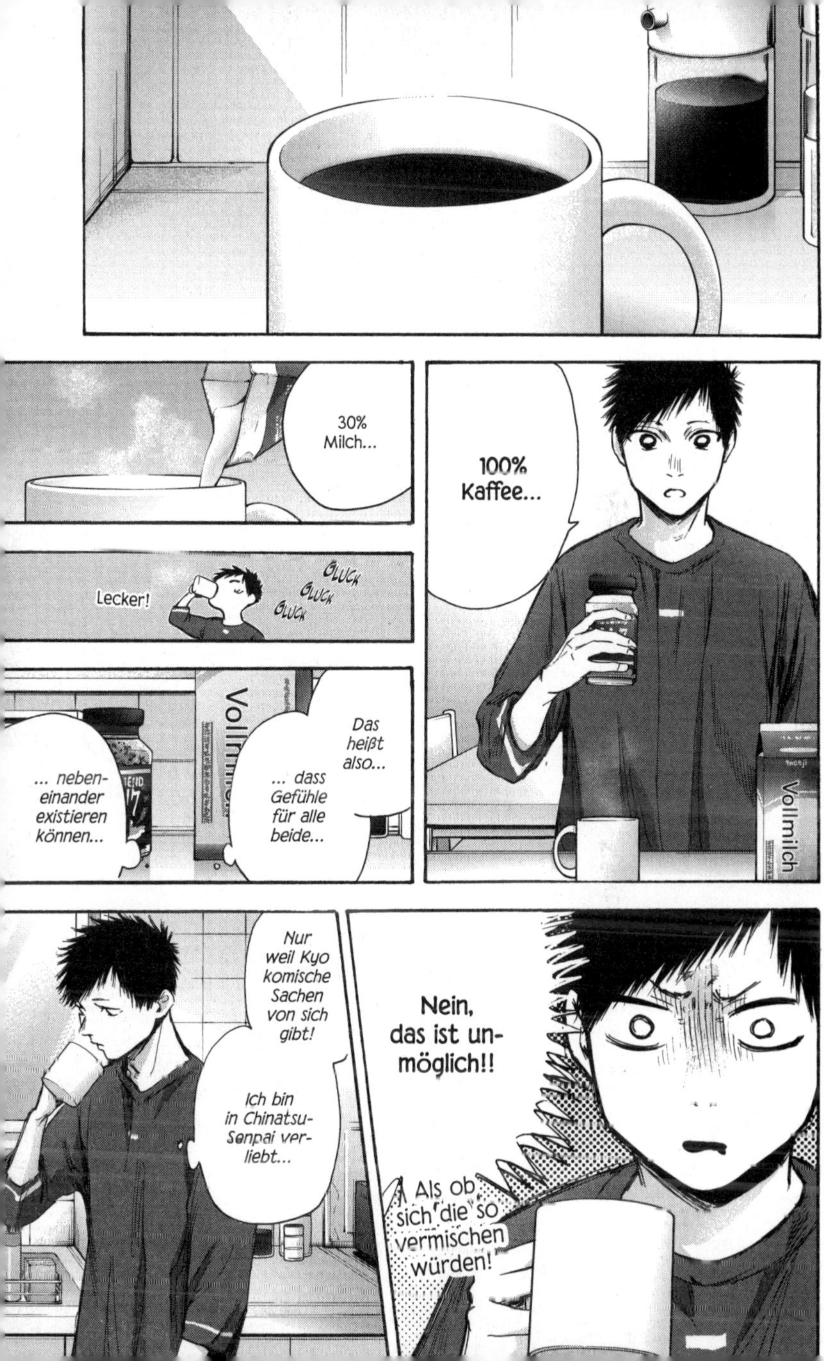
100% Kaffee...
30% Milch...
Lecker!
GLUCK GLUCK GLUCK
Das heißt also...
... dass Gefühle für alle beide...
... neben-einander existieren können...
Vollmilch
Nein, das ist un-möglich!!
Als ob sich die so vermischen würden!
Nur weil Kyo komische Sachen von sich gibt!
Ich bin in Chinatsu-Senpai ver-liebt...

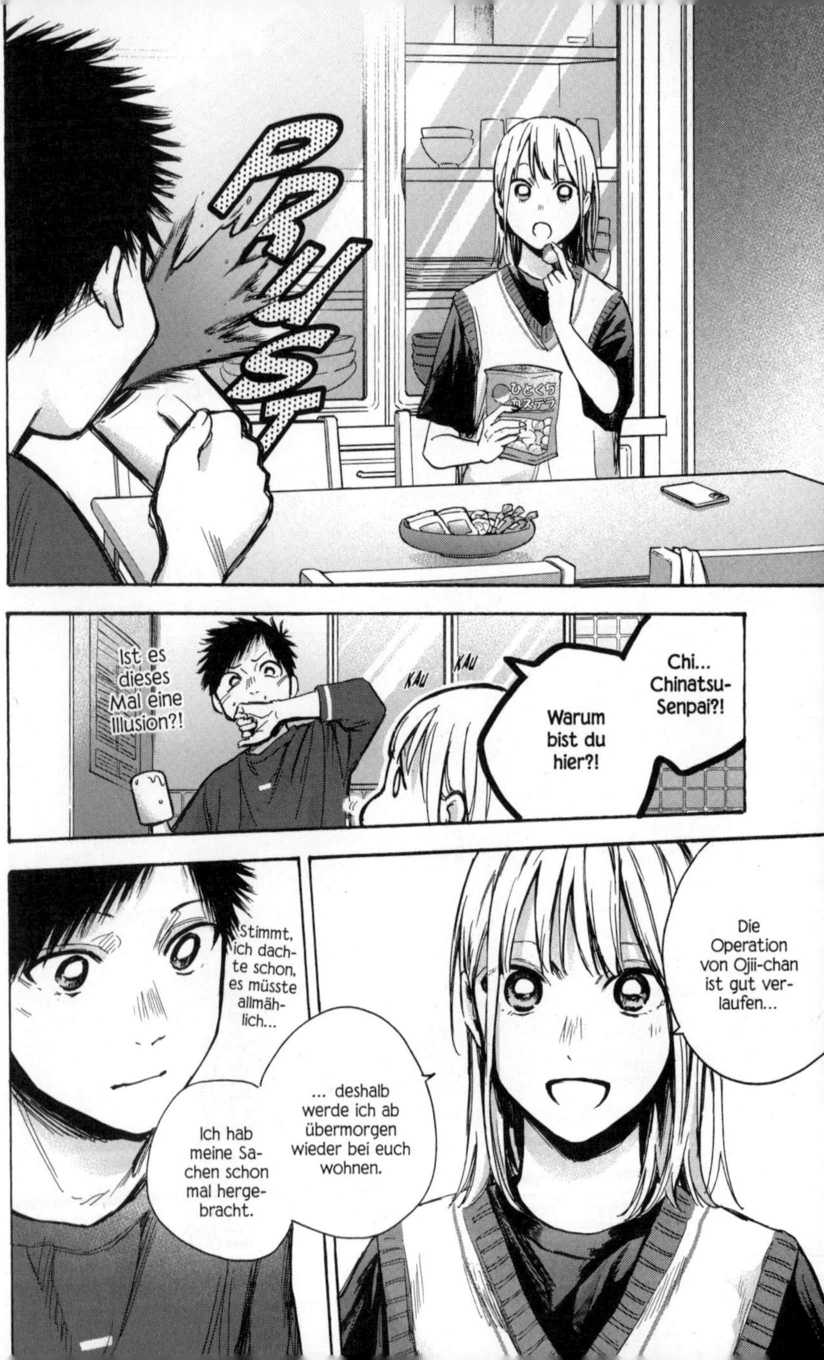
PRUSH
Chi... Chinatsu-Senpai?!
Warum bist du hier?!
KAU KAU
Ist es dieses Mal eine Illusion?!
Die Operation von Ojii-chan ist gut verlaufen...
... deshalb werde ich ab übermorgen wieder bei euch wohnen.
Ich hab meine Sachen schon mal hergebracht.
Stimmt, ich dachte schon, es müsste allmählich...

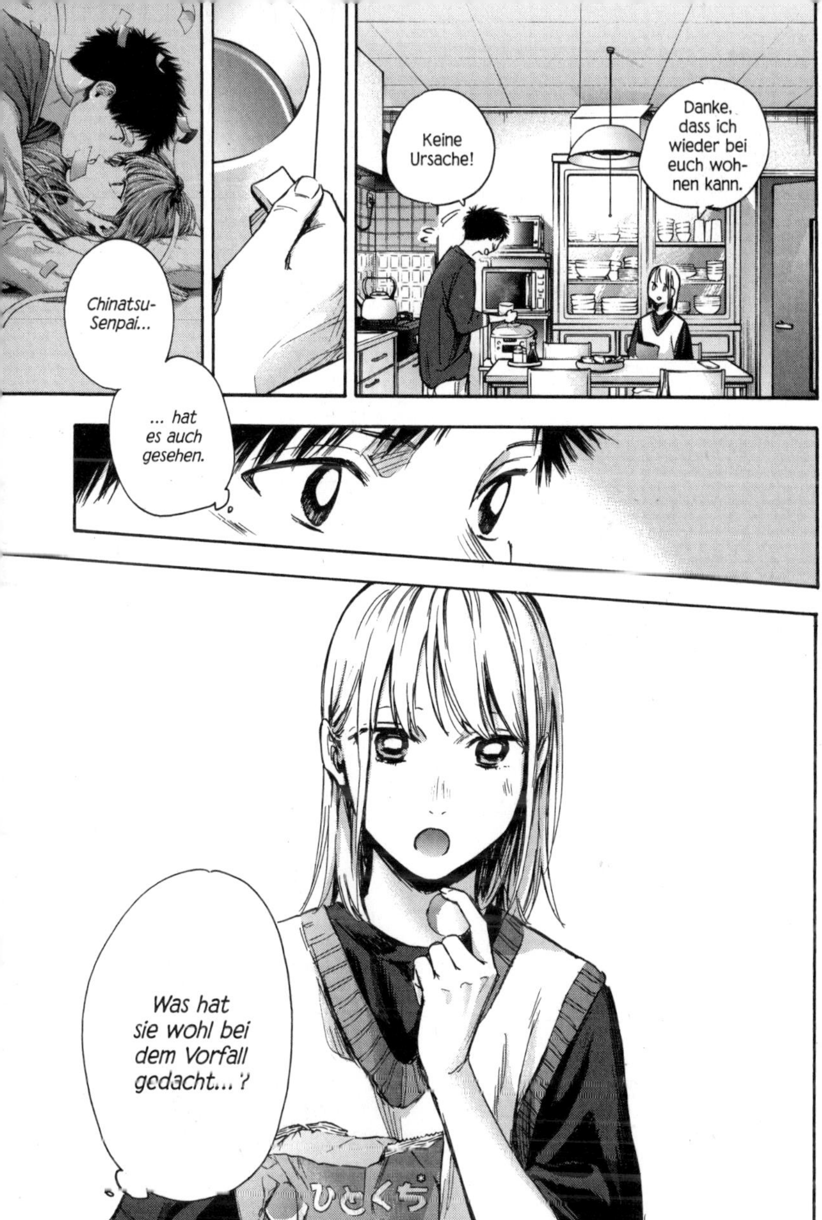

* Mini-Gebäckkugeln

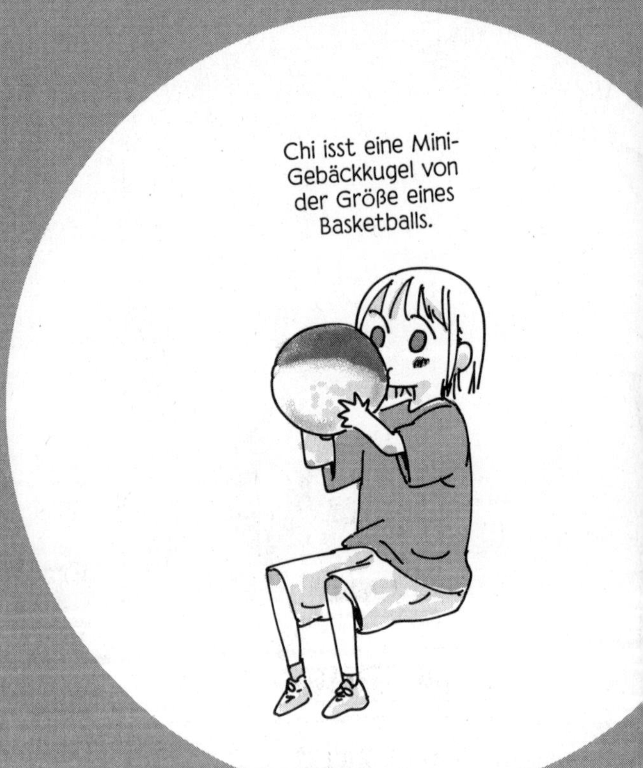
Chi isst eine Mini-Gebäckkugel von der Größe eines Basketballs.

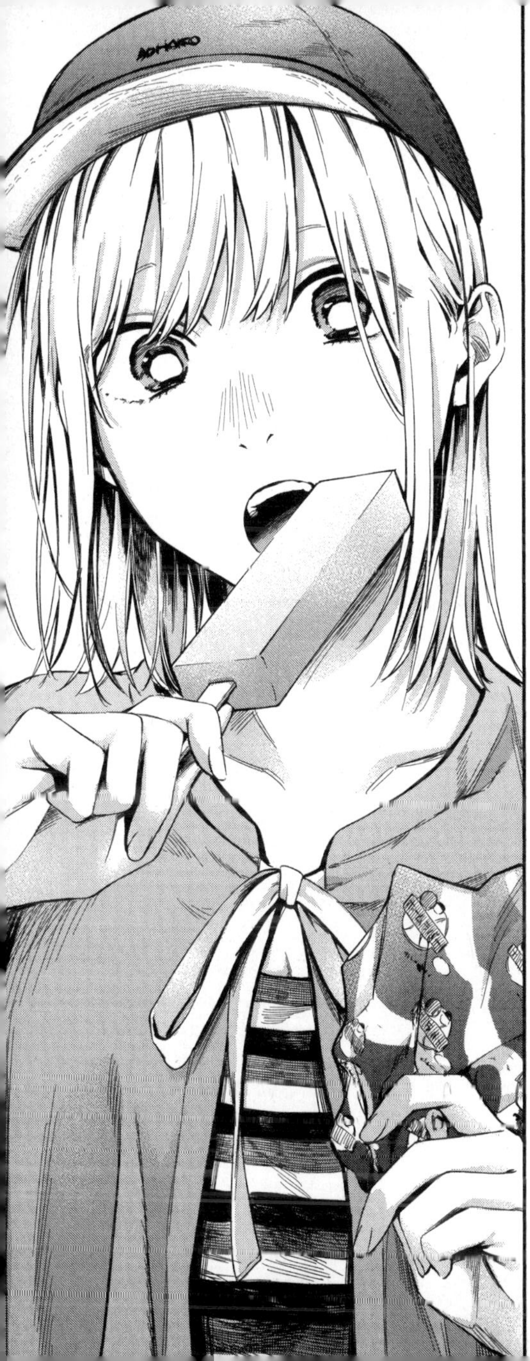

#66

Erzähl ruhig, ich hör dir zu.

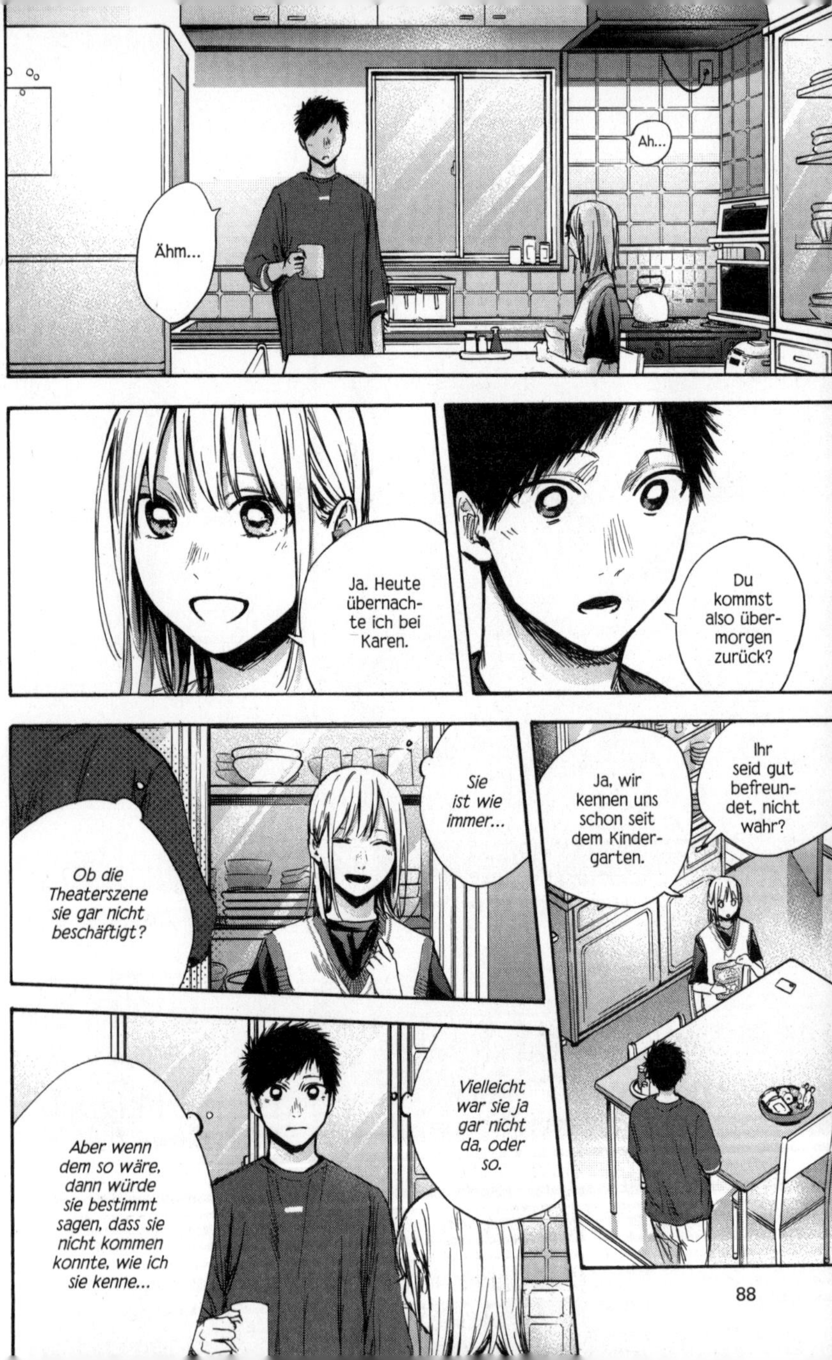
Ah...
Ähm...
Du kommst also übermorgen zurück?
Ja. Heute übernachte ich bei Karen.
Ihr seid gut befreundet, nicht wahr?
Ja, wir kennen uns schon seit dem Kindergarten.
Sie ist wie immer...
Ob die Theaterszene sie gar nicht beschäftigt?
Vielleicht war sie ja gar nicht da, oder so.
Aber wenn dem so wäre, dann würde sie bestimmt sagen, dass sie nicht kommen konnte, wie ich sie kenne...

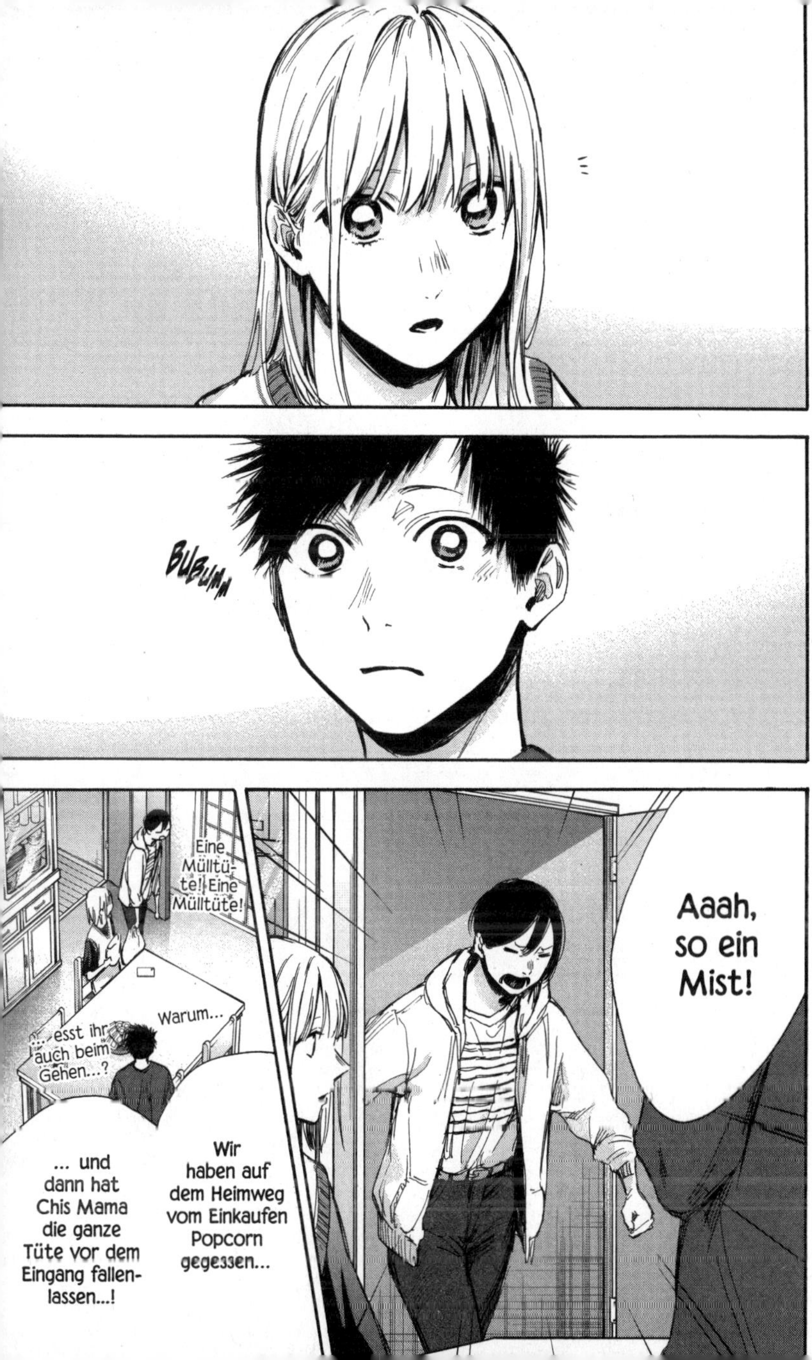
BUBUMM
Aaah, so ein Mist!
Wir haben auf dem Heimweg vom Einkaufen Popcorn gegessen...
... und dann hat Chis Mama die ganze Tüte vor dem Eingang fallen-lassen...!
Eine Mülltü-te! Eine Mülltüte!
Warum...
... esst ihr auch beim Gehen...?

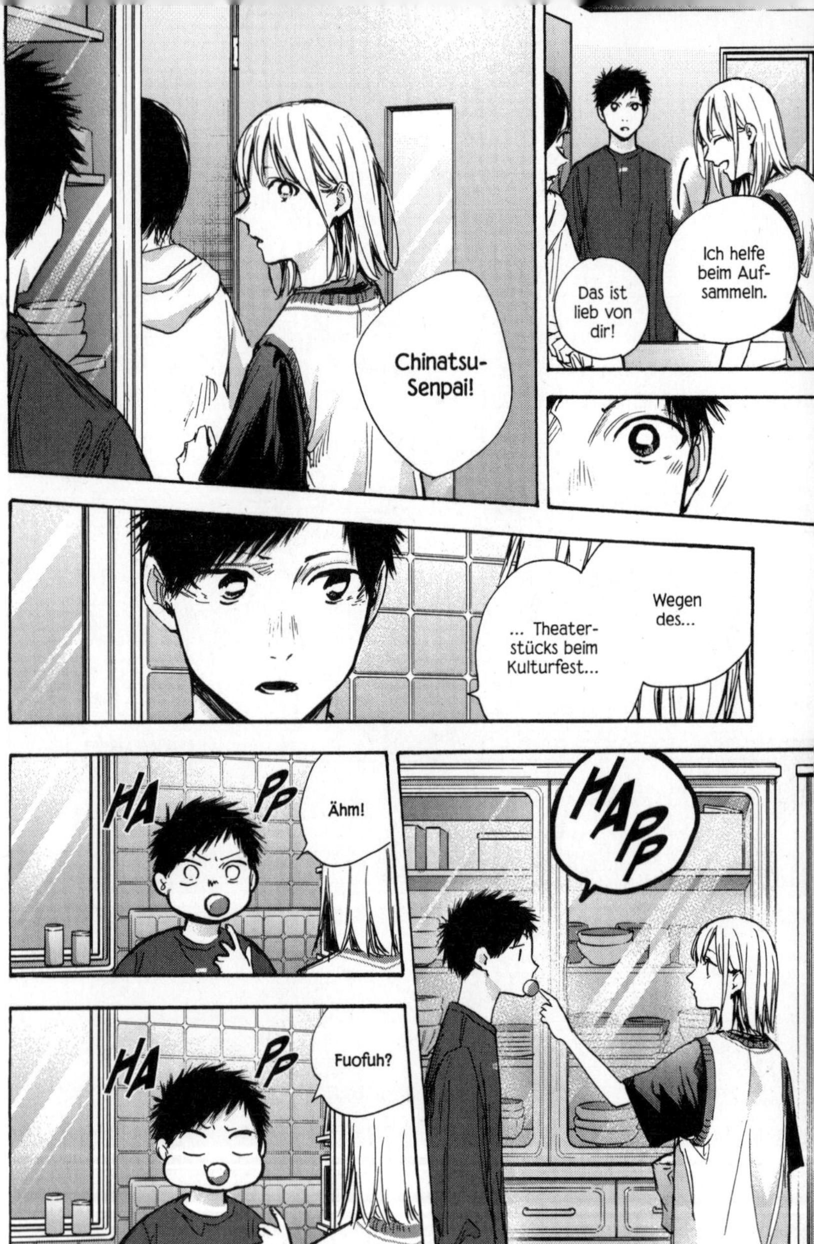
Ich helfe beim Auf-sammeln.
Das ist lieb von dir!
Chinatsu-Senpai!
Wegen des...
... Theater-stücks beim Kulturfest...
HAPP
HA PP
Ähm!
HA PP
Fuofuh?

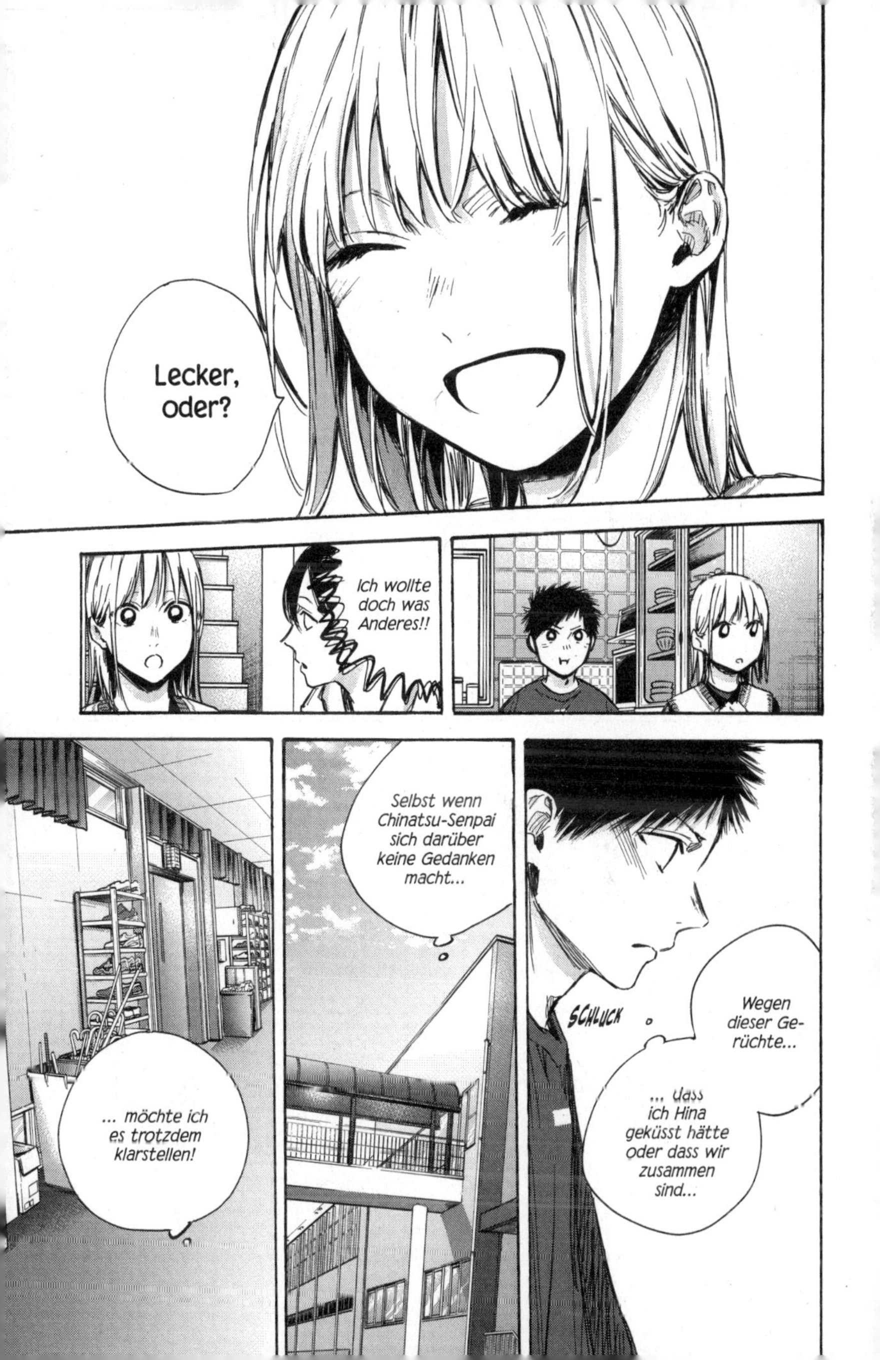
Lecker, oder?
Ich wollte doch was Anderes!!
Selbst wenn Chinatsu-Senpai sich darüber keine Gedanken macht...
Wegen dieser Gerüchte...
... dass ich Hina geküsst hätte oder dass wir zusammen sind...
SCHLUCK
... möchte ich es trotzdem klarstellen!

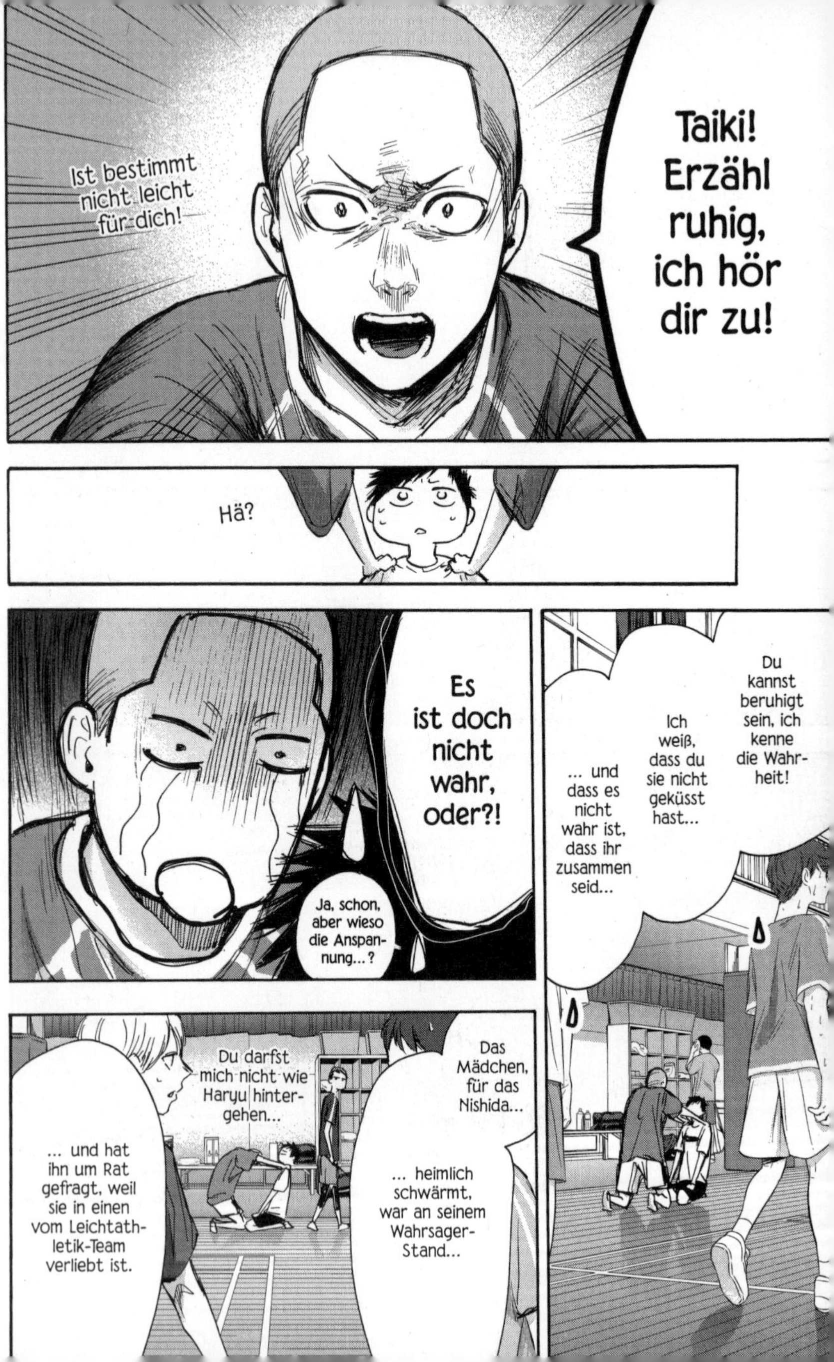
Taiki! Erzähl ruhig, ich hör dir zu!
Ist bestimmt nicht leicht für dich!
Hä?
Du kannst beruhigt sein, ich kenne die Wahrheit!
Ich weiß, dass du sie nicht geküsst hast...
... und dass es nicht wahr ist, dass ihr zusammen seid...
Es ist doch nicht wahr, oder?!
Ja, schon, aber wieso die Anspannung...?
Das Mädchen, für das Nishida...
... heimlich schwärmt, war an seinem Wahrsager-Stand...
Du darfst mich nicht wie Haryu hintergehen...
... und hat ihn um Rat gefragt, weil sie in einen vom Leichtathletik-Team verliebt ist.

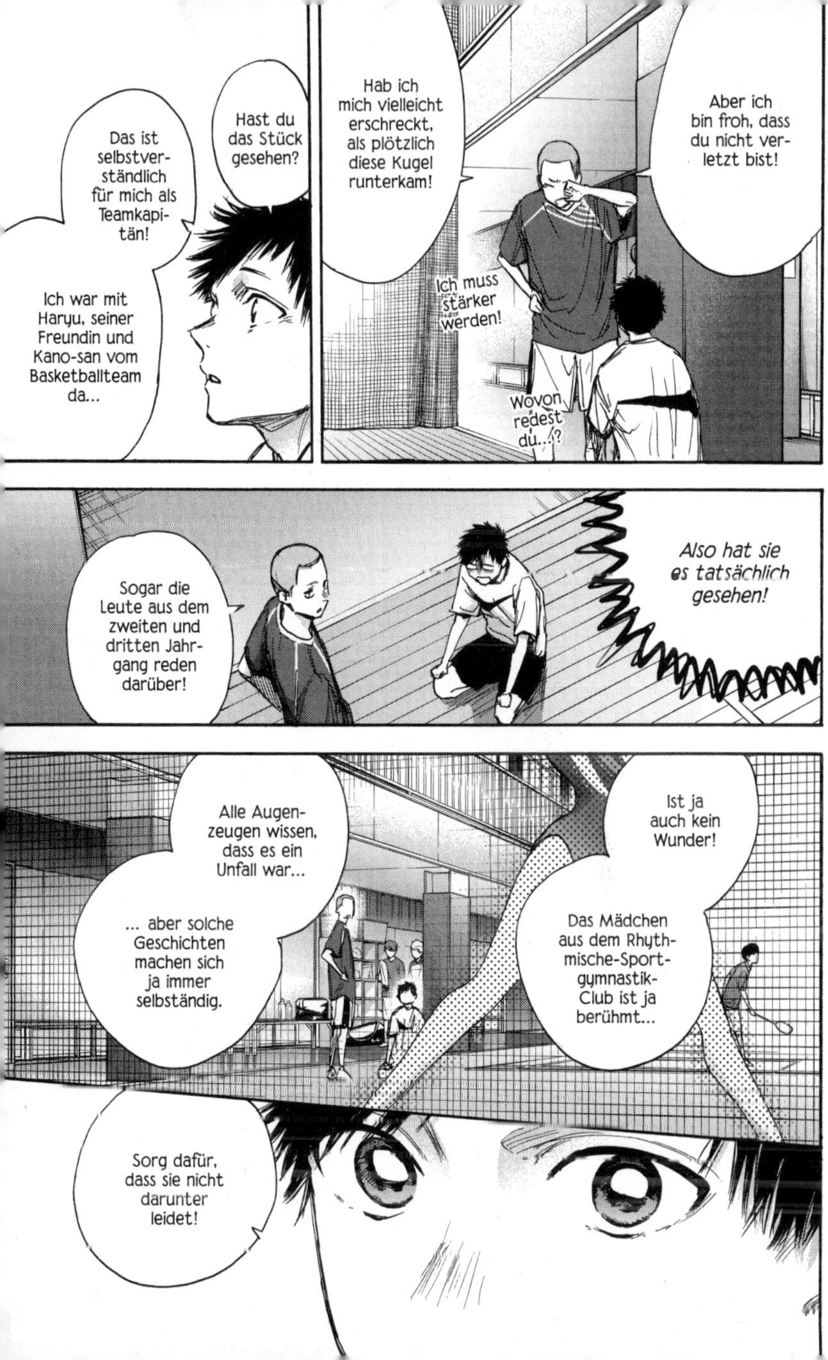
Aber ich bin froh, dass du nicht verletzt bist!
Hab ich mich vielleicht erschreckt, als plötzlich diese Kugel runterkam!
Ich muss stärker werden!
Wovon redest du...?
Hast du das Stück gesehen?
Das ist selbstverständlich für mich als Teamkapitän!
Ich war mit Haryu, seiner Freundin und Kano-san vom Basketballteam da...
Also hat sie es tatsächlich gesehen!
Sogar die Leute aus dem zweiten und dritten Jahrgang reden darüber!
Ist ja auch kein Wunder!
Das Mädchen aus dem Rhythmische-Sportgymnastik-Club ist ja berühmt...
Alle Augenzeugen wissen, dass es ein Unfall war...
... aber solche Geschichten machen sich ja immer selbständig.
Sorg dafür, dass sie nicht darunter leidet!

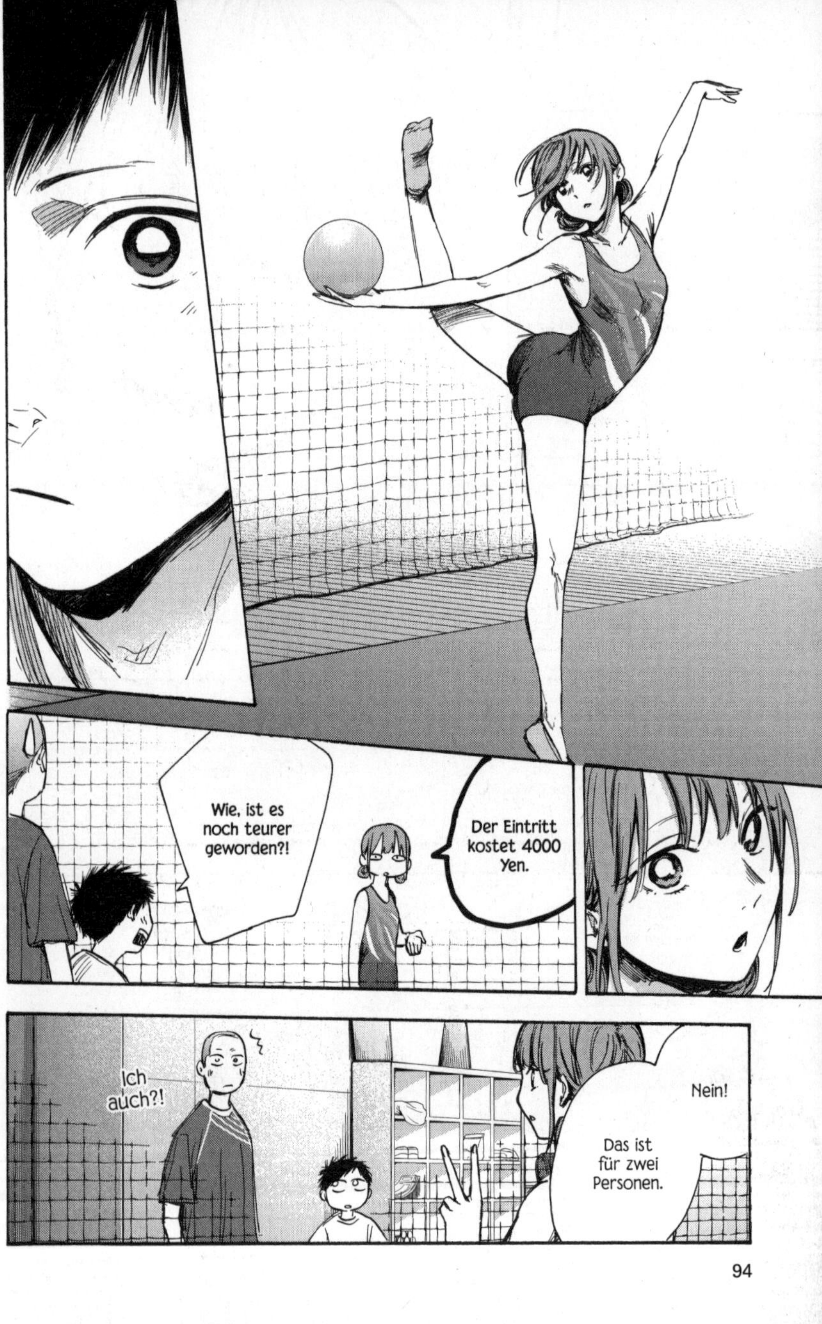
Der Eintritt kostet 4000 Yen.
Wie, ist es noch teurer geworden?!
Nein!
Das ist für zwei Personen.
Ich auch?!

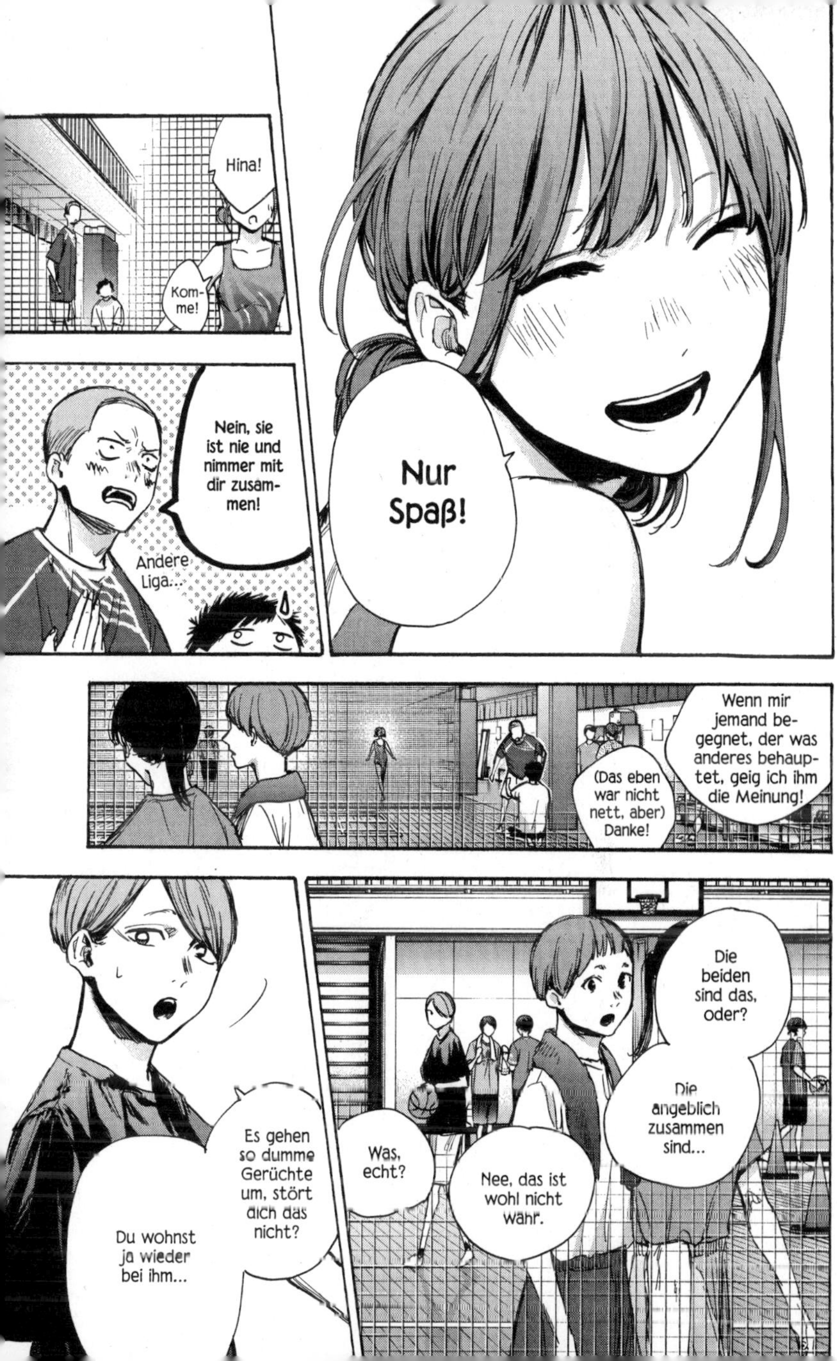
Nur Spaß!
Hina!
Komme!
Nein, sie ist nie und nimmer mit dir zusammen!
Andere Liga...
Wenn mir jemand begegnet, der was anderes behauptet, geig ich ihm die Meinung!
(Das eben war nicht nett, aber) Danke!
Die beiden sind das, oder?
Die angeblich zusammen sind...
Nee, das ist wohl nicht wahr.
Was, echt?
Es gehen so dumme Gerüchte um, stört dich das nicht?
Du wohnst ja wieder bei ihm...

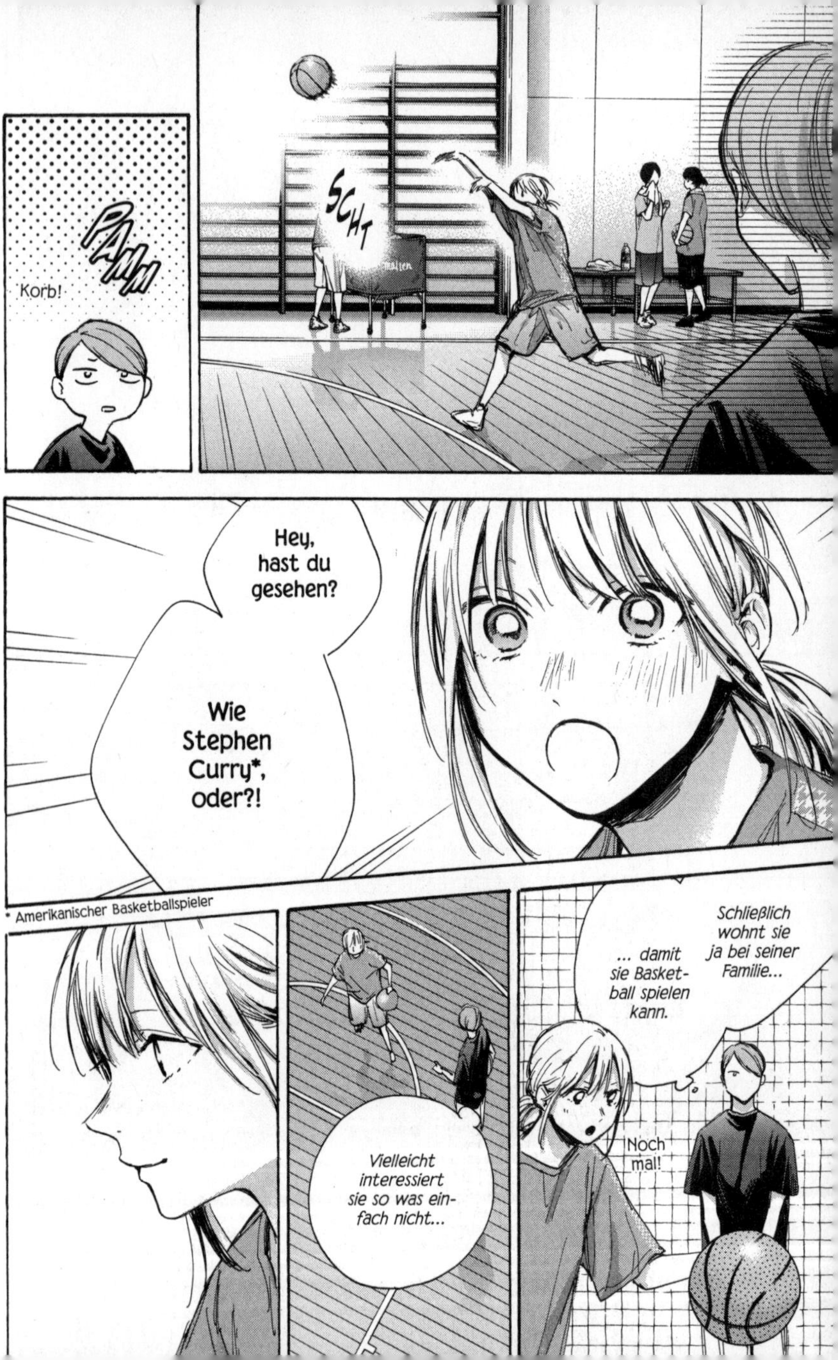
SCHT
PAMM
Korb!
Hey, hast du gesehen?
Wie Stephen Curry*, oder?!
* Amerikanischer Basketballspieler
Schließlich wohnt sie ja bei seiner Familie...
... damit sie Basketball spielen kann.
Noch mal!
Vielleicht interessiert sie so was einfach nicht...

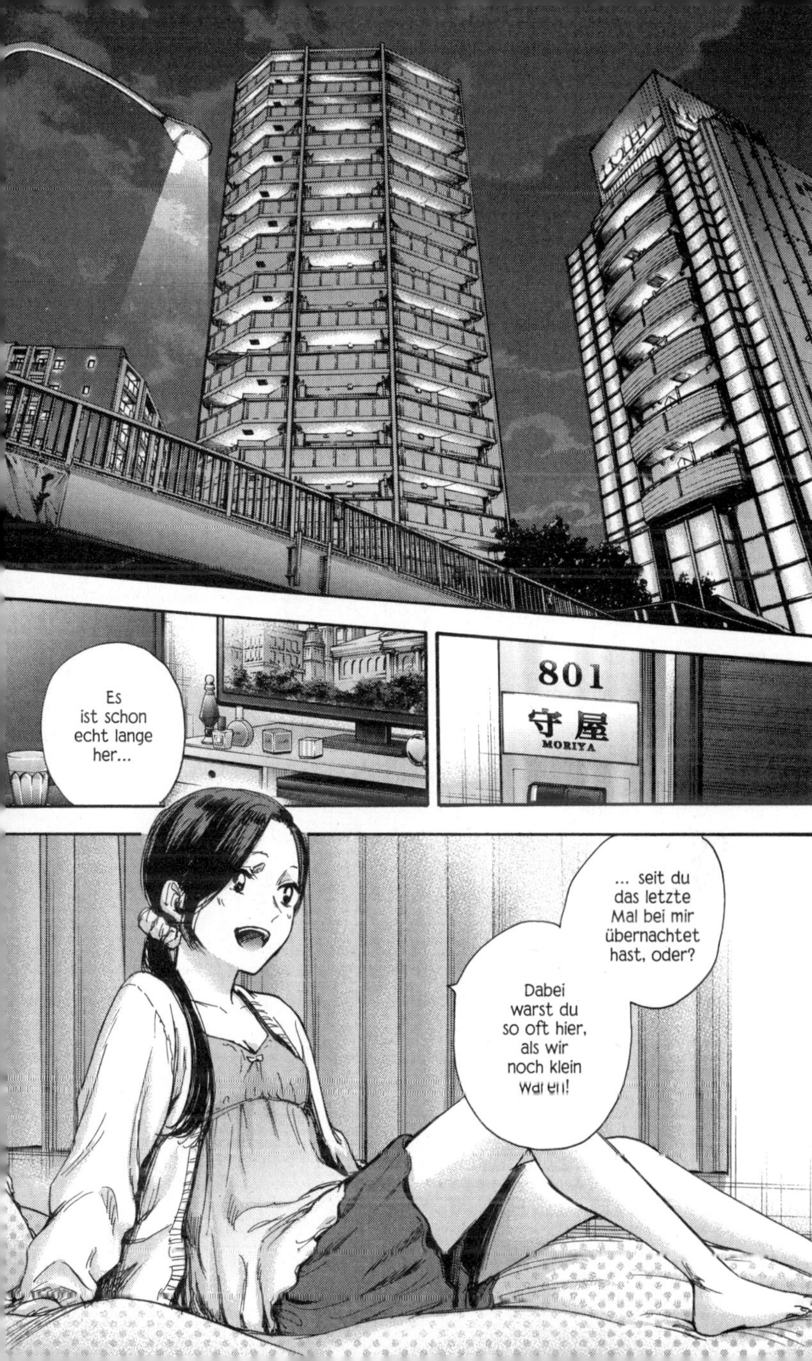
801
守屋
MORIYA
Es ist schon echt lange her...
... seit du das letzte Mal bei mir übernachtet hast, oder?
Dabei warst du so oft hier, als wir noch klein waren!

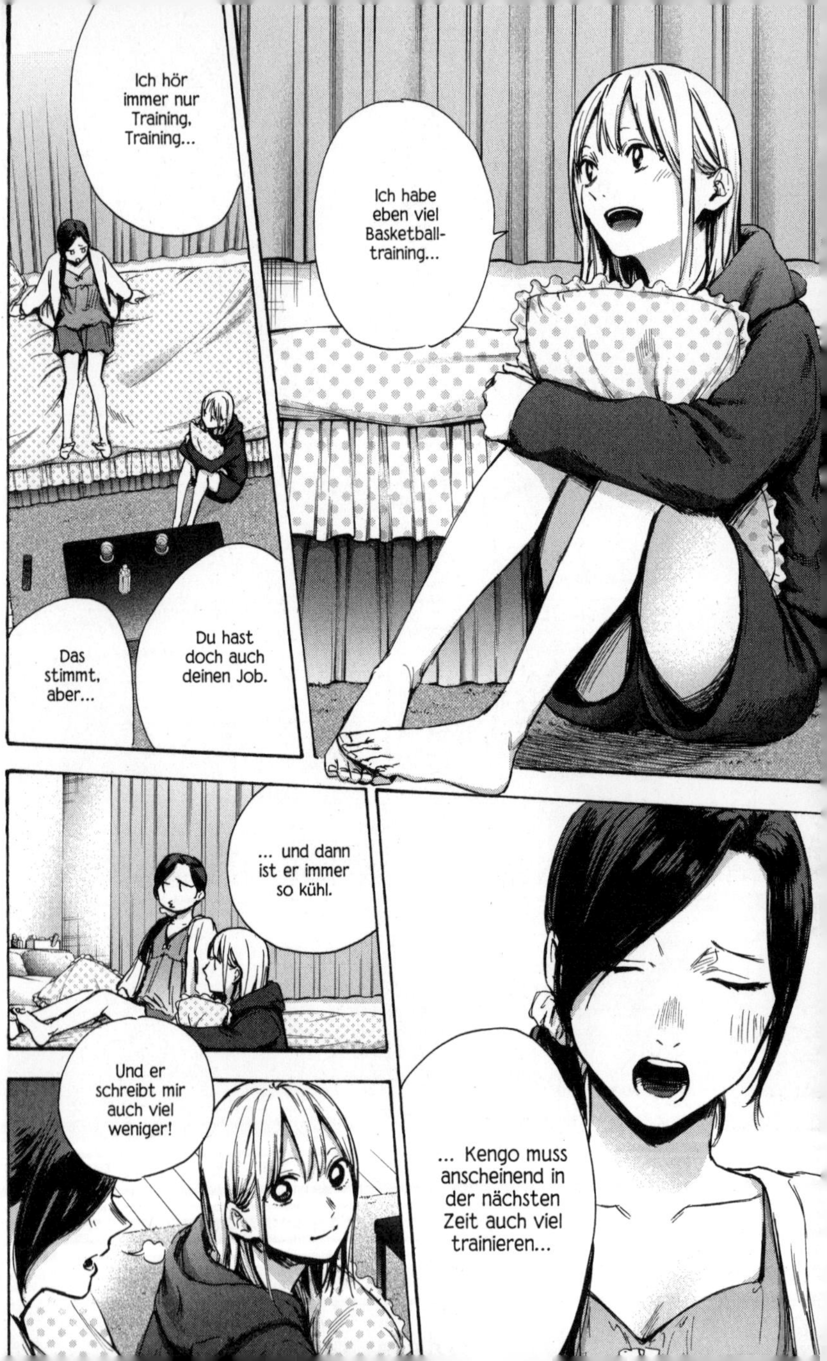
Ich habe eben viel Basketball-training...
Ich hör immer nur Training, Training...
Du hast doch auch deinen Job.
Das stimmt, aber...
... Kengo muss anscheinend in der nächsten Zeit auch viel trainieren...
... und dann ist er immer so kühl.
Und er schreibt mir auch viel weniger!

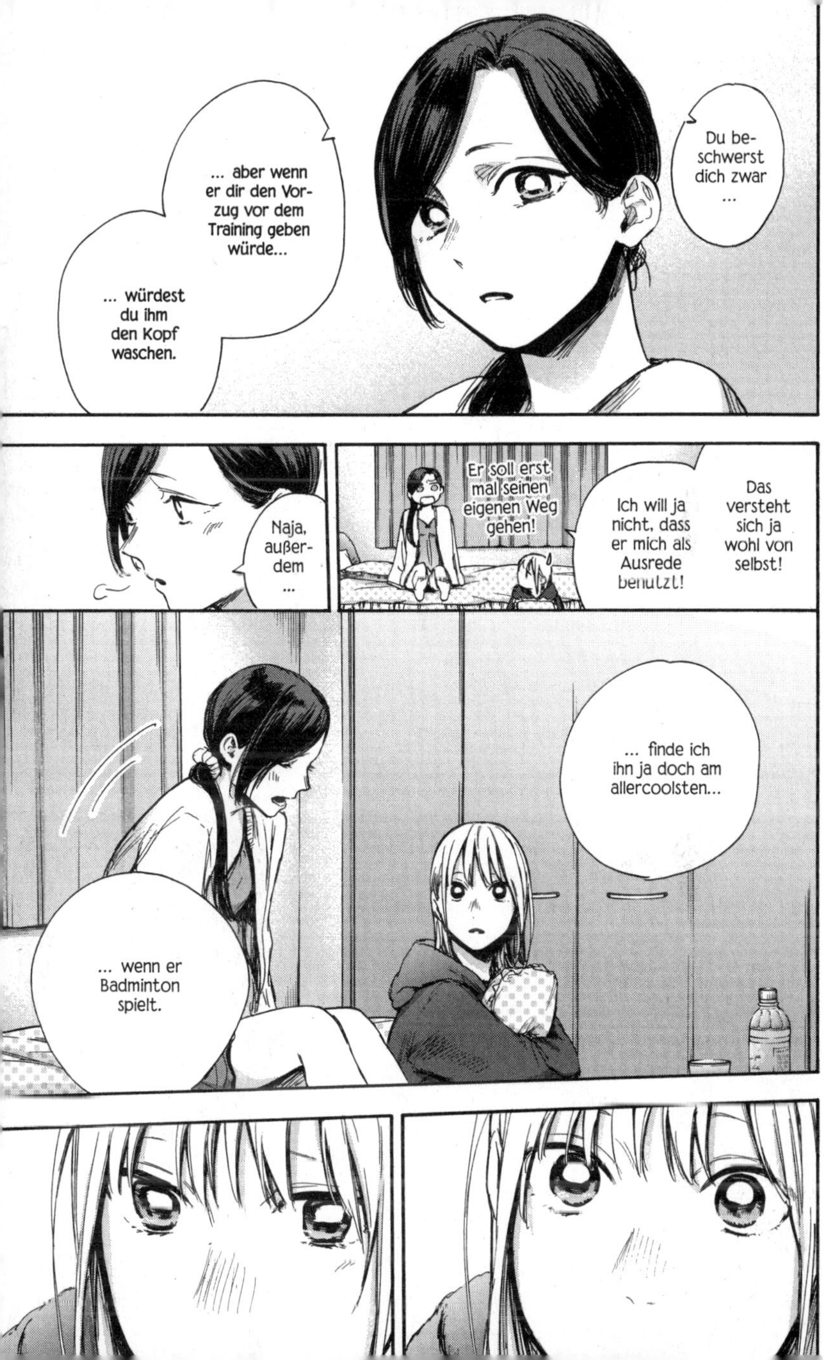
Du beschwerst dich zwar ...
... aber wenn er dir den Vorzug vor dem Training geben würde...
... würdest du ihm den Kopf waschen.
Das versteht sich ja wohl von selbst!
Ich will ja nicht, dass er mich als Ausrede benutzt!
Er soll erst mal seinen eigenen Weg gehen!
Naja, außerdem ...
... finde ich ihn ja doch am allercoolsten...
... wenn er Badminton spielt.

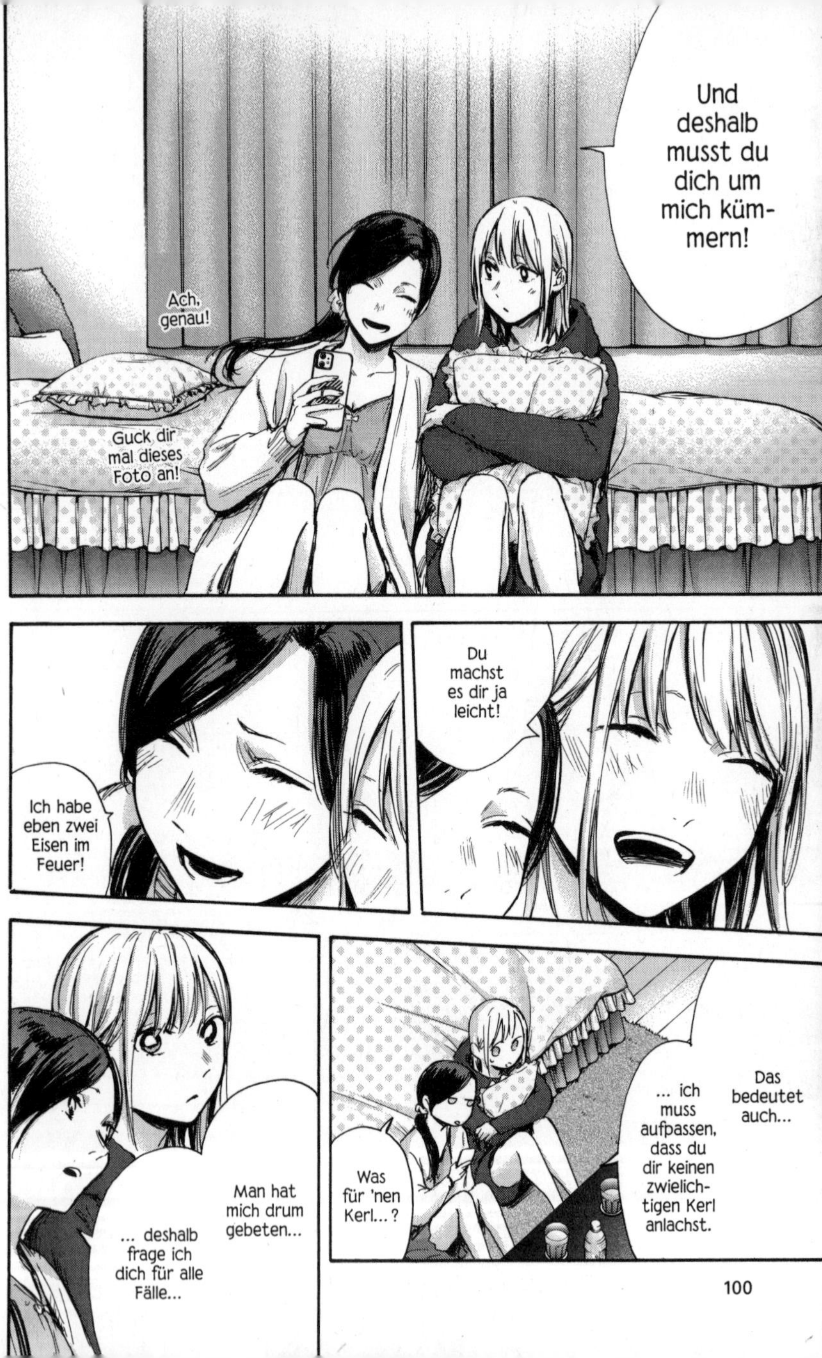
Und deshalb musst du dich um mich kümmern!
Ach, genau!
Guck dir mal dieses Foto an!
Du machst es dir ja leicht!
Ich habe eben zwei Eisen im Feuer!
Das bedeutet auch...
... ich muss aufpassen, dass du dir keinen zwielichtigen Kerl anlachst.
Was für 'nen Kerl...?
Man hat mich drum gebeten...
... deshalb frage ich dich für alle Fälle...

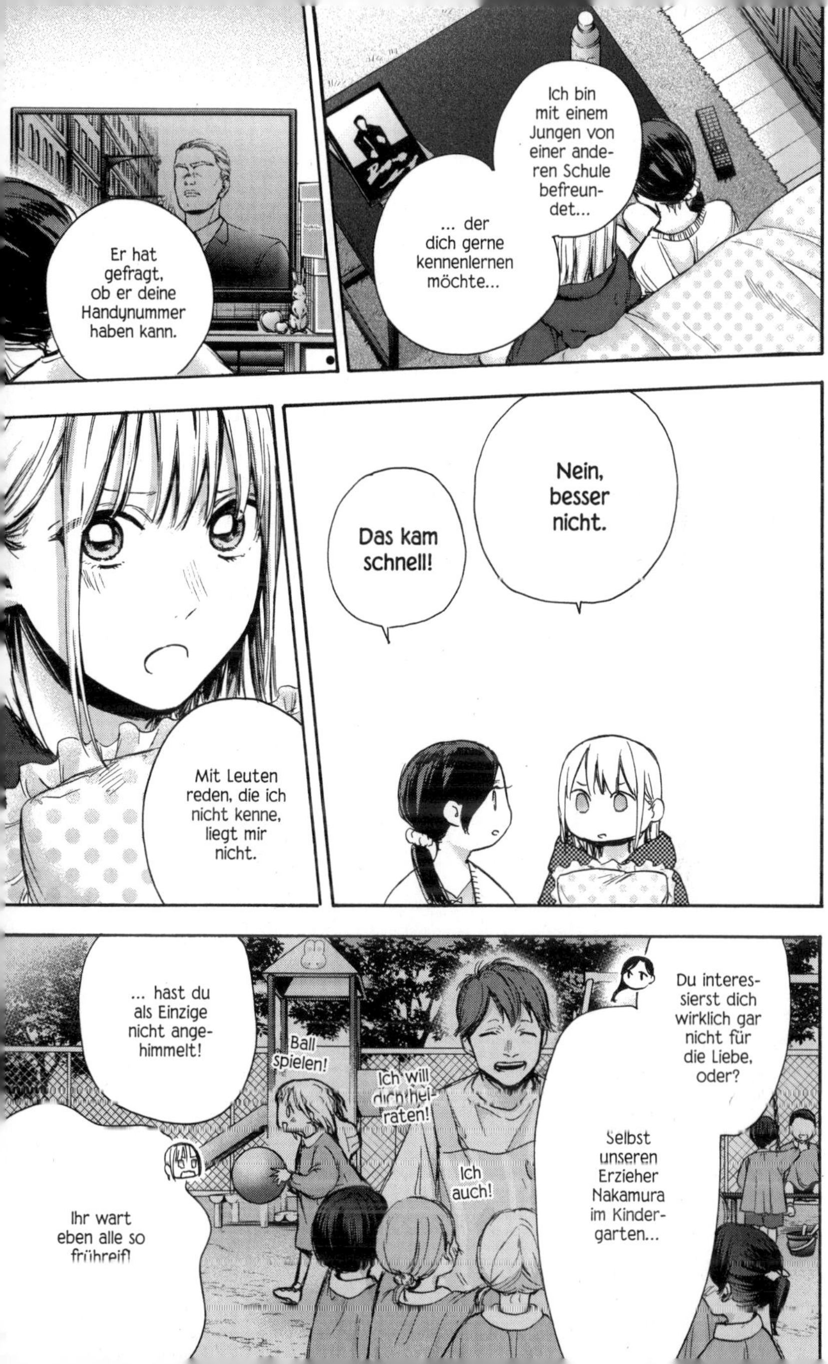
Ich bin mit einem Jungen von einer anderen Schule befreundet...
... der dich gerne kennenlernen möchte...
Er hat gefragt, ob er deine Handynummer haben kann.
Nein, besser nicht.
Das kam schnell!
Mit Leuten reden, die ich nicht kenne, liegt mir nicht.
Du interessierst dich wirklich gar nicht für die Liebe, oder?
Selbst unseren Erzieher Nakamura im Kindergarten...
... hast du als Einzige nicht angehimmelt!
Ball spielen!
Ich will dich heiraten!
Ich auch!
Ihr wart eben alle so frühreif!

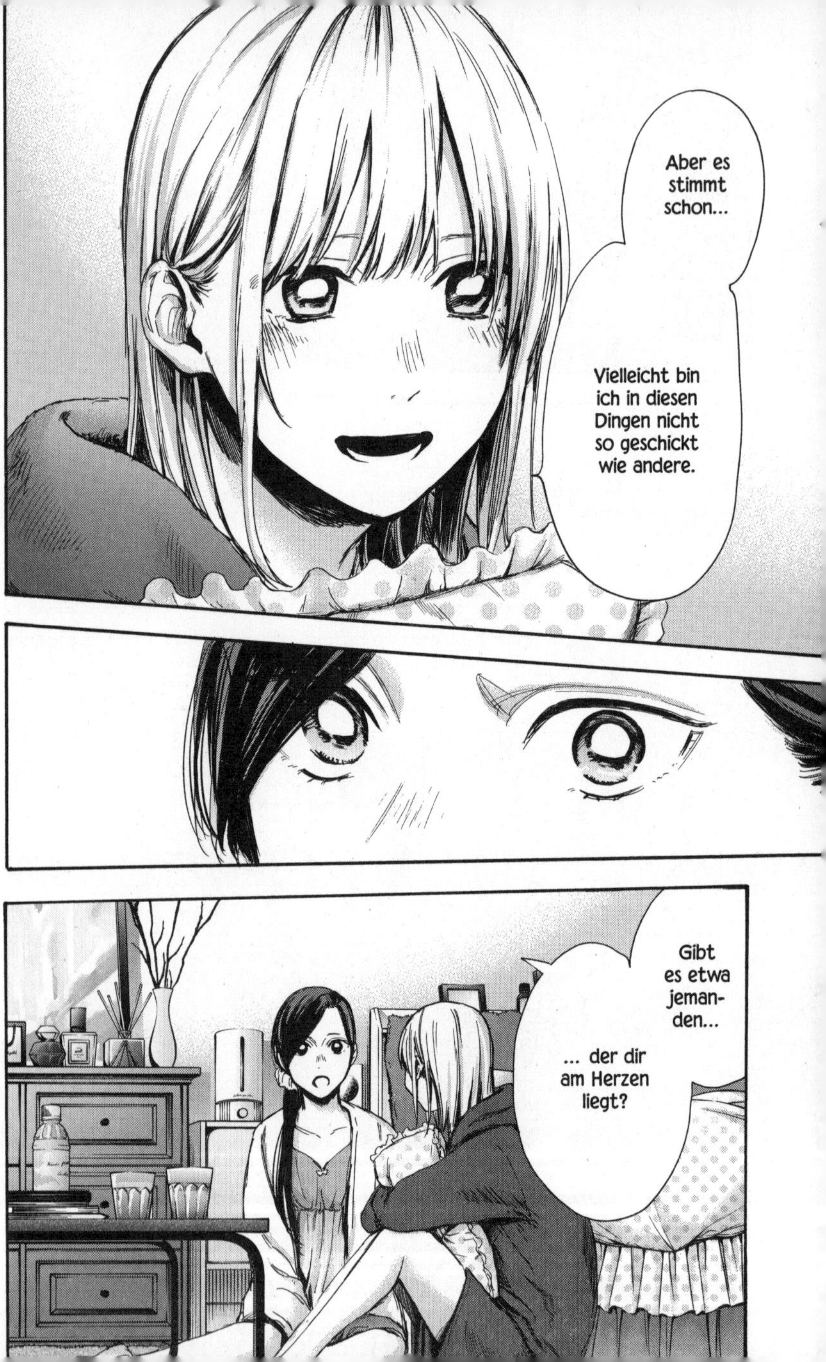
Aber es stimmt schon...
Vielleicht bin ich in diesen Dingen nicht so geschickt wie andere.
Gibt es etwa jemanden...
... der dir am Herzen liegt?

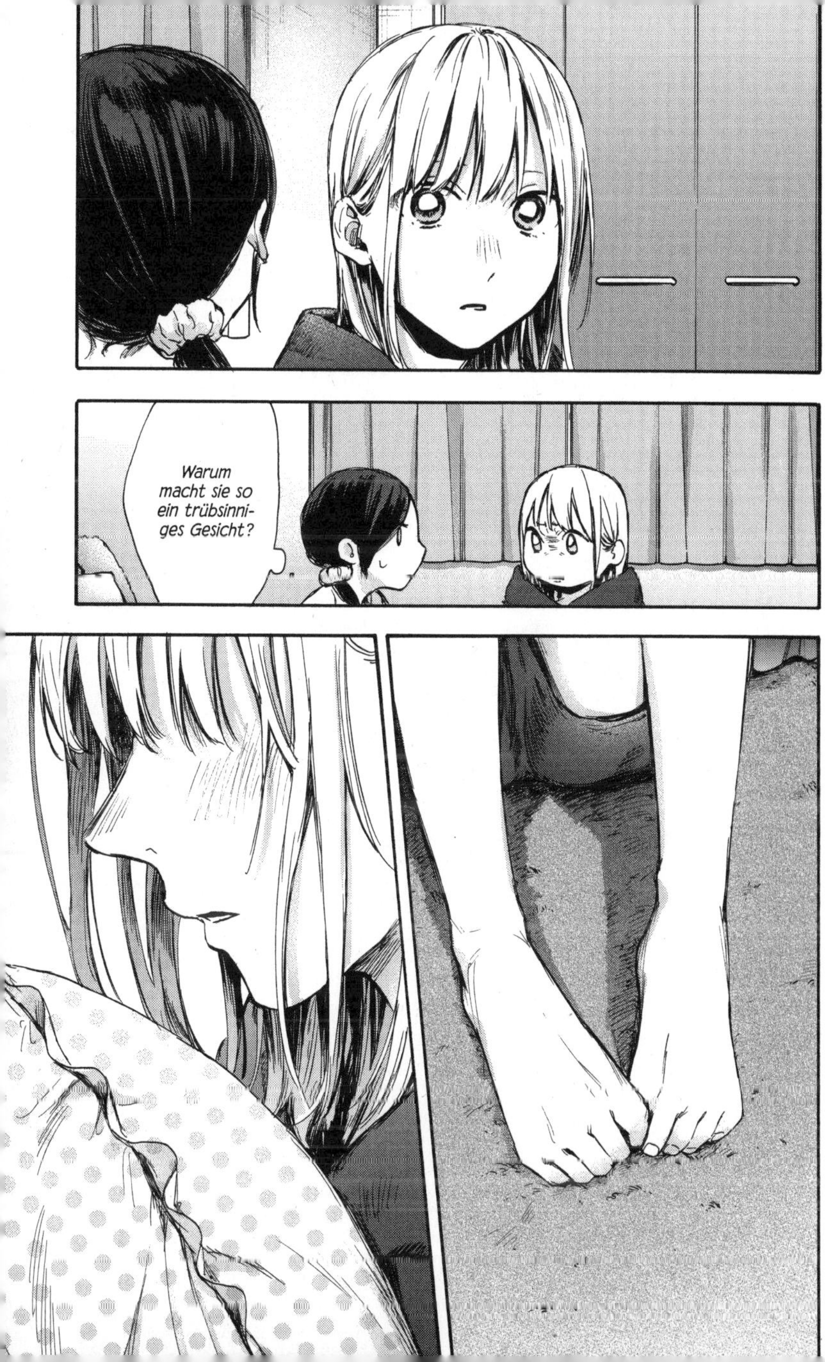
Warum macht sie so ein trübsinniges Gesicht?

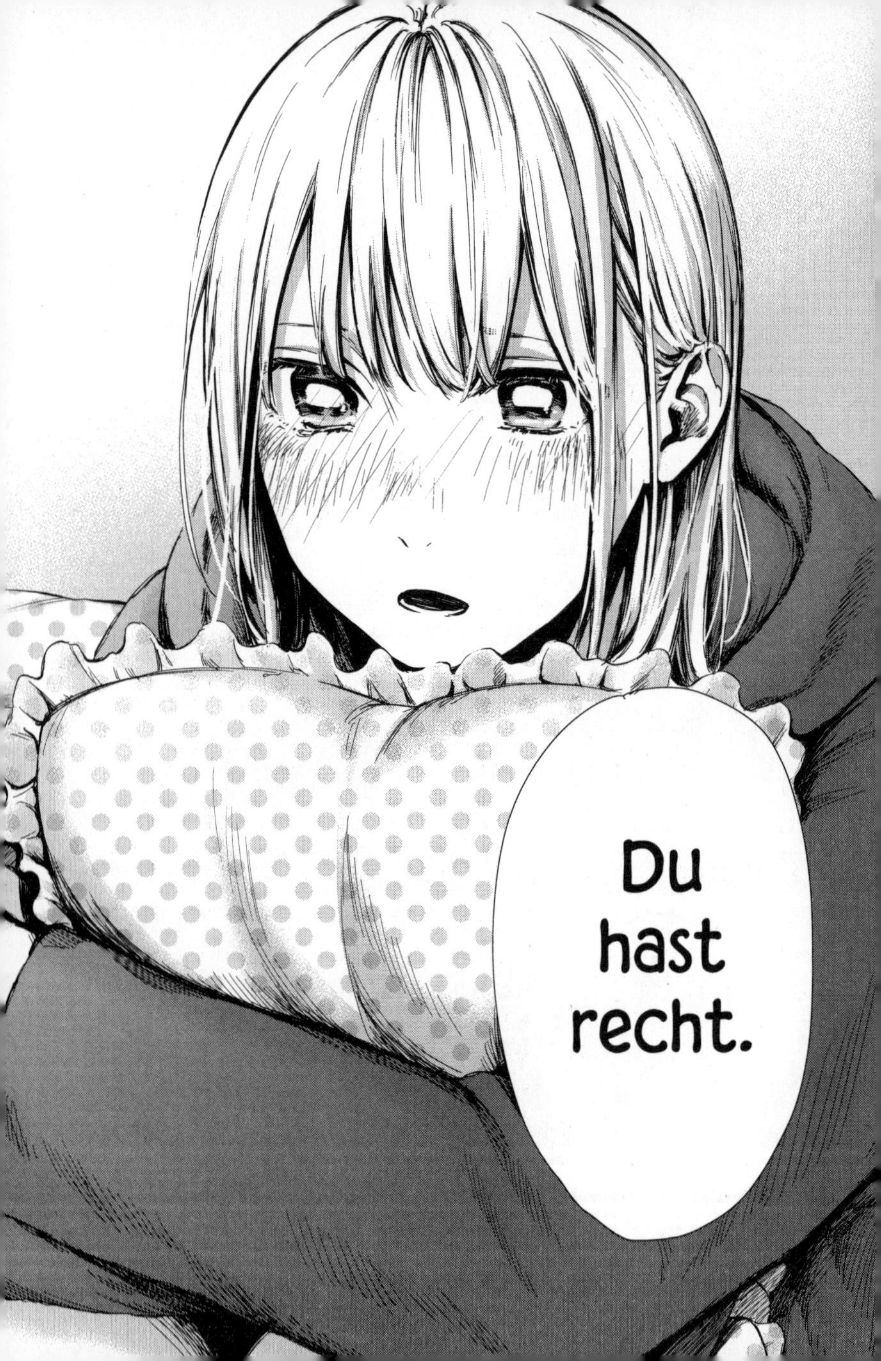
Du hast recht.

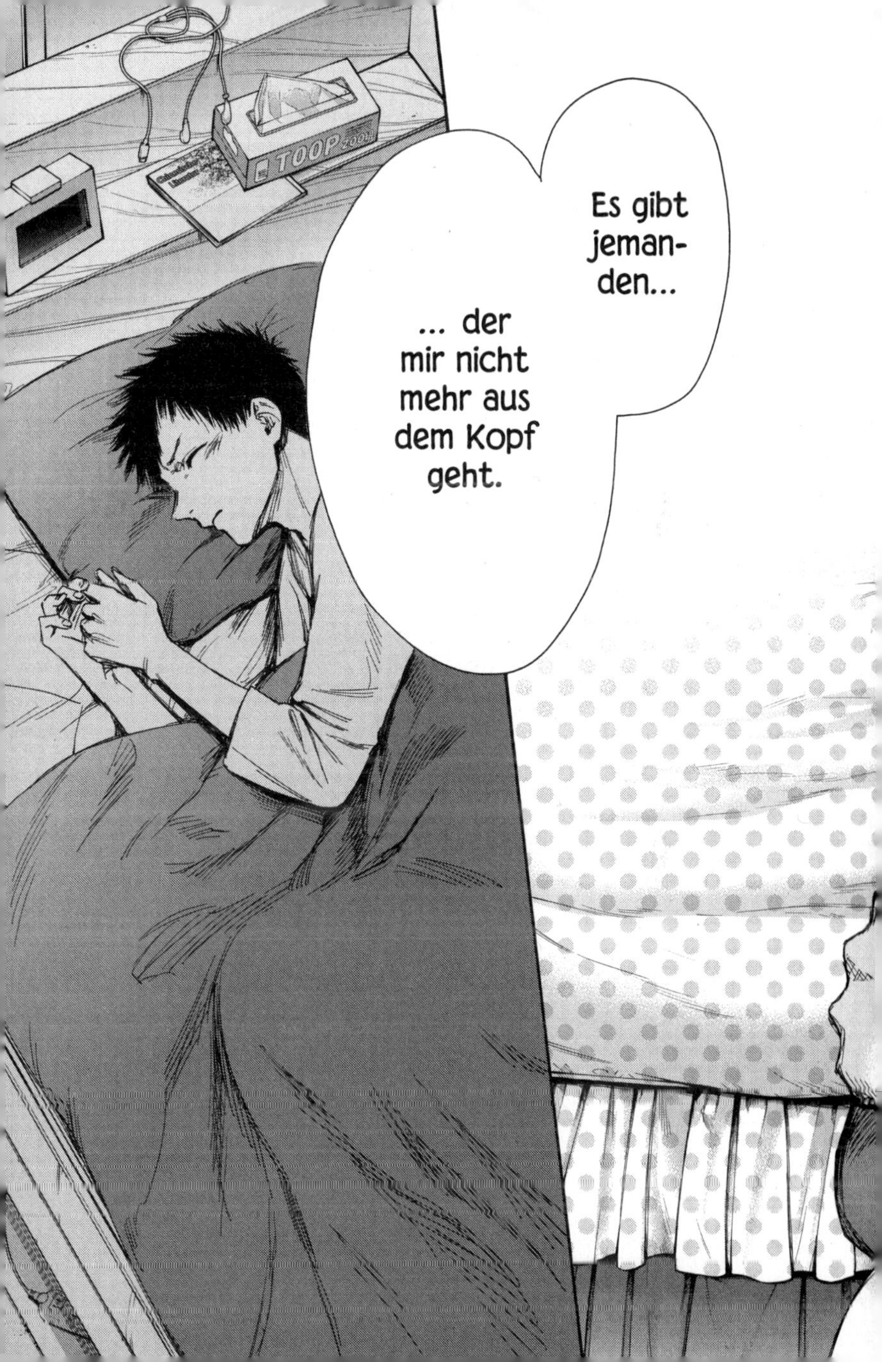
Es gibt jemanden...
... der mir nicht mehr aus dem Kopf geht.

Blue Box 8

#67

Bis die Blume blüht

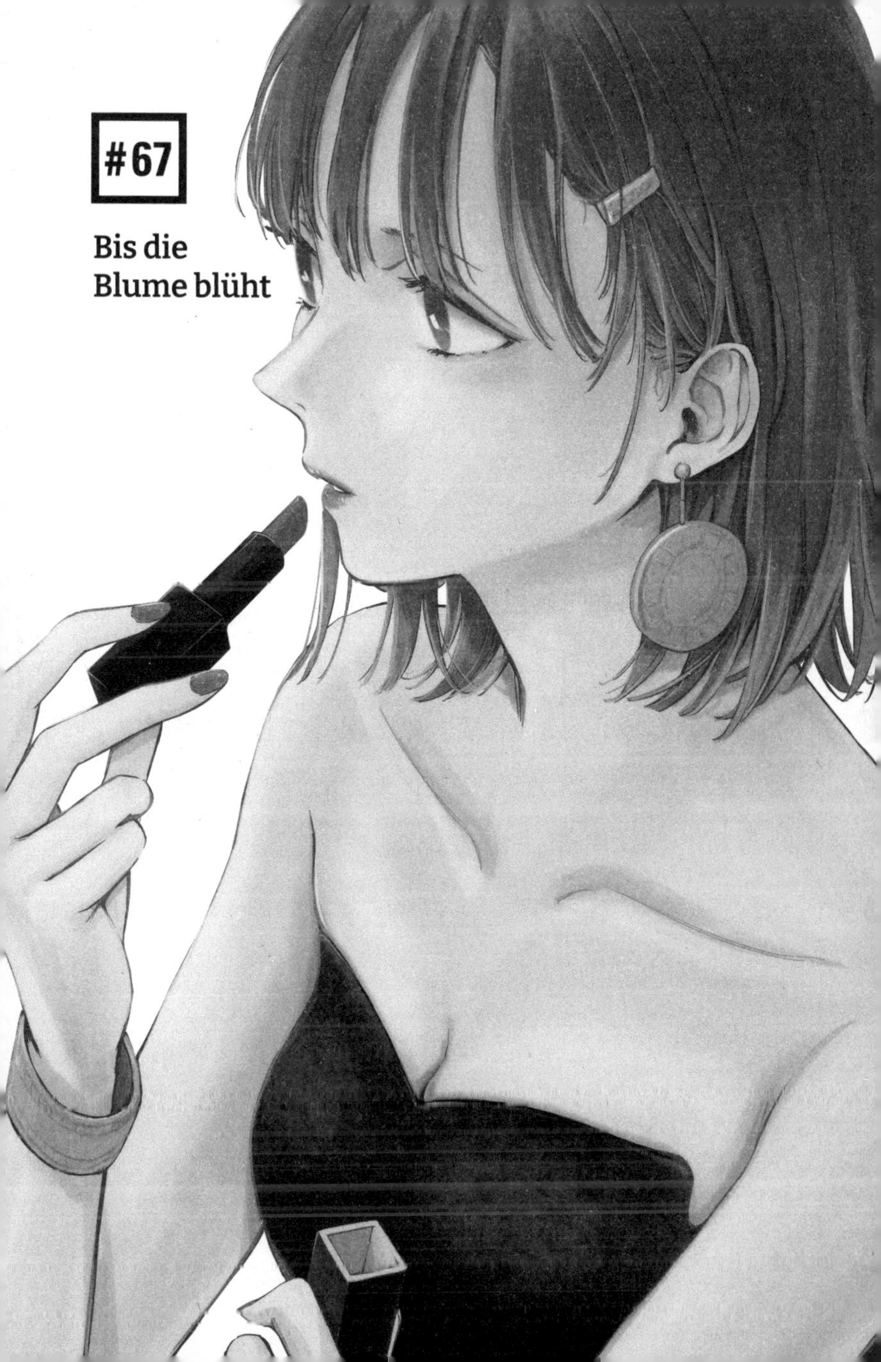

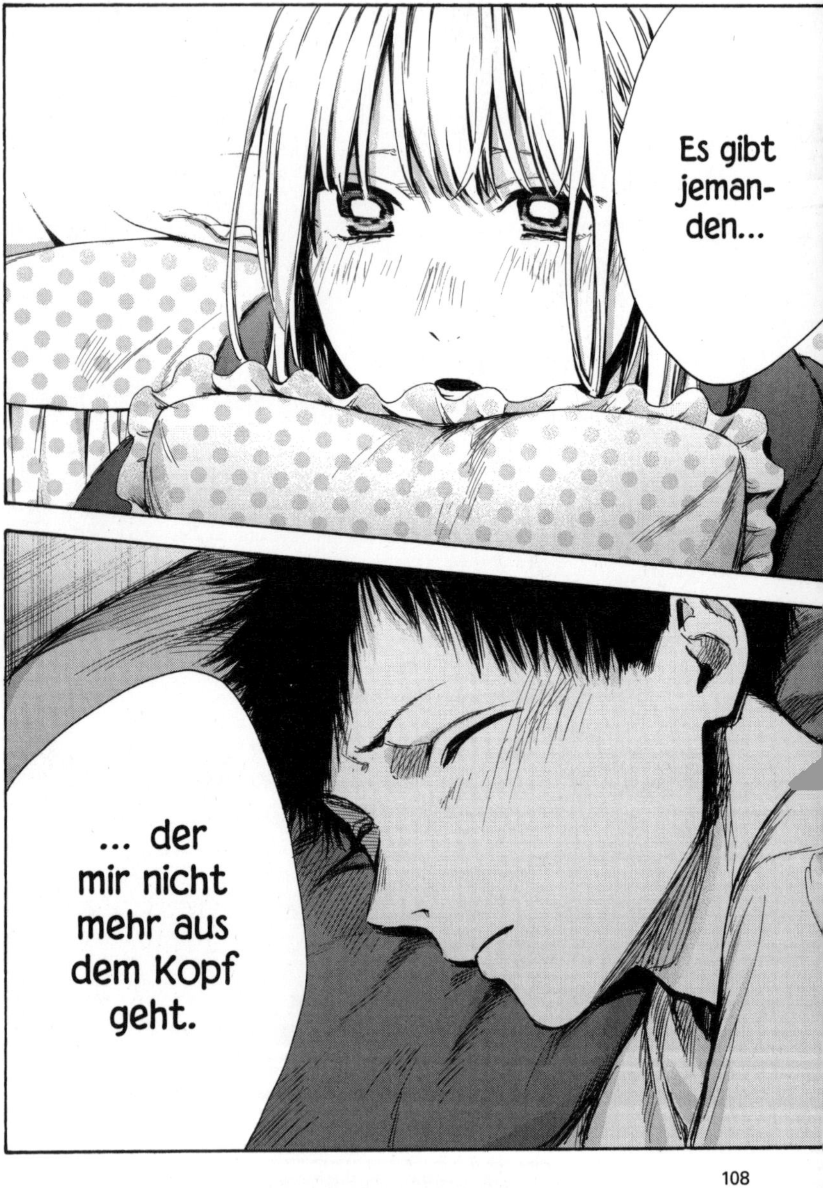
Es gibt jemanden...
... der mir nicht mehr aus dem Kopf geht.

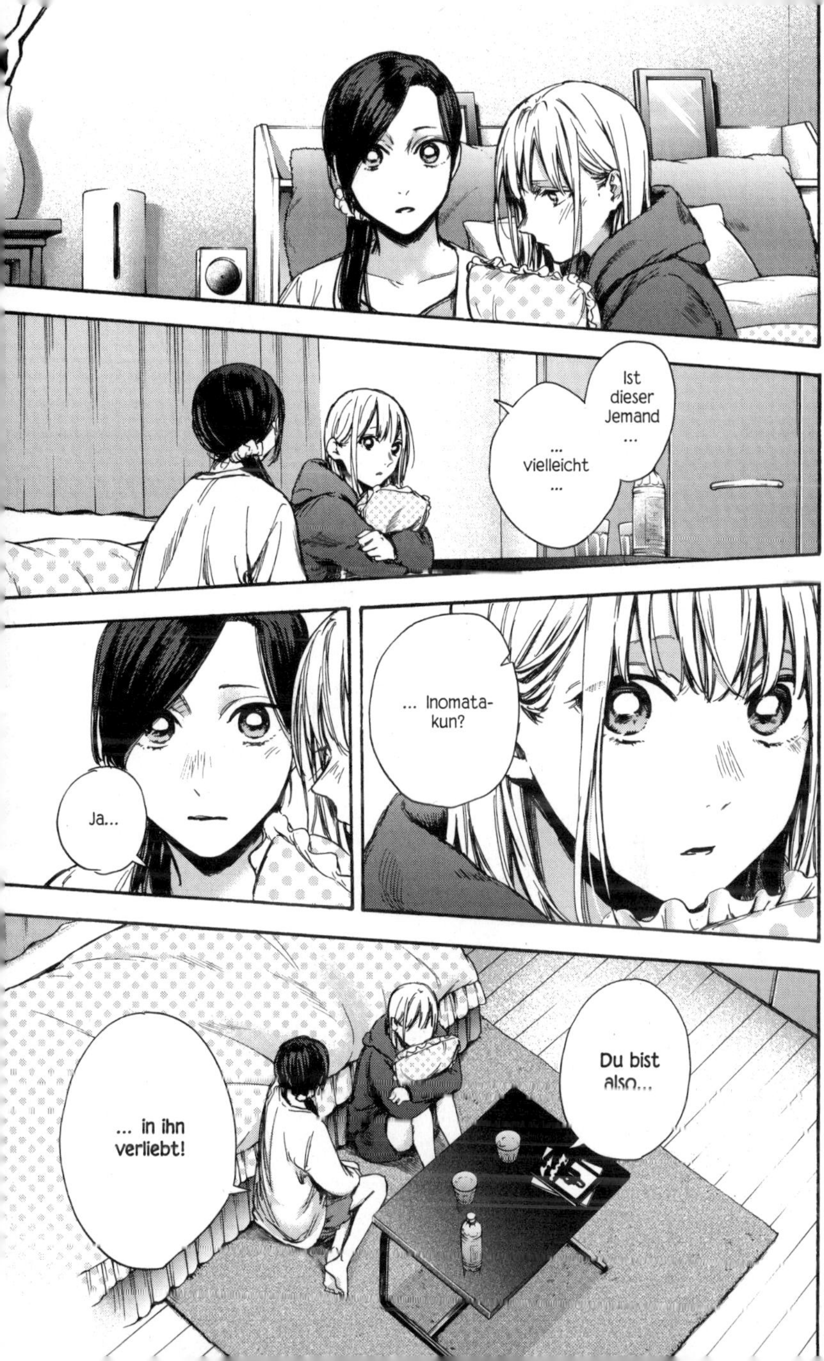
Ist dieser Jemand ...
... vielleicht ...
... Inomata-kun?
Ja...
Du bist also...
... in ihn verliebt!

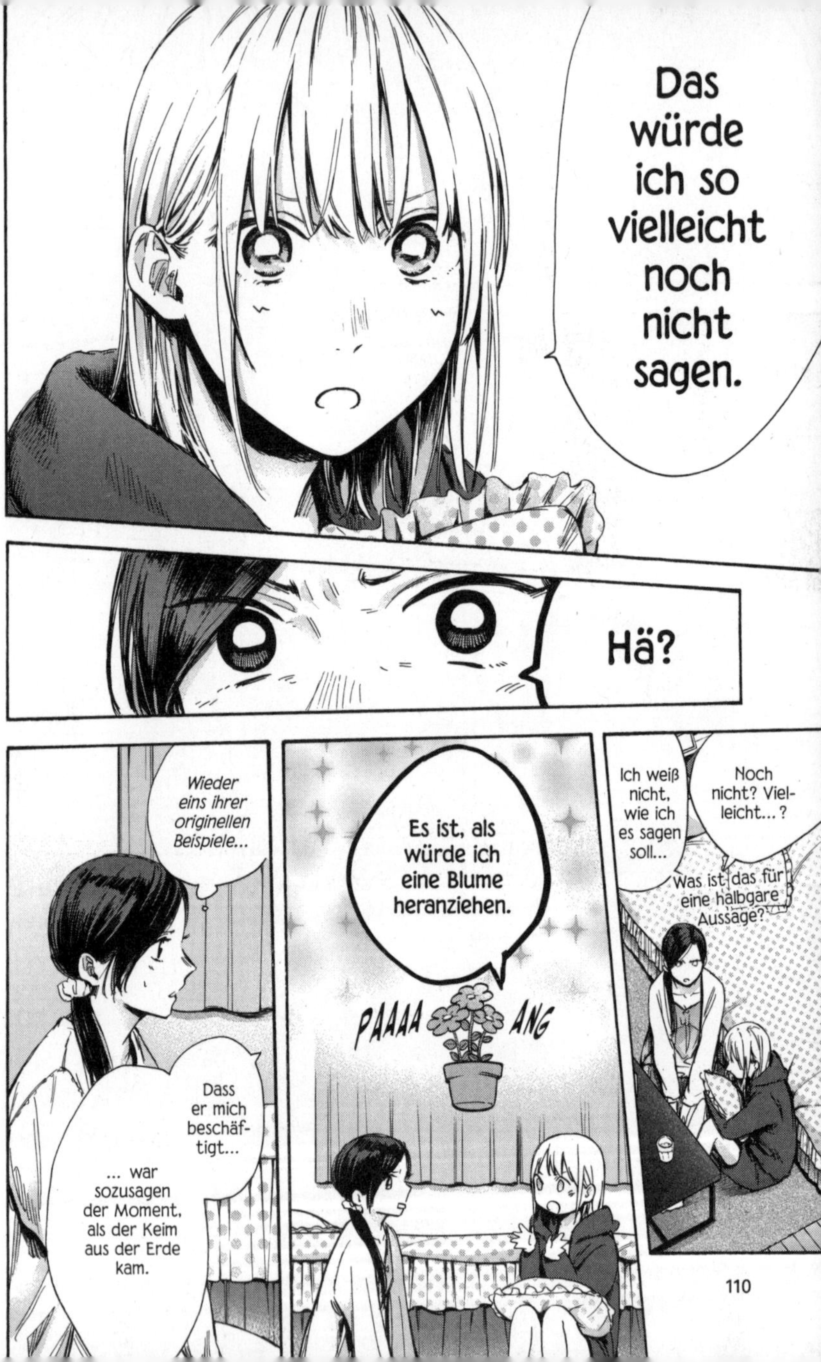
Das würde ich so vielleicht noch nicht sagen.
Hä?
Noch nicht? Vielleicht...?
Ich weiß nicht, wie ich es sagen soll...
Was ist das für eine halbgare Aussage?
Es ist, als würde ich eine Blume heranziehen.
PAAAA ANG
Wieder eins ihrer originellen Beispiele...
Dass er mich beschäftigt...
... war sozusagen der Moment, als der Keim aus der Erde kam.

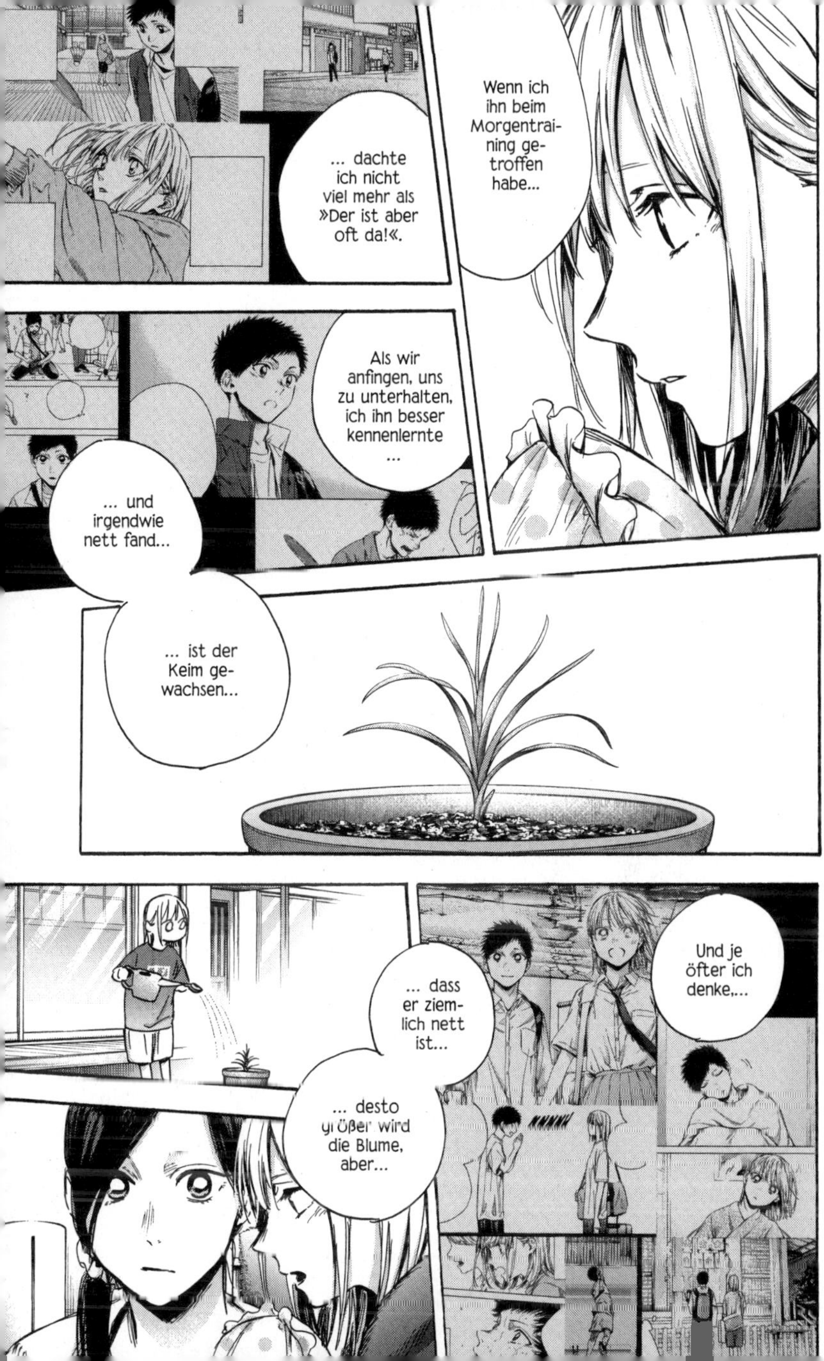
Wenn ich ihn beim Morgentraining getroffen habe...
... dachte ich nicht viel mehr als »Der ist aber oft da!«.
Als wir anfingen, uns zu unterhalten, ich ihn besser kennenlernte ...
... und irgendwie nett fand...
... ist der Keim gewachsen...
Und je öfter ich denke,...
... dass er ziemlich nett ist...
... desto größer wird die Blume, aber...

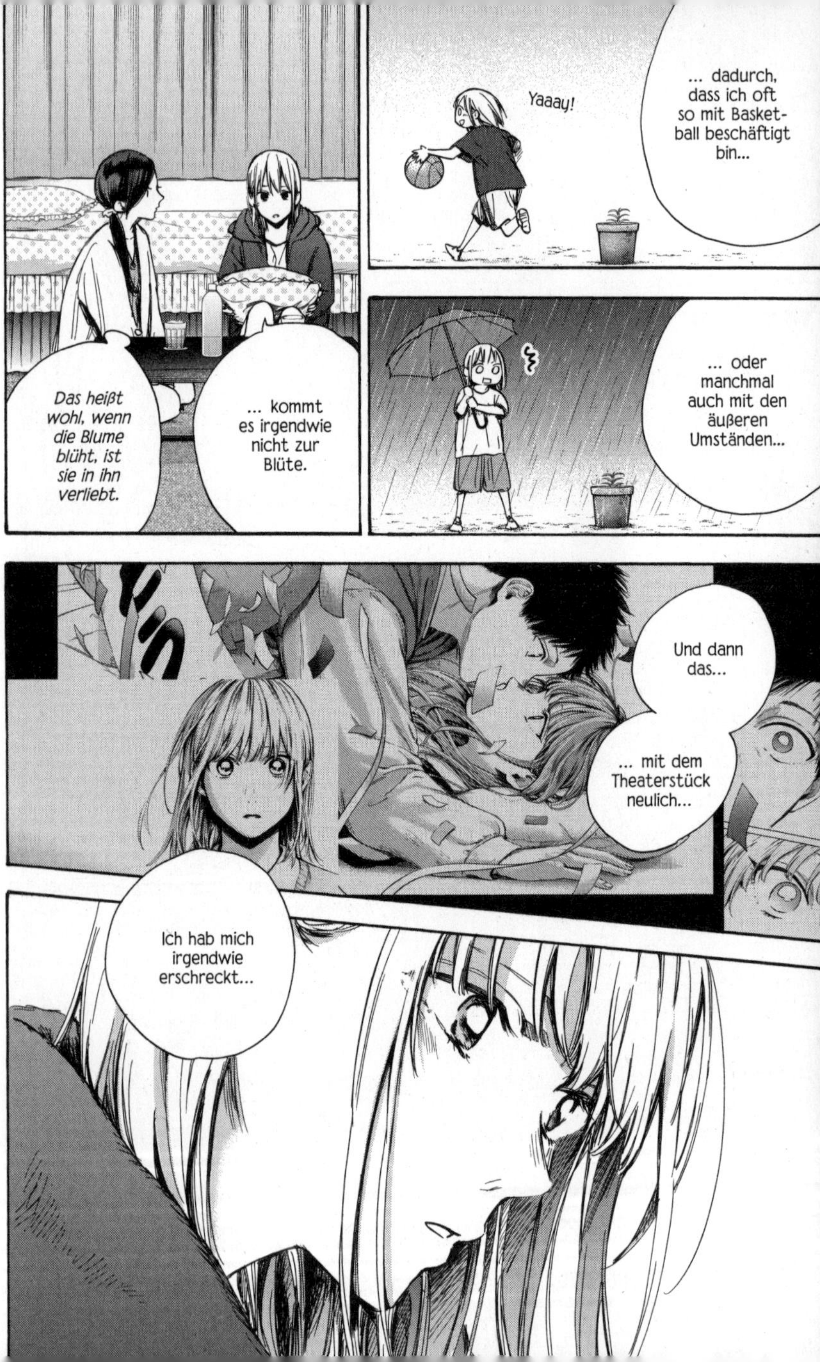

... dadurch, dass ich oft so mit Basketball beschäftigt bin...
Yaaay!
... oder manchmal auch mit den äußeren Umständen...
... kommt es irgendwie nicht zur Blüte.
Das heißt wohl, wenn die Blume blüht, ist sie in ihn verliebt.
Und dann das...
... mit dem Theaterstück neulich...
Ich hab mich irgendwie erschreckt...

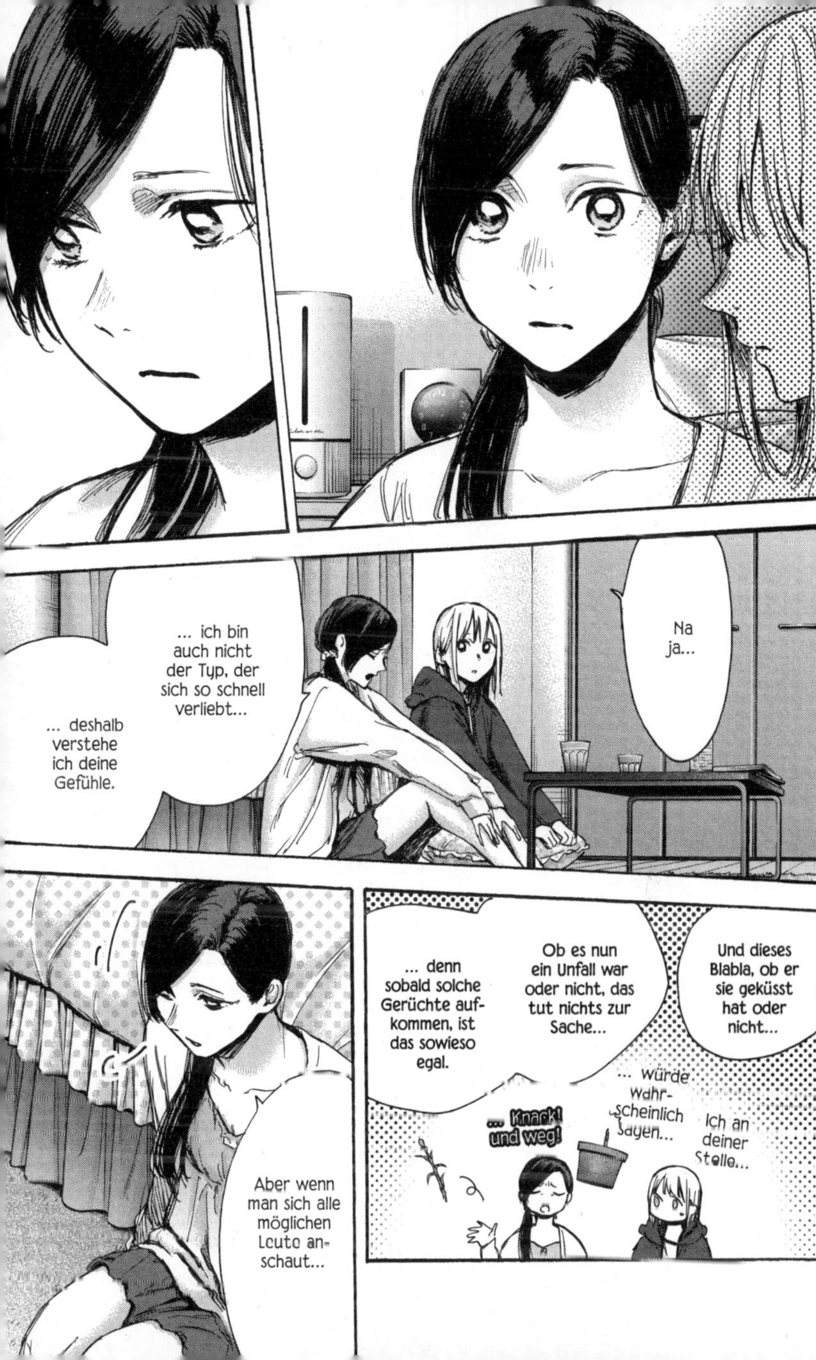

Na ja...
... ich bin auch nicht der Typ, der sich so schnell verliebt...
... deshalb verstehe ich deine Gefühle.
Und dieses Blabla, ob er sie geküsst hat oder nicht...
Ob es nun ein Unfall war oder nicht, das tut nichts zur Sache...
... denn sobald solche Gerüchte aufkommen, ist das sowieso egal.
Ich an deiner Stelle...
... würde wahrscheinlich sagen...
... Knack! und weg!
Aber wenn man sich alle möglichen Leute anschaut...

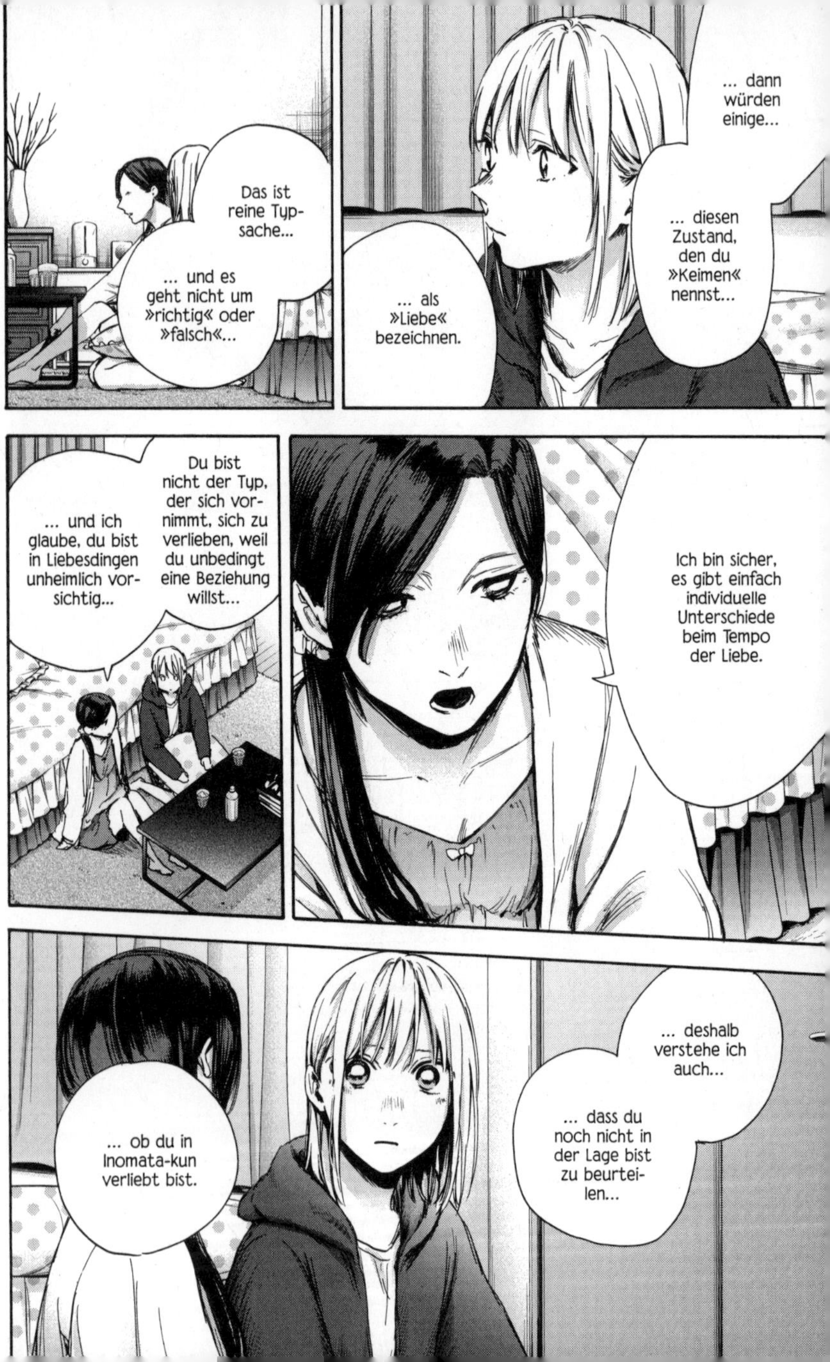

... dann würden einige...
... diesen Zustand, den du »Keimen« nennst...
... als »Liebe« bezeichnen.
Das ist reine Typsache...
... und es geht nicht um »richtig« oder »falsch«...
Ich bin sicher, es gibt einfach individuelle Unterschiede beim Tempo der Liebe.
Du bist nicht der Typ, der sich vornimmt, sich zu verlieben, weil du unbedingt eine Beziehung willst...
... und ich glaube, du bist in Liebesdingen unheimlich vorsichtig...
... deshalb verstehe ich auch...
... dass du noch nicht in der Lage bist zu beurteilen...
... ob du in Inomata-kun verliebt bist.

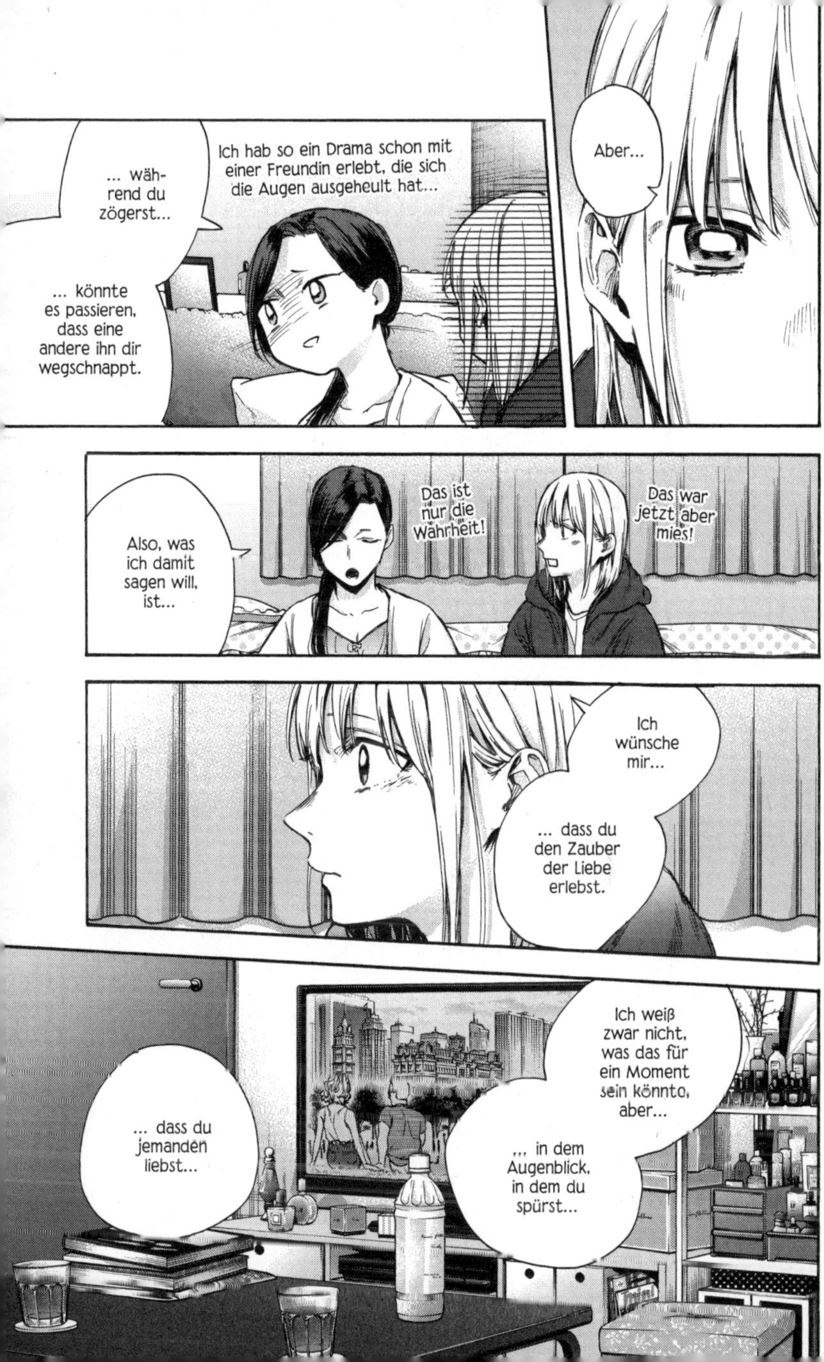
Aber...
Ich hab so ein Drama schon mit einer Freundin erlebt, die sich die Augen ausgeheult hat...
... während du zögerst...
... könnte es passieren, dass eine andere ihn dir wegschnappt.
Das war jetzt aber mies!
Das ist nur die Wahrheit!
Also, was ich damit sagen will, ist...
Ich wünsche mir...
... dass du den Zauber der Liebe erlebst.
Ich weiß zwar nicht, was das für ein Moment sein könnte, aber...
... in dem Augenblick, in dem du spürst...
... dass du jemanden liebst...

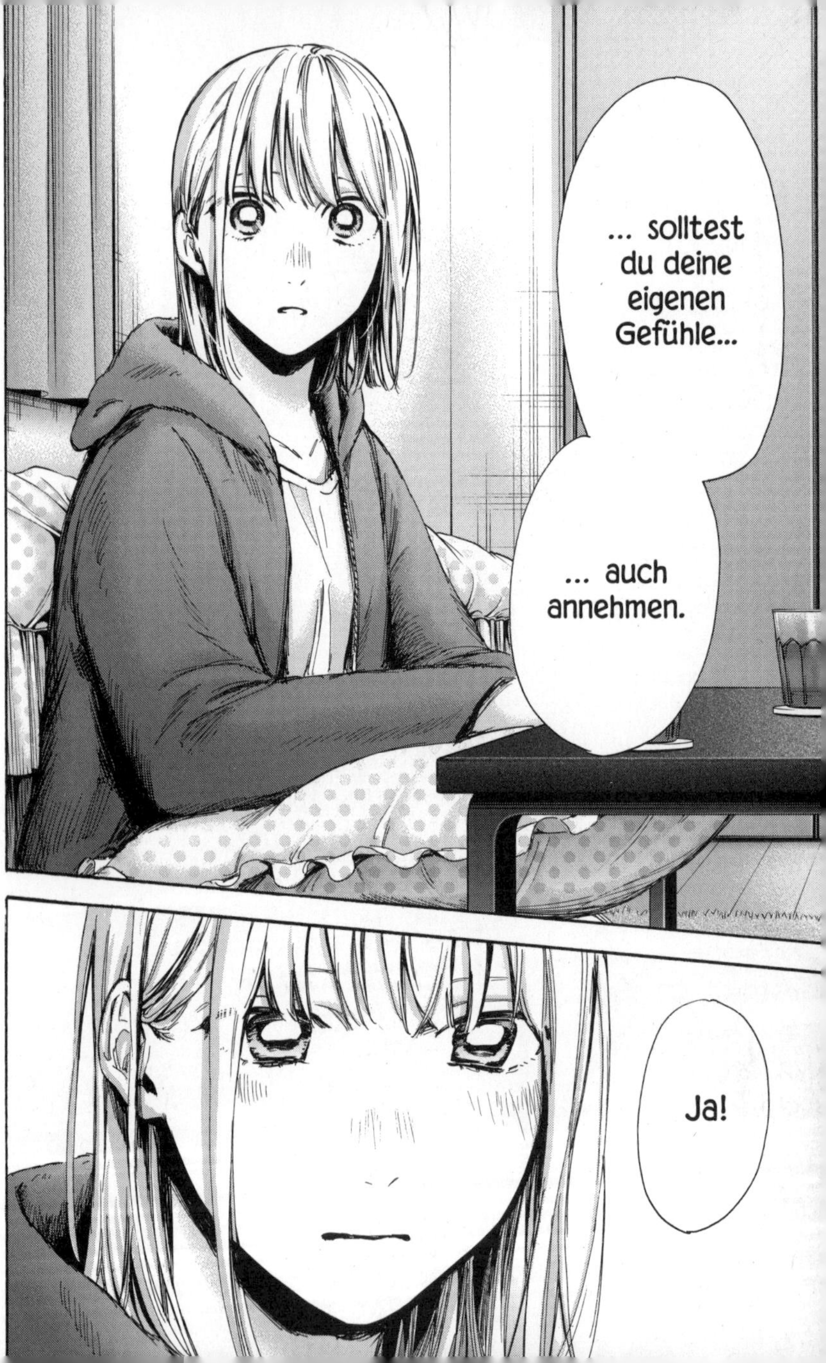
... solltest du deine eigenen Gefühle...
... auch annehmen.
Ja!

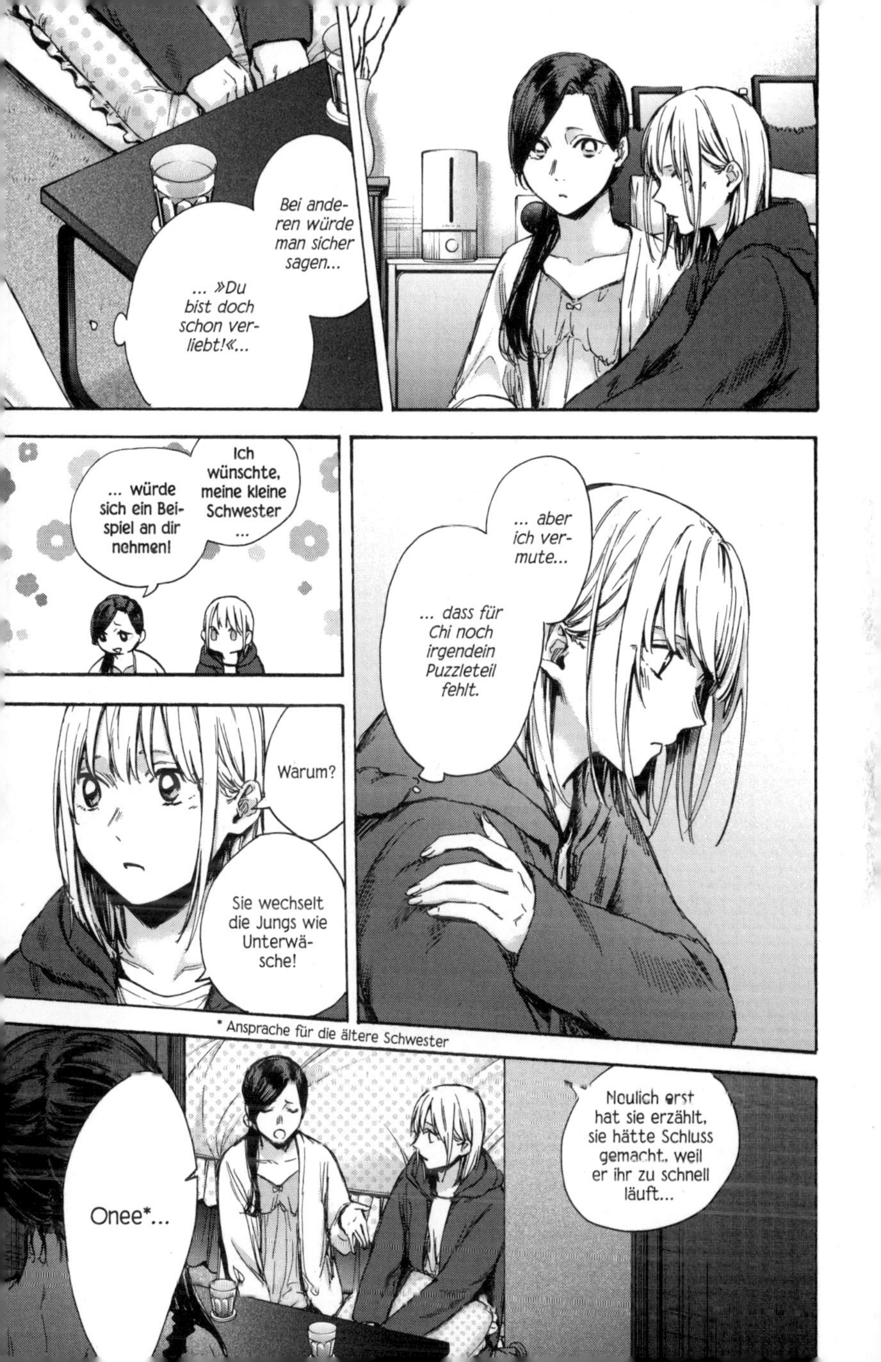
Bei anderen würde man sicher sagen...
... »Du bist doch schon verliebt!«...
Ich wünschte, meine kleine Schwester ...
... würde sich ein Beispiel an dir nehmen!
... aber ich vermute...
... dass für Chi noch irgendein Puzzleteil fehlt.
Warum?
Sie wechselt die Jungs wie Unterwäsche!
* Ansprache für die ältere Schwester
Neulich erst hat sie erzählt, sie hätte Schluss gemacht, weil er ihr zu schnell läuft...
Onee*...

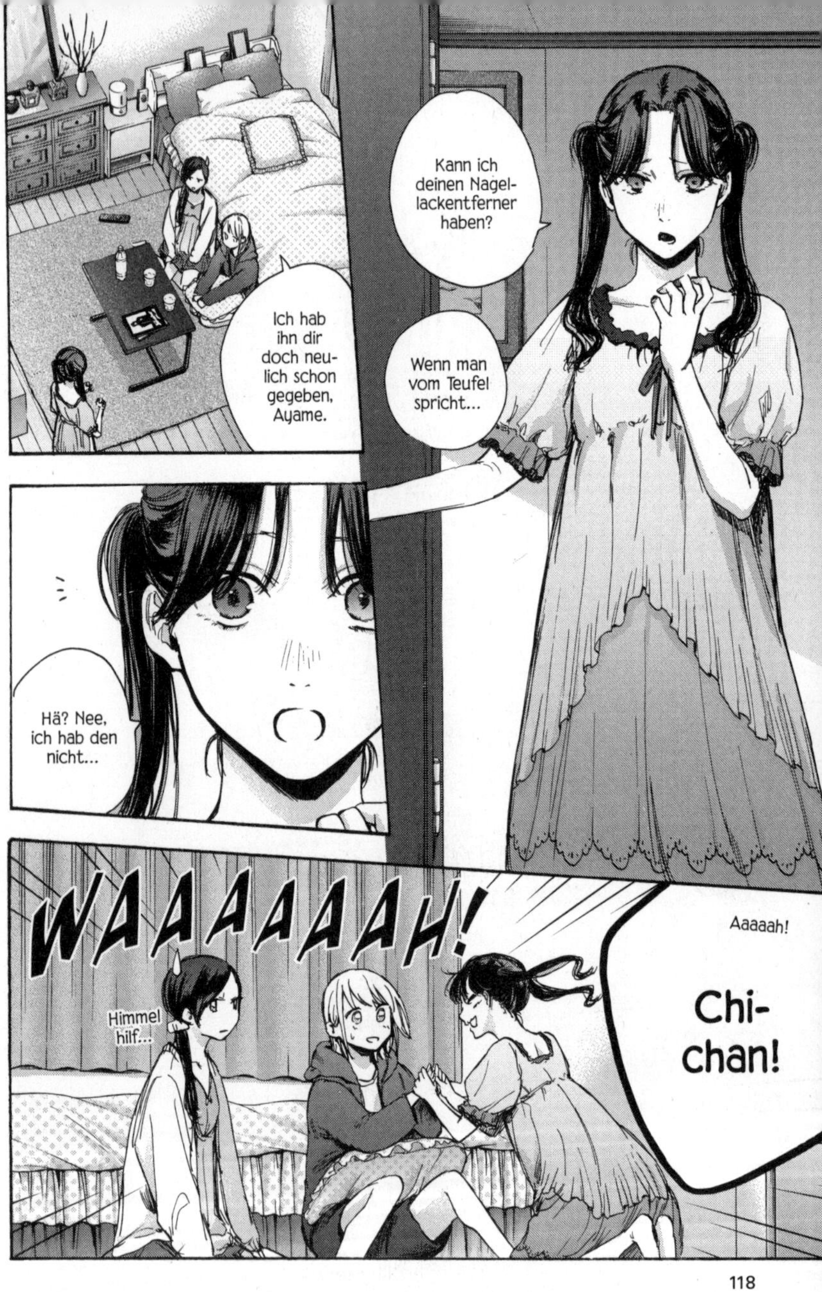
Kann ich deinen Nagellackentferner haben?
Wenn man vom Teufel spricht...
Ich hab ihn dir doch neulich schon gegeben, Ayame.
Hä? Nee, ich hab den nicht...
WAAAAAAH!
Aaaaah!
Chi-chan!
Himmel hilf...

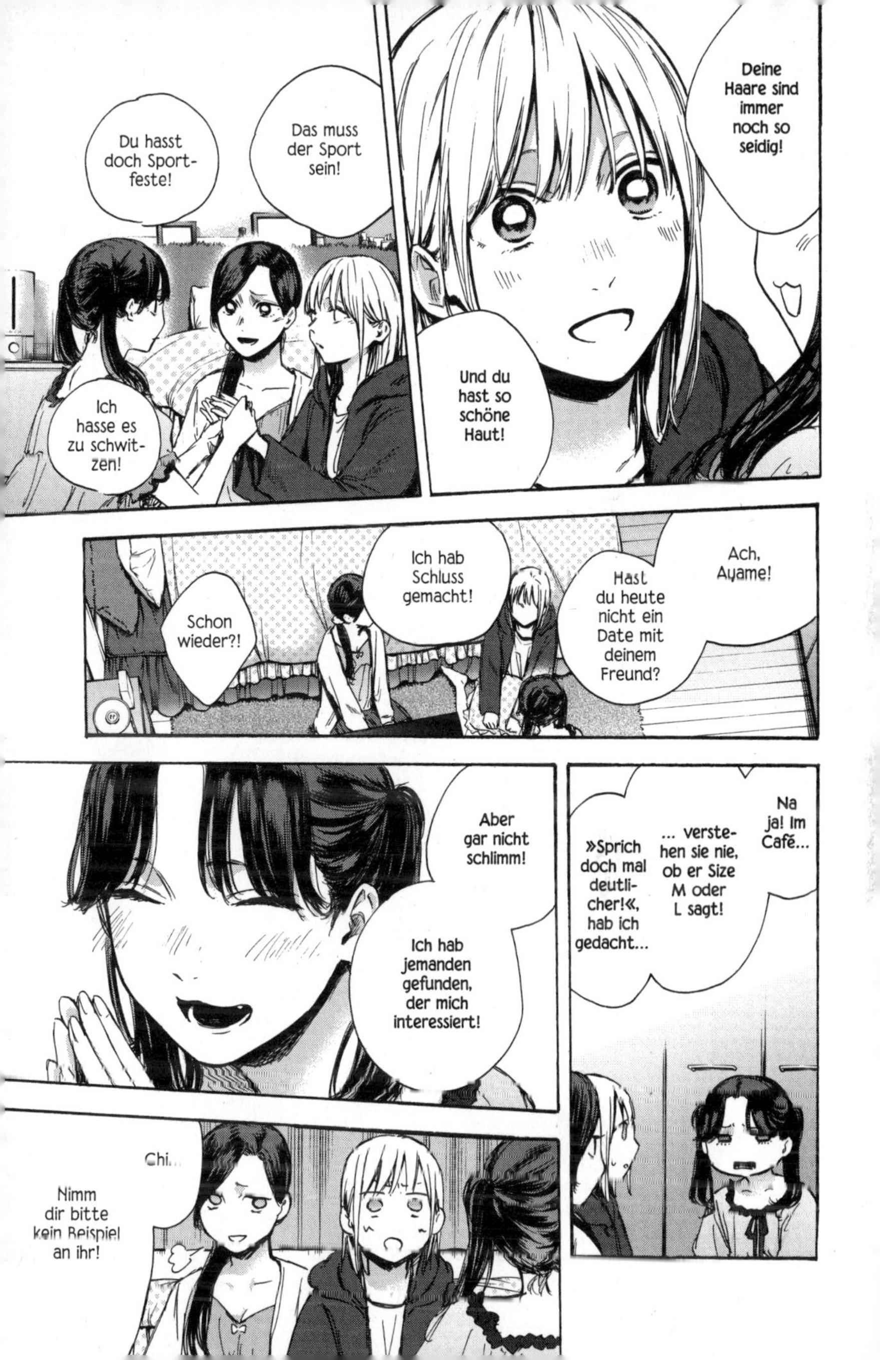
Deine Haare sind immer noch so seidig!
Und du hast so schöne Haut!
Das muss der Sport sein!
Du hasst doch Sportfeste!
Ich hasse es zu schwitzen!
Ach, Ayame!
Hast du heute nicht ein Date mit deinem Freund?
Ich hab Schluss gemacht!
Schon wieder?!
Na ja! Im Café...
... verstehen sie nie, ob er Size M oder L sagt!
»Sprich doch mal deutlicher!«, hab ich gedacht...
Aber gar nicht schlimm!
Ich hab jemanden gefunden, der mich interessiert!
Chi...
Nimm dir bitte kein Beispiel an ihr!

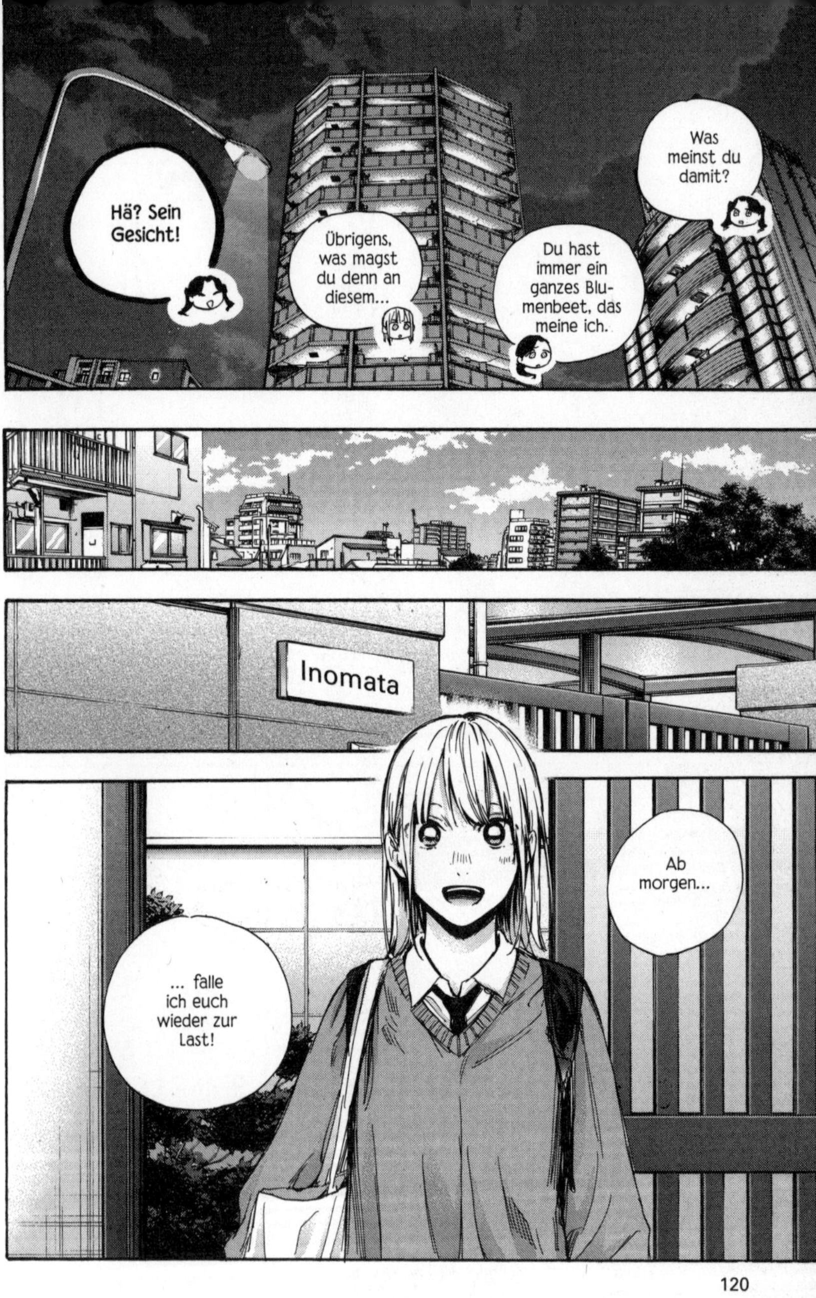
Was meinst du damit?
Du hast immer ein ganzes Blumenbeet, das meine ich.
Übrigens, was magst du denn an diesem...
Hä? Sein Gesicht!
Inomata
Ab morgen...
... falle ich euch wieder zur Last!

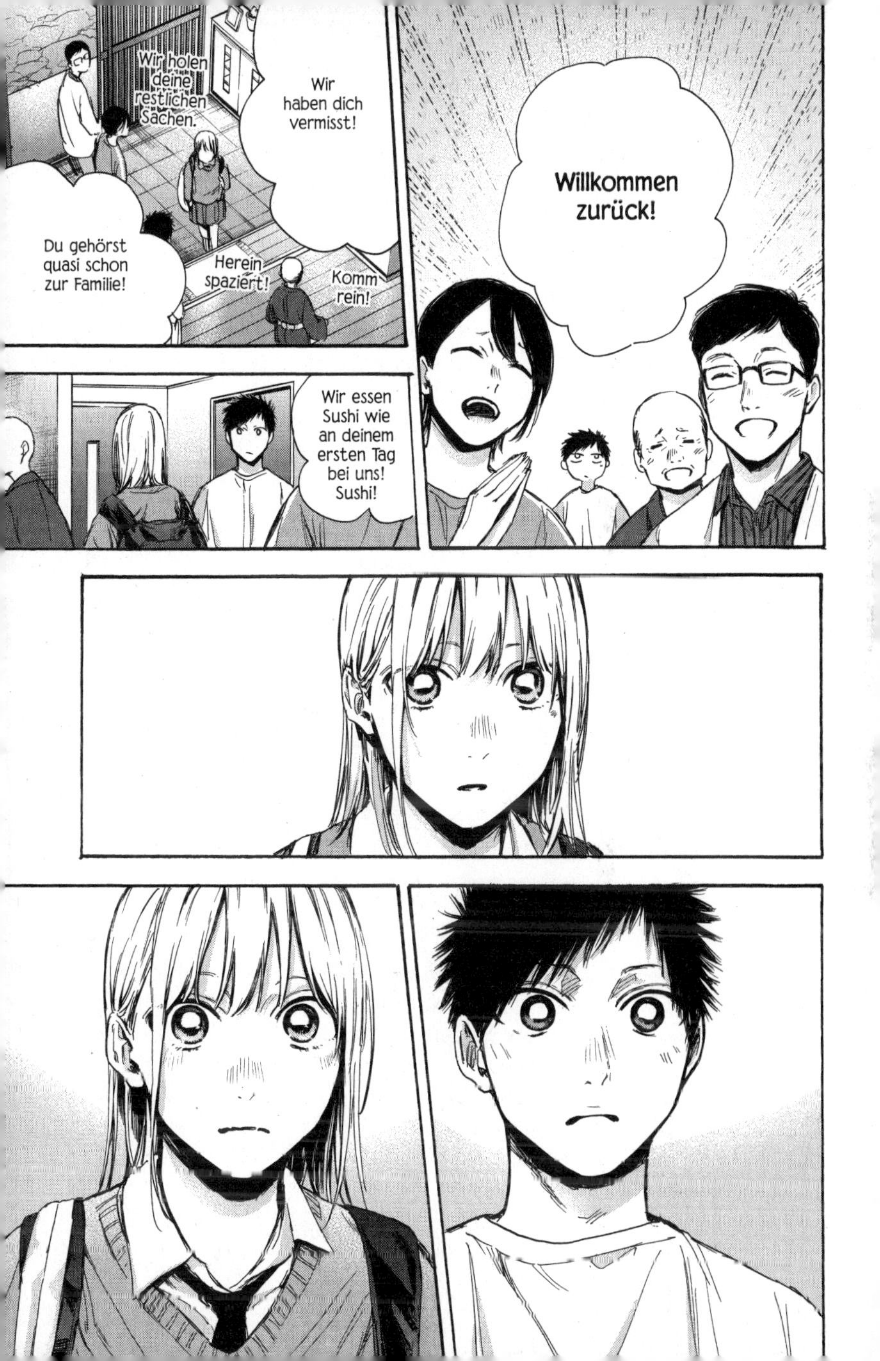

Willkommen zurück!
Wir haben dich vermisst!
Wir holen deine restlichen Sachen.
Komm rein!
Herein spaziert!
Du gehörst quasi schon zur Familie!
Wir essen Sushi wie an deinem ersten Tag bei uns! Sushi!

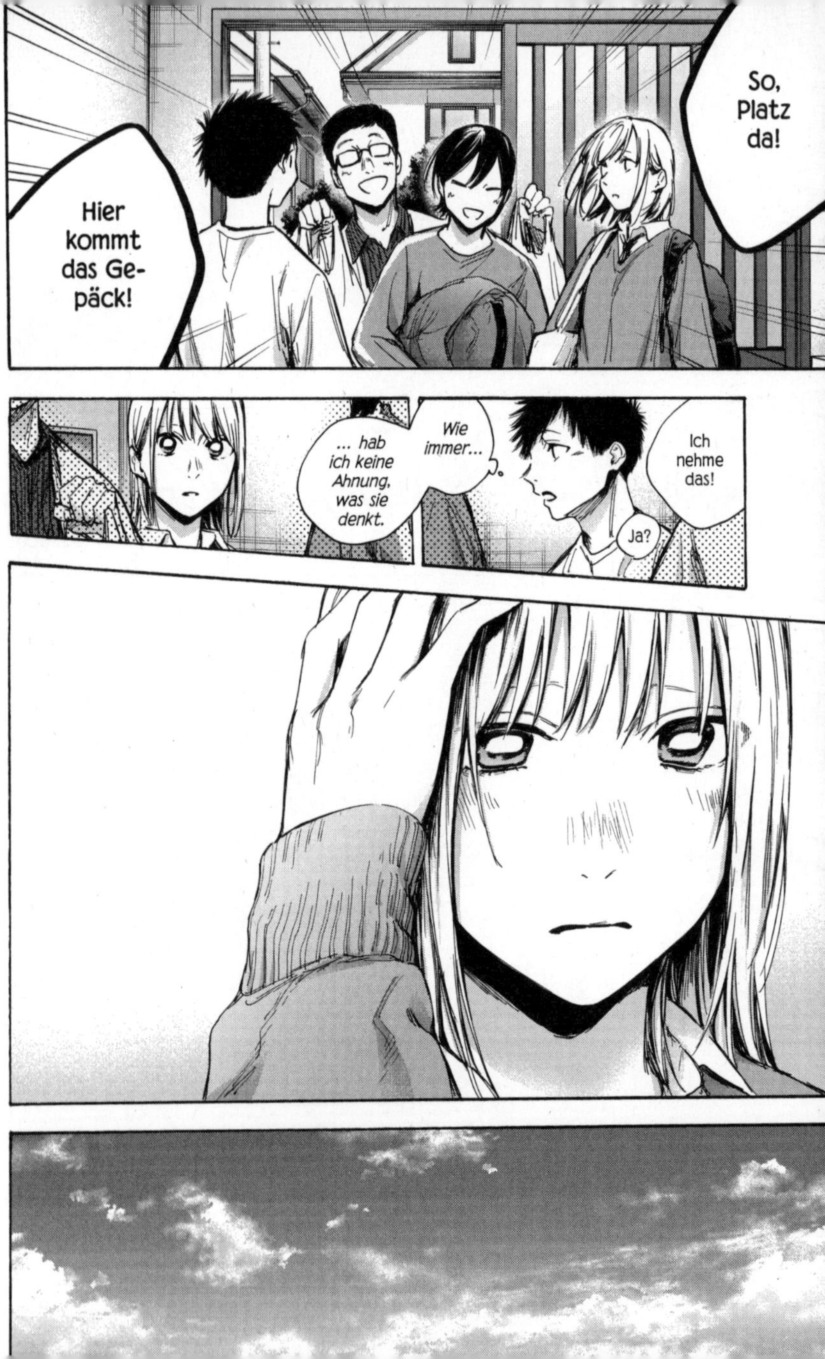
So, Platz da!
Hier kommt das Ge-päck!
Ich nehme das!
Ja?
Wie immer...
... hab ich keine Ahnung, was sie denkt.

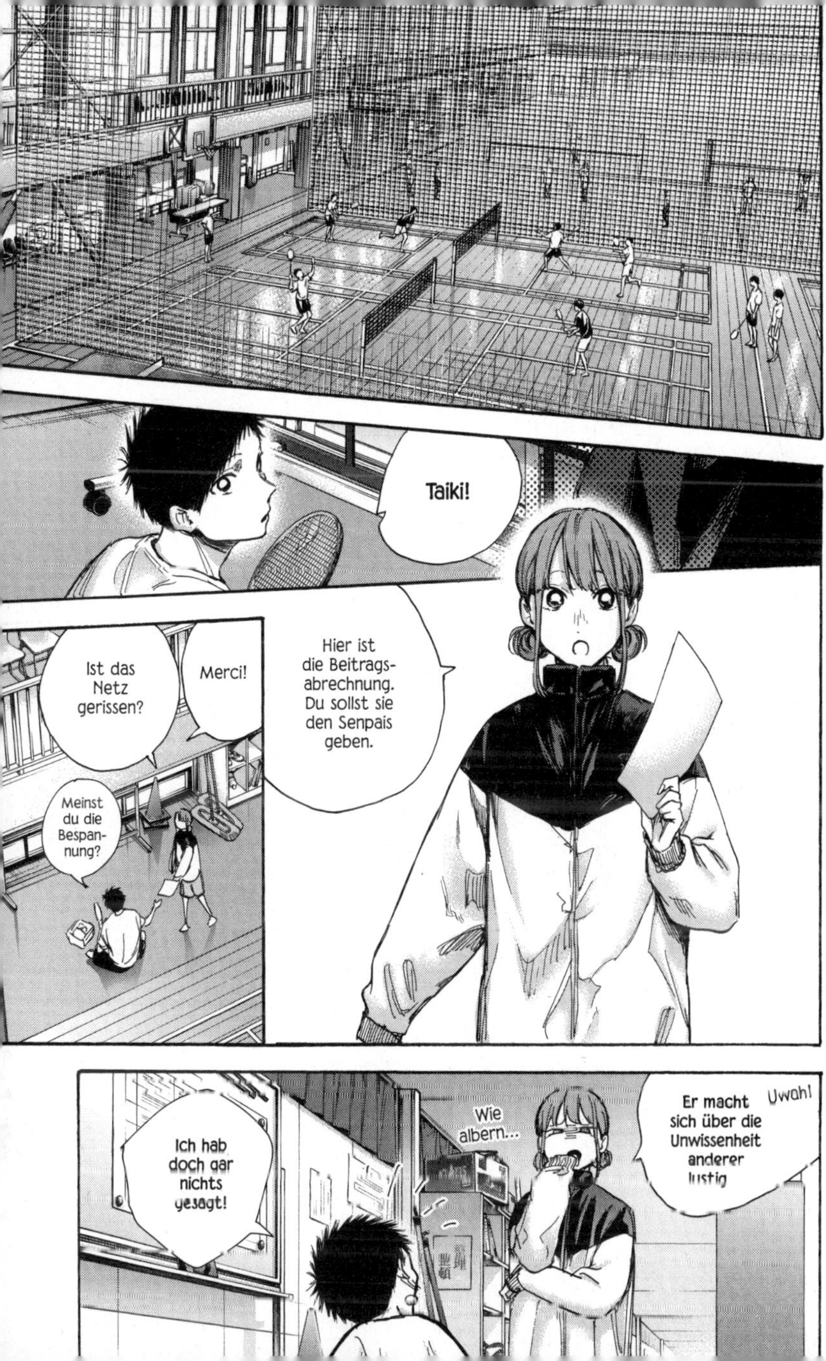
Taiki!
Hier ist die Beitragsabrechnung. Du sollst sie den Senpais geben.
Merci!
Ist das Netz gerissen?
Meinst du die Bespannung?
Uwah!
Er macht sich über die Unwissenheit anderer lustig
Wie albern...
Ich hab doch gar nichts gesagt!

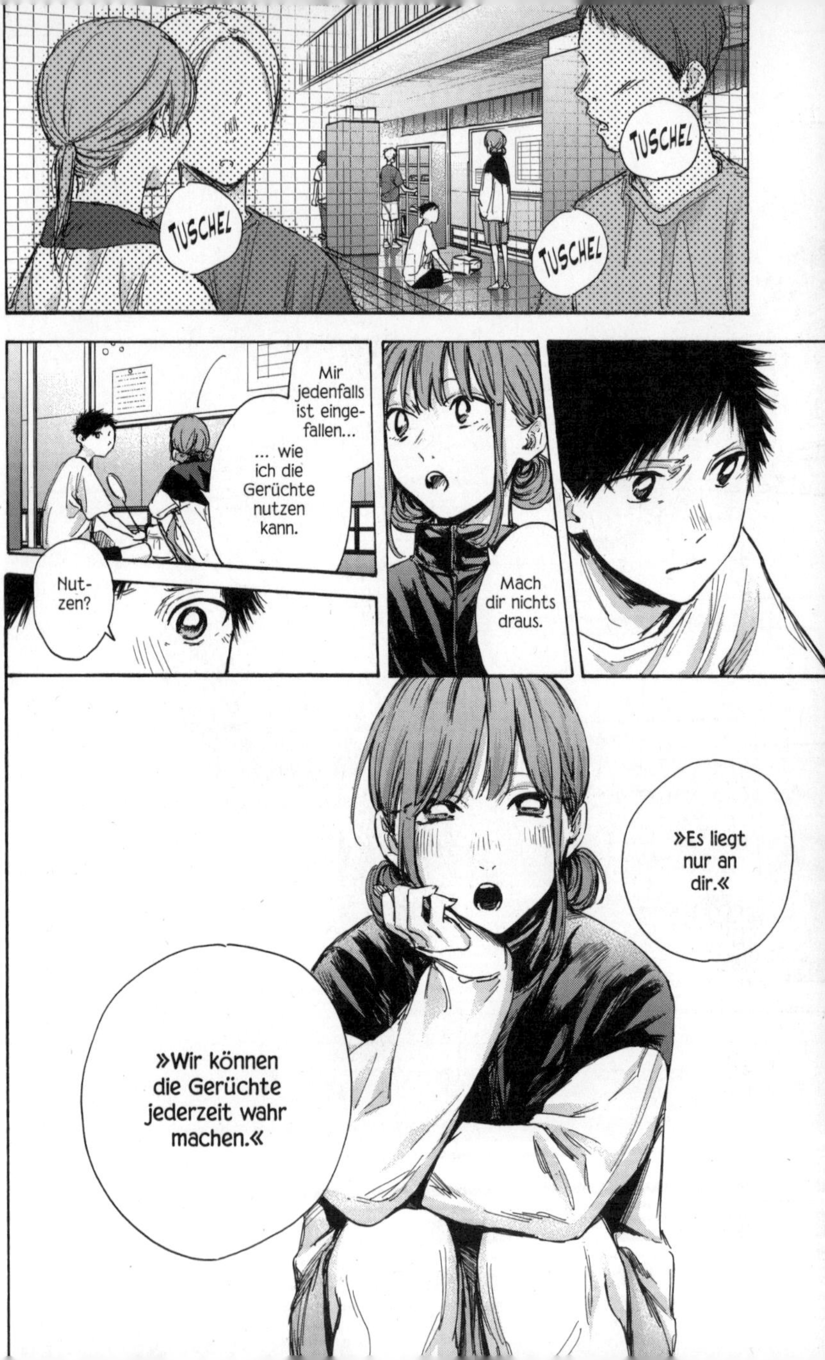
TUSCHEL
TUSCHEL
TUSCHEL
Mach dir nichts draus.
Mir jedenfalls ist einge-fallen...
... wie ich die Gerüchte nutzen kann.
Nut-zen?
»Es liegt nur an dir.«
»Wir können die Gerüchte jederzeit wahr machen.«

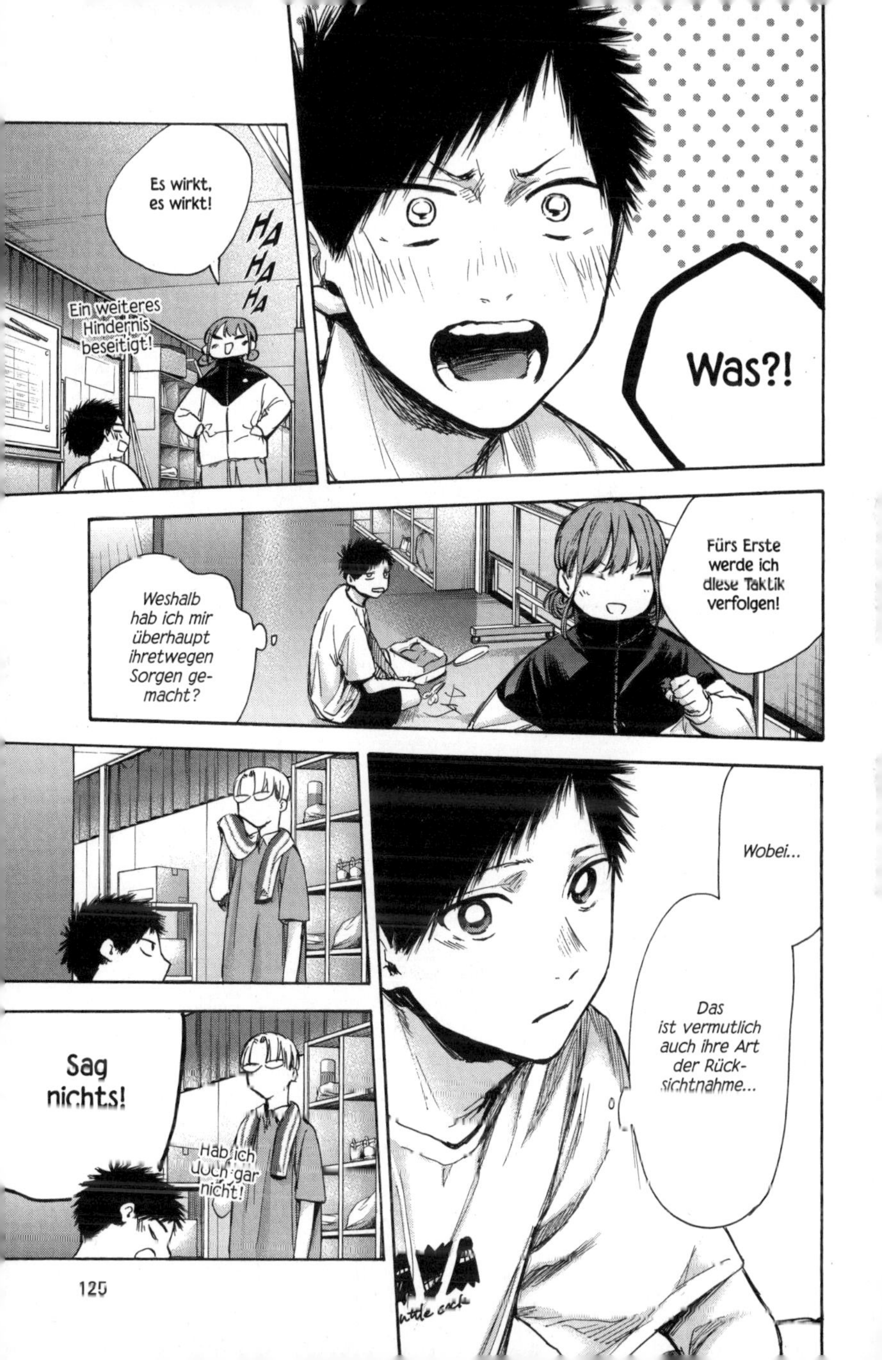
Was?!
Es wirkt, es wirkt!
HA HA HA HA
Ein weiteres Hindernis beseitigt!
Fürs Erste werde ich diese Taktik verfolgen!
Weshalb hab ich mir überhaupt ihretwegen Sorgen gemacht?
Wobei...
Das ist vermutlich auch ihre Art der Rücksichtnahme...
Sag nichts!
Hab ich doch gar nicht!

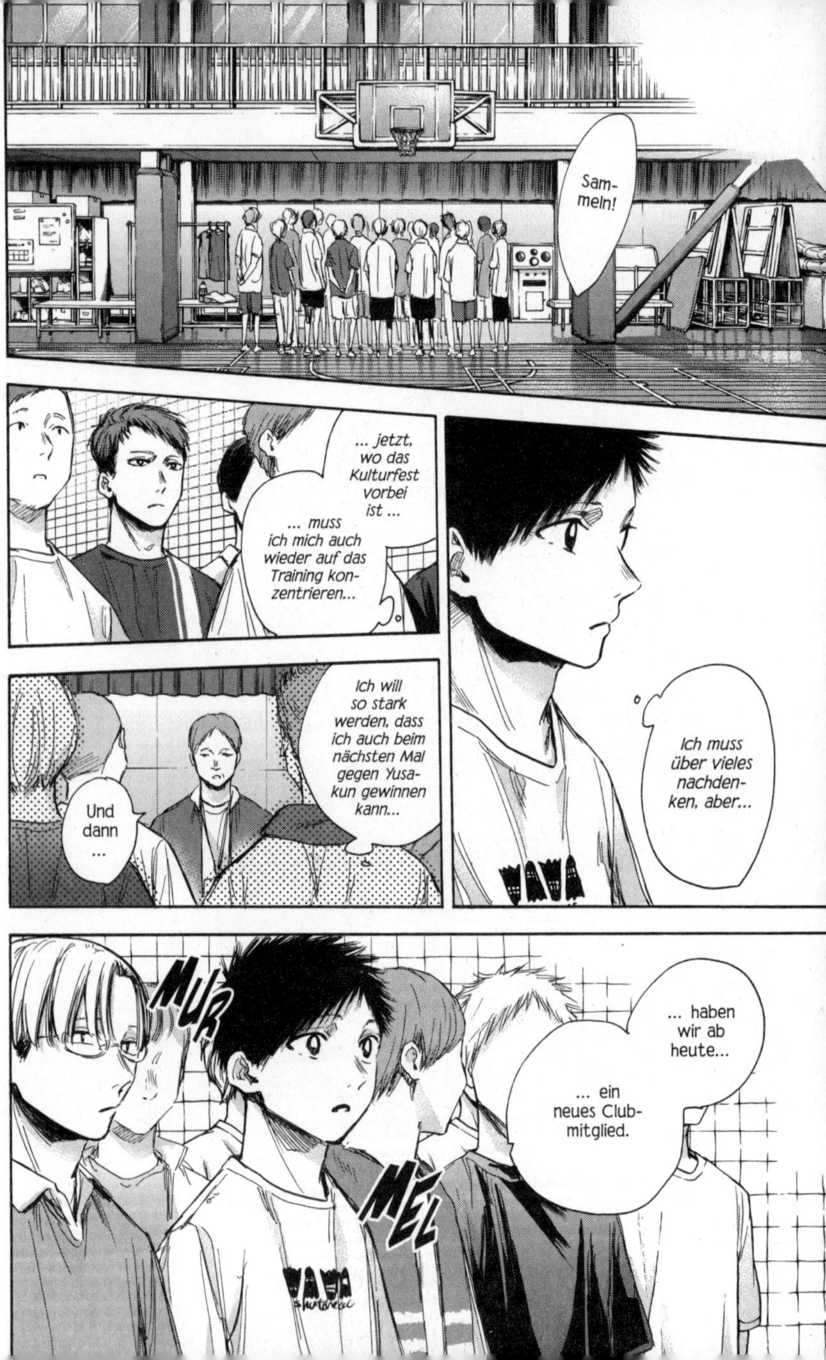
Sam-
meln!
... jetzt, wo das Kulturfest vorbei ist ...
... muss ich mich auch wieder auf das Training kon-zentrieren...
Ich muss über vieles nachden-ken, aber...
Ich will so stark werden, dass ich auch beim nächsten Mal gegen Yusa-kun gewinnen kann...
Und dann ...
... haben wir ab heute...
... ein neues Club-mitglied.
MUR
MEL

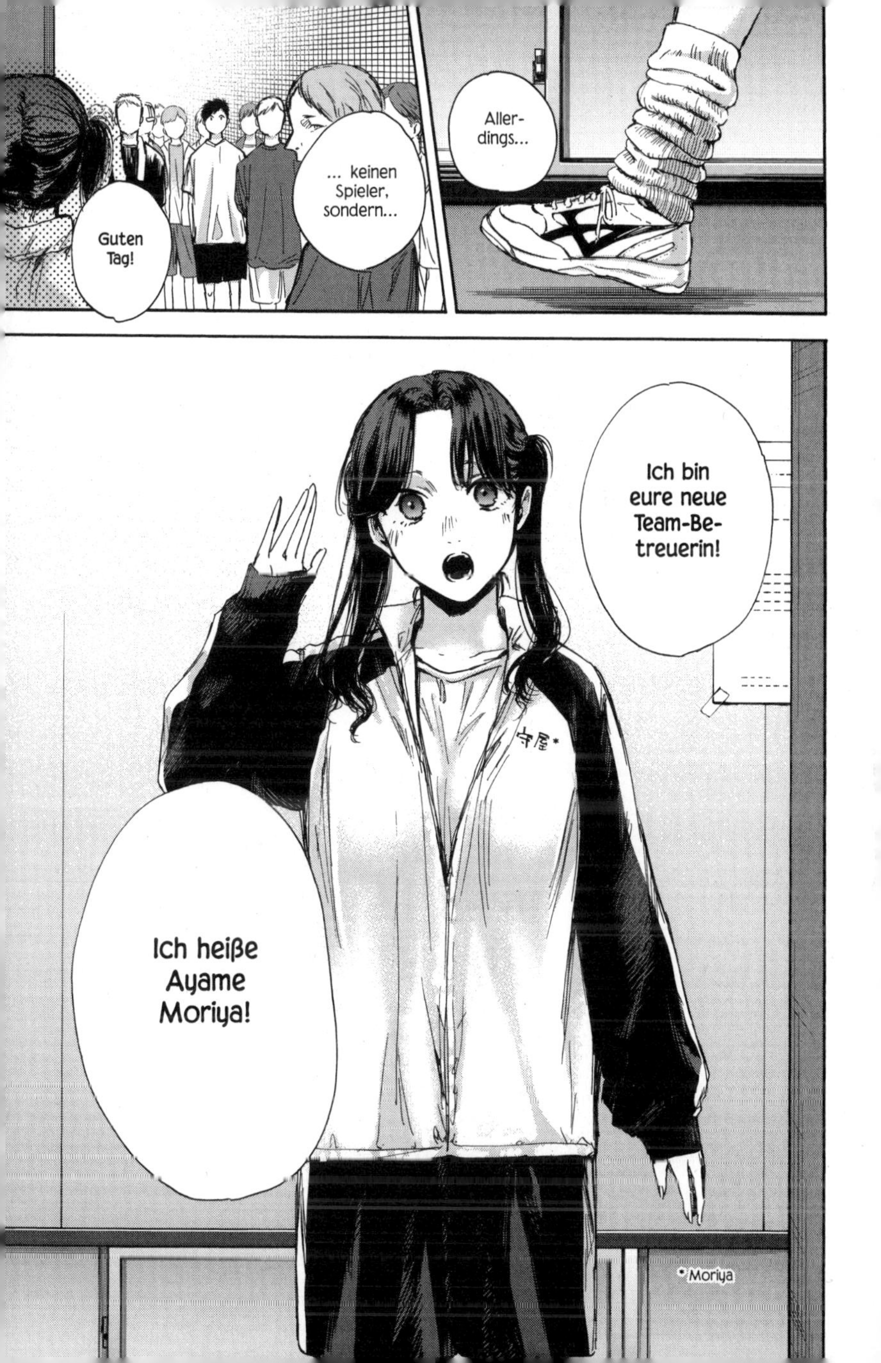
Aller-
dings...
... keinen Spieler, sondern...
Guten Tag!
Ich bin eure neue Team-Be-
treuerin!
守屋*
Ich heiße Ayame Moriya!
* Moriya

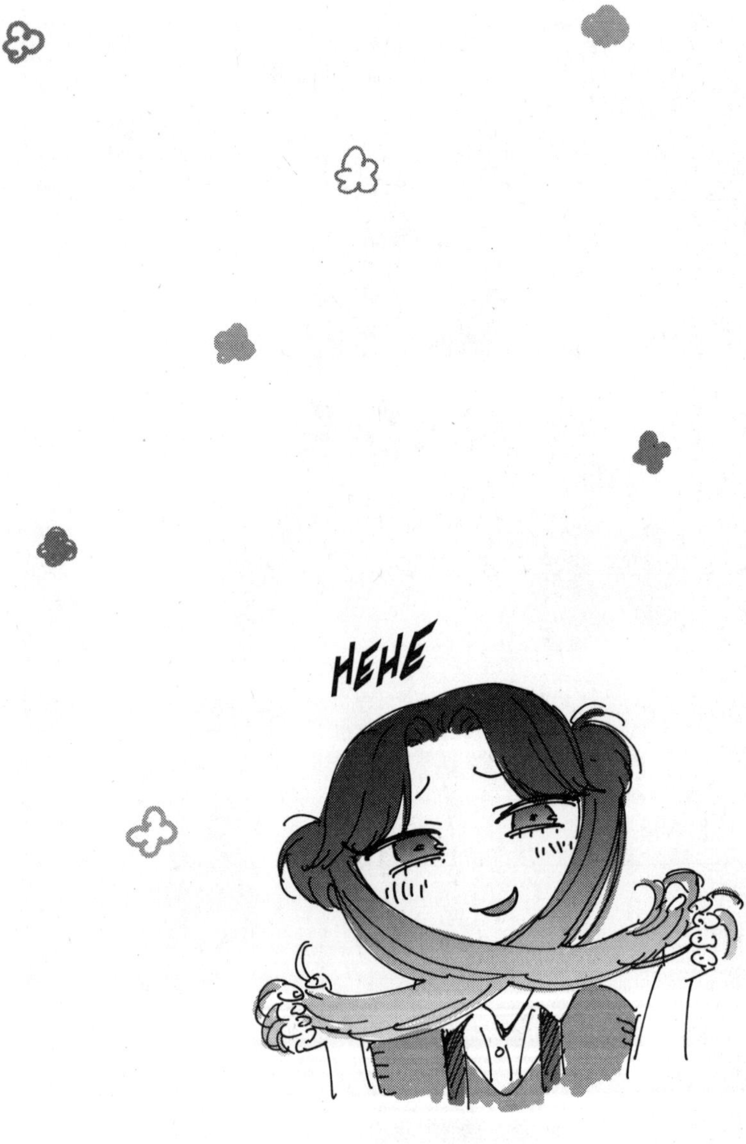
HEHE

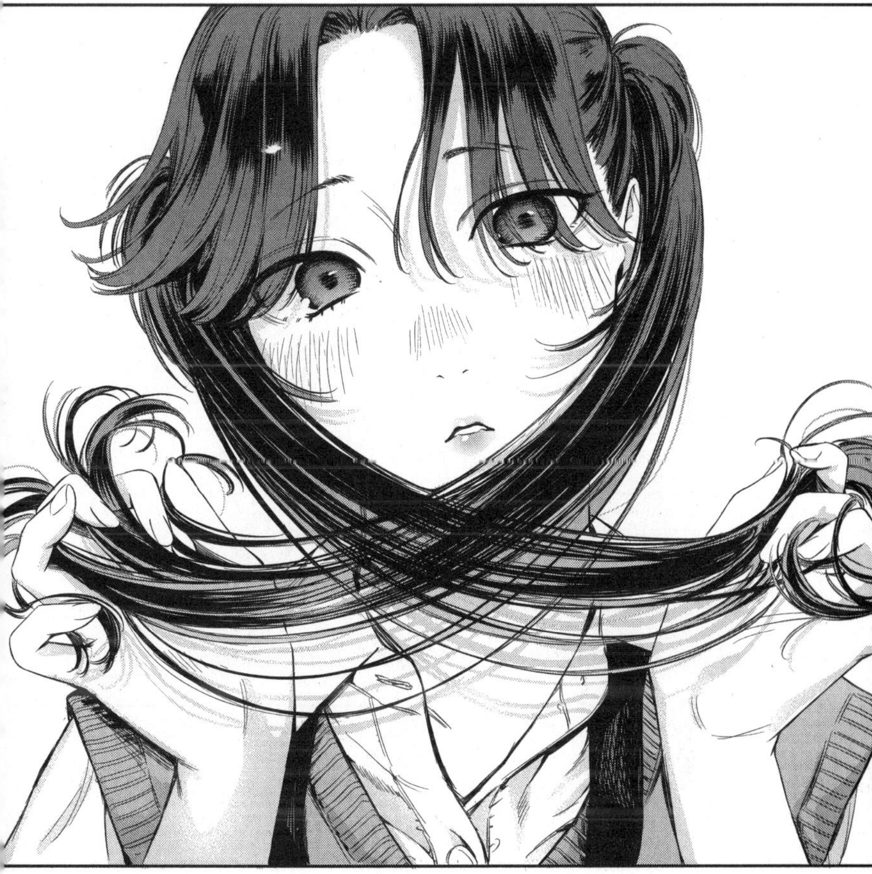

#68 Die Team-Betreuerin

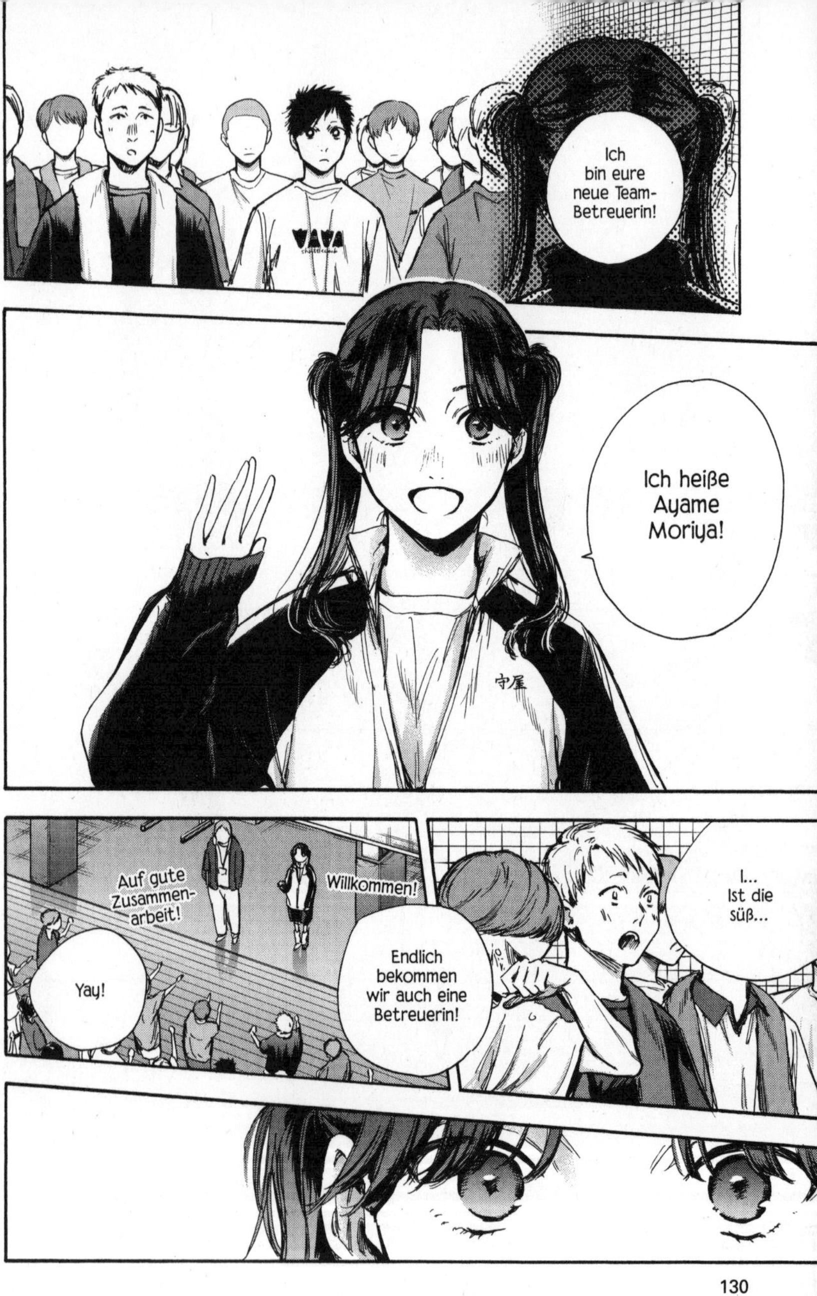
Ich bin eure neue Team-Betreuerin!
Ich heiße Ayame Moriya!
守屋
I... Ist die süß...
Endlich bekommen wir auch eine Betreuerin!
Willkommen!
Auf gute Zusammen-arbeit!
Yay!

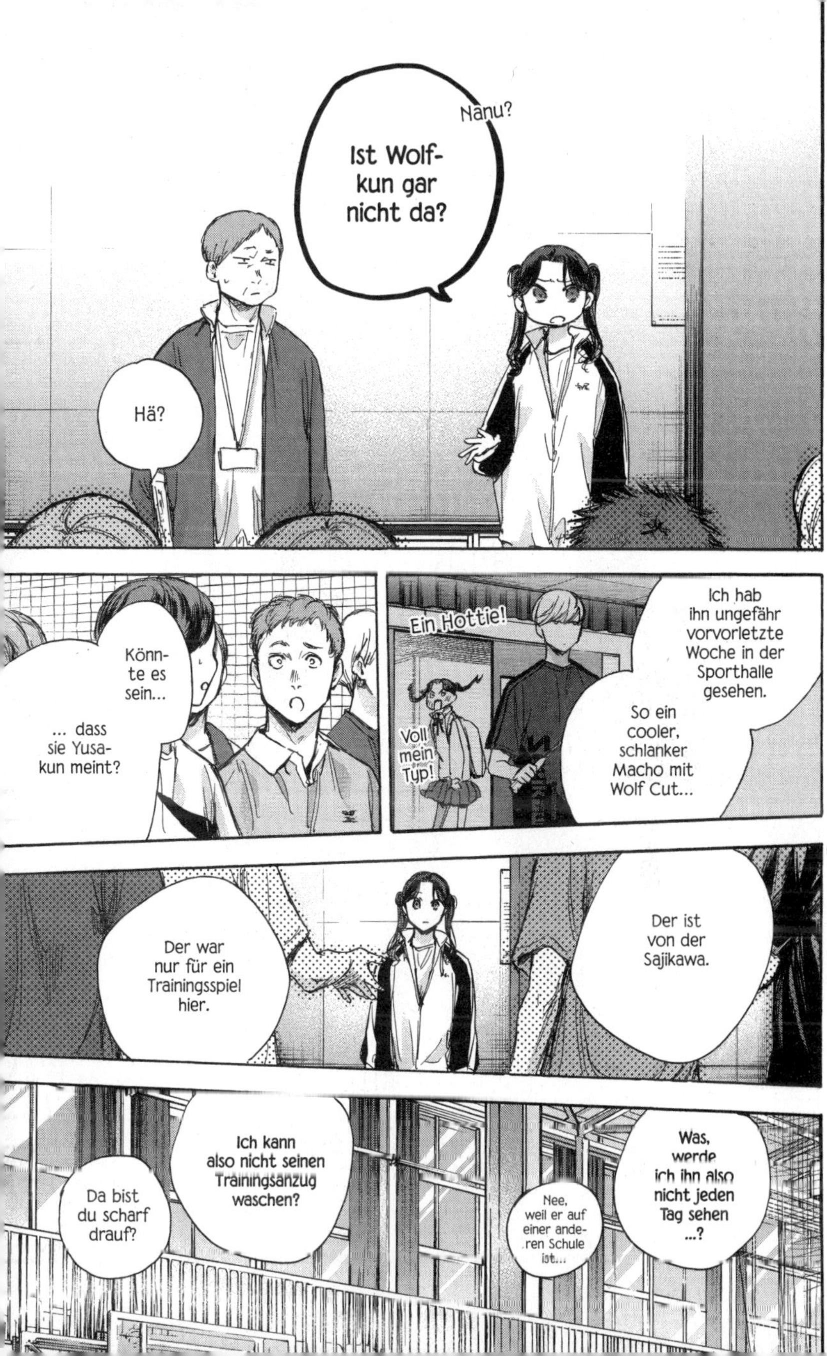
Nanu?
Ist Wolf-kun gar nicht da?
Hä?
Ich hab ihn ungefähr vorvorletzte Woche in der Sporthalle gesehen.
So ein cooler, schlanker Macho mit Wolf Cut...
Ein Hottie!
Voll mein Typ!
Könnte es sein...
... dass sie Yusa-kun meint?
Der ist von der Sajikawa.
Der war nur für ein Trainingsspiel hier.
Was, werde ich ihn also nicht jeden Tag sehen ...?
Nee, weil er auf einer anderen Schule ist...
Ich kann also nicht seinen Trainingsanzug waschen?
Da bist du scharf drauf?

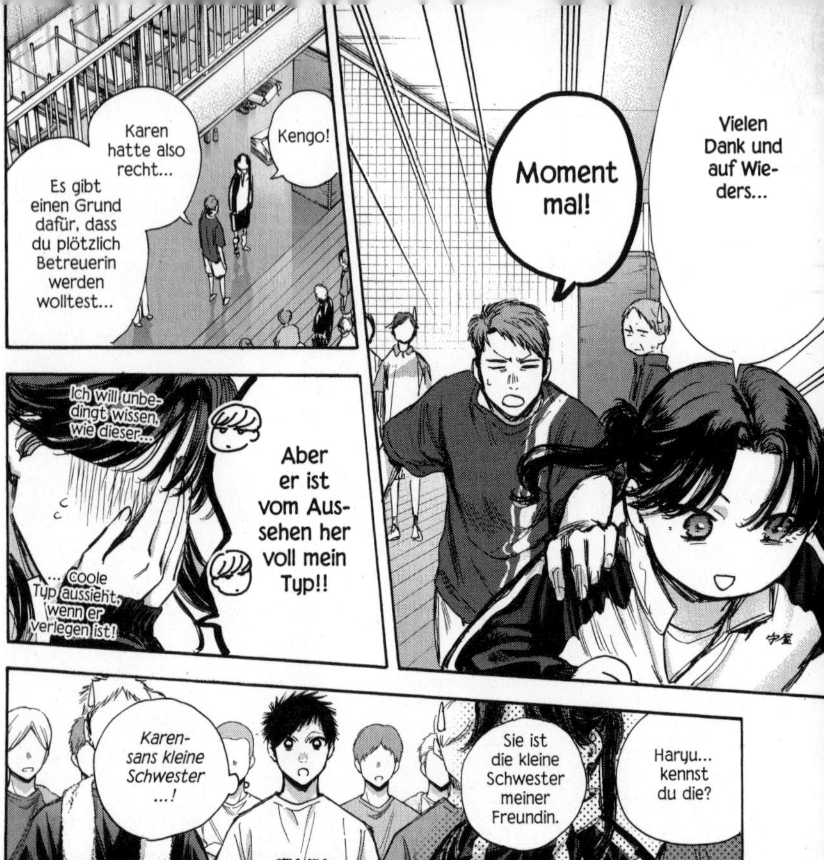

Vielen Dank und auf Wieders...
Moment mal!
Kengo!
Karen hatte also recht...
Es gibt einen Grund dafür, dass du plötzlich Betreuerin werden wolltest...
Aber er ist vom Aussehen her voll mein Typ!!
Ich will unbedingt wissen, wie dieser...
... coole Typ aussieht, wenn er verlegen ist!
Haryu... kennst du die?
Sie ist die kleine Schwester meiner Freundin.
Karen-sans kleine Schwester ...!
Aber es gibt bestimmt mal wieder ein Trainingsspiel...
... und bei Turnieren kann ich ihm auch begegnen.
Eine andere Chance habe ich sowieso nicht!
Na gut, ich bleib vorläufig hier.
Diese Berechnung ...!

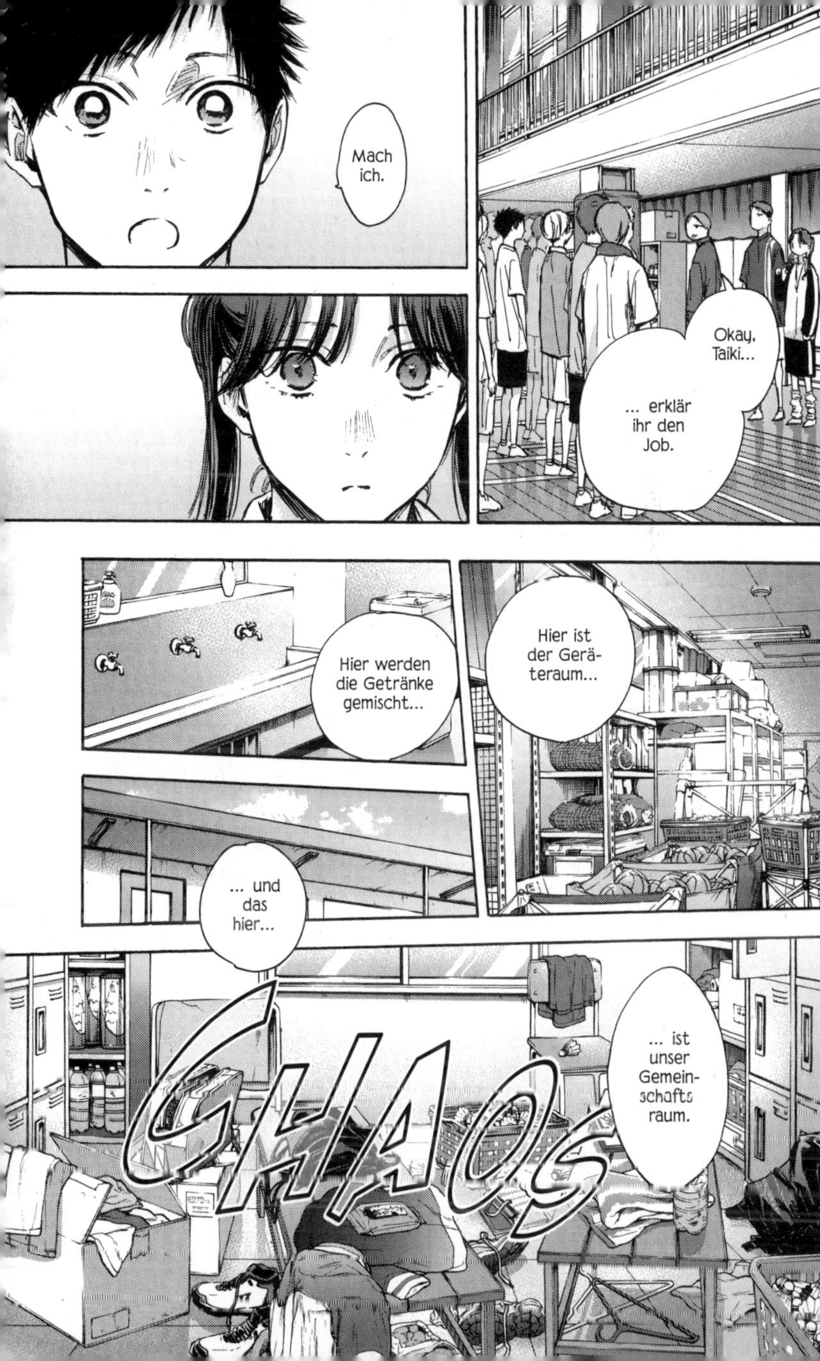
Okay, Taiki...
... erklär ihr den Job.
Mach ich.
Hier ist der Geräteraum...
Hier werden die Getränke gemischt...
... und das hier...
... ist unser Gemeinschaftsraum.
CHAOS

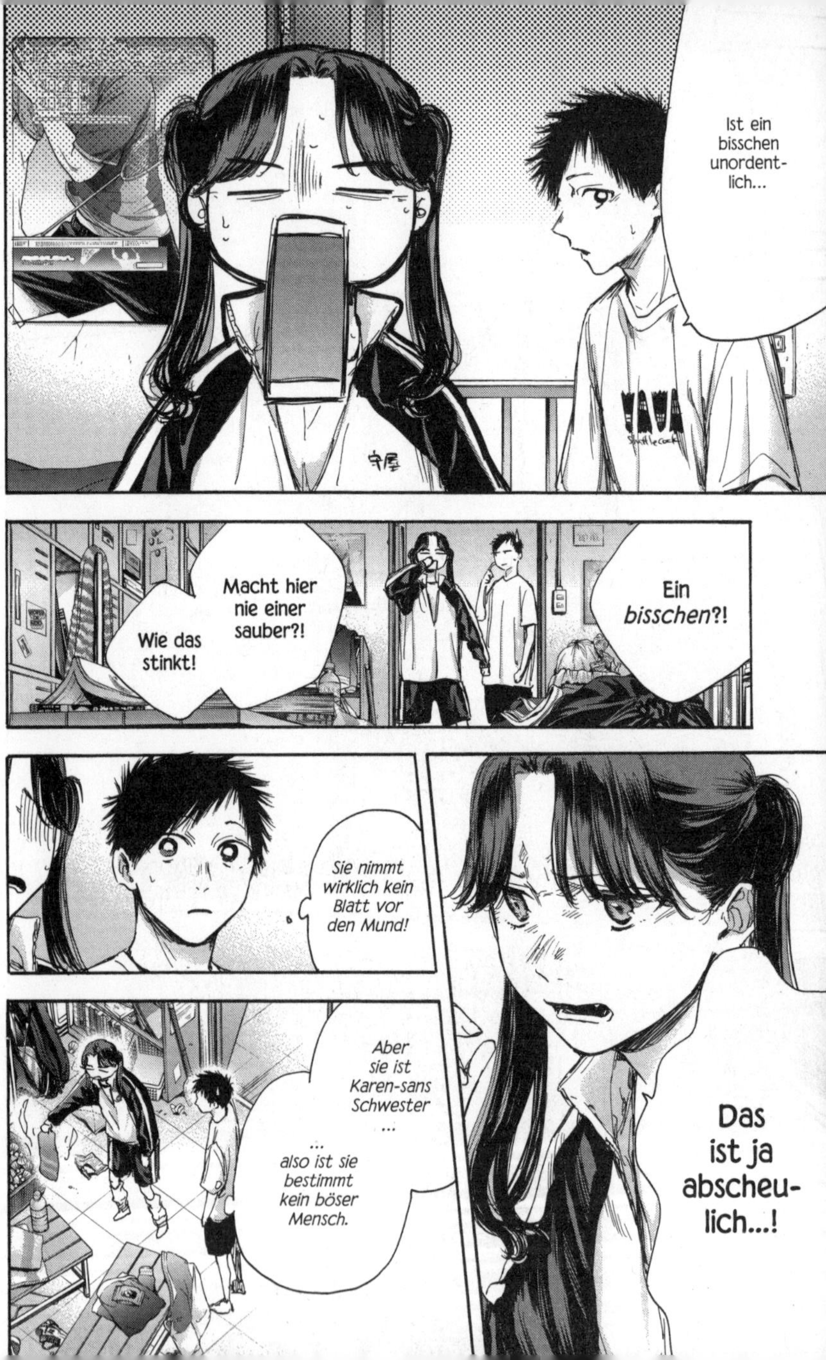
Ist ein bisschen unordent-lich...
Ein *bisschen*?!
Macht hier nie einer sauber?!
Wie das stinkt!
Das ist ja abscheu-lich...!
Sie nimmt wirklich kein Blatt vor den Mund!
Aber sie ist Karen-sans Schwester ...
... also ist sie bestimmt kein böser Mensch.

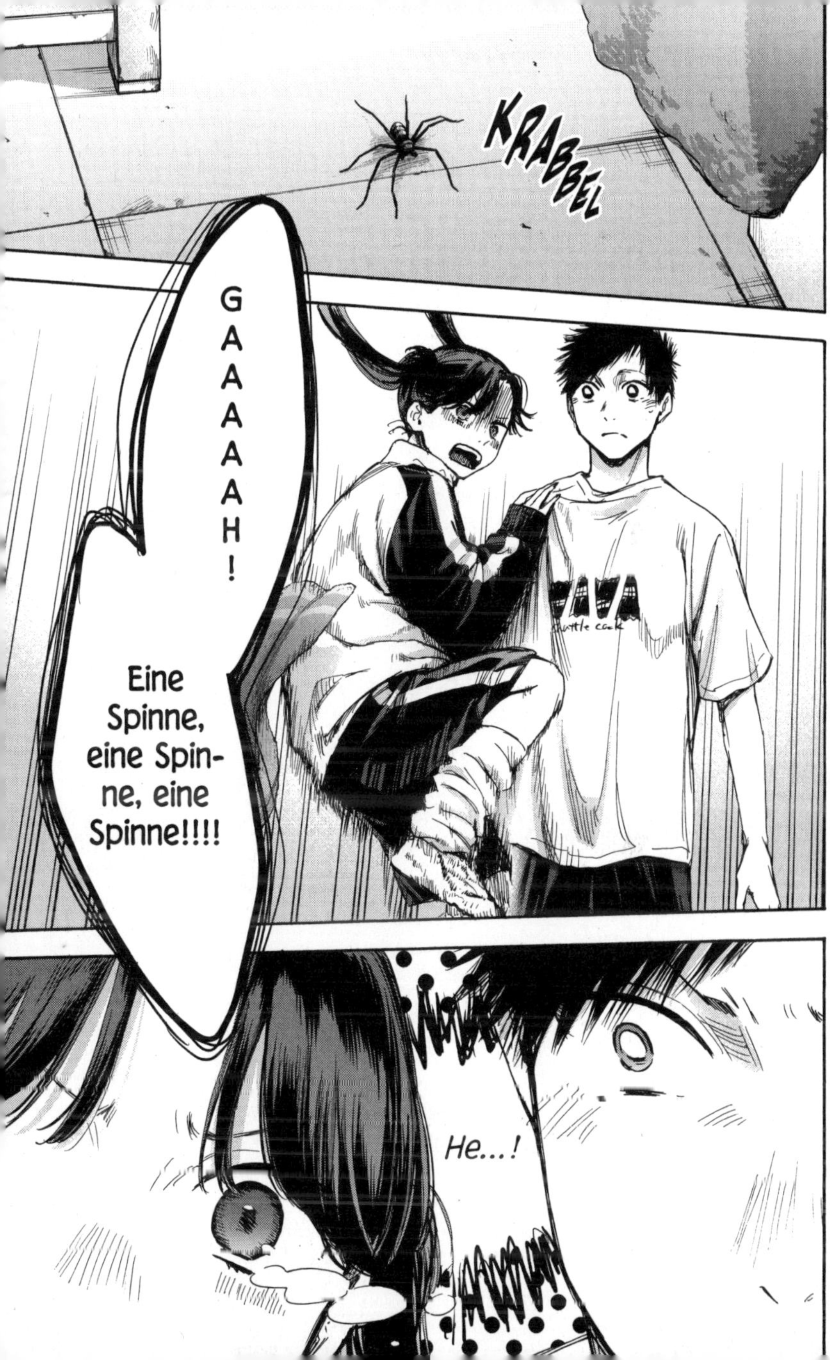
KRABBEL
GAAAAAAH!
Eine Spinne, eine Spinne, eine Spinne!!!!
He...!

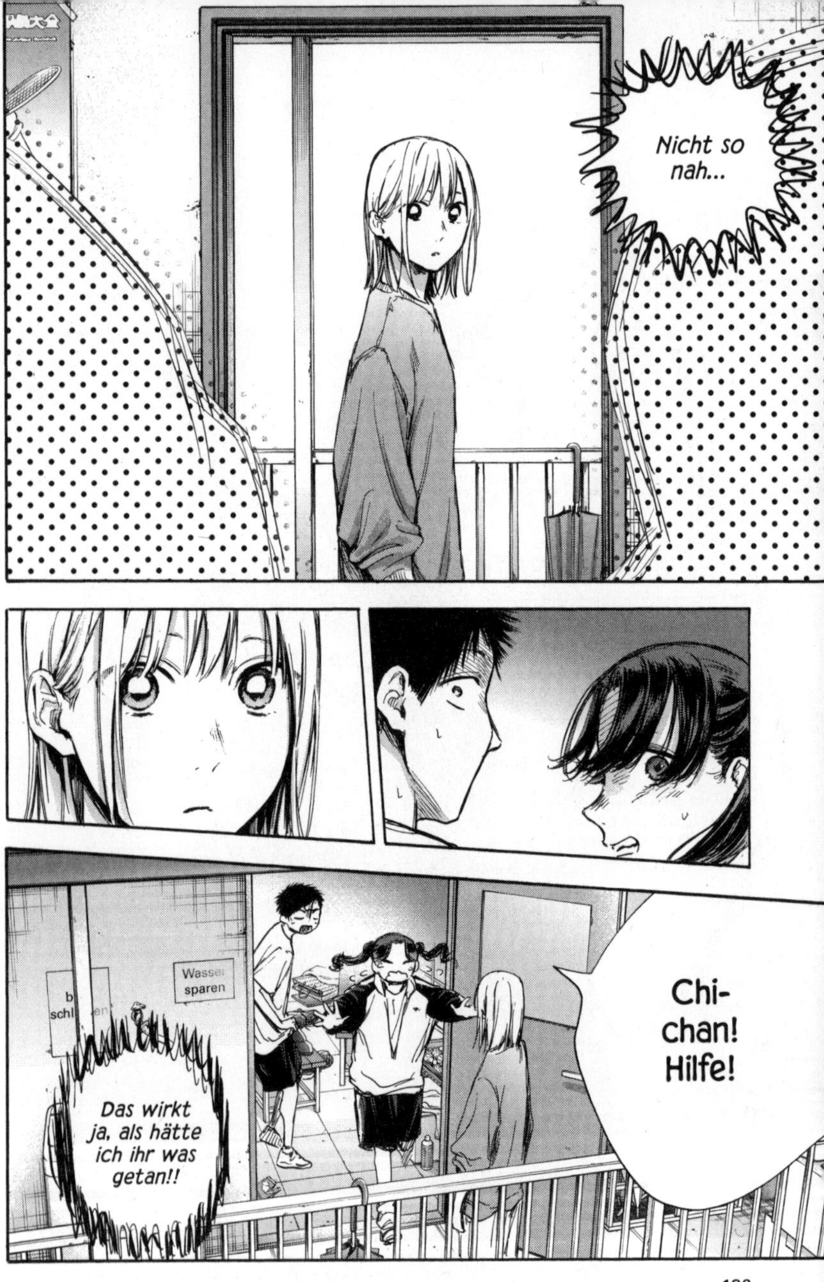
Nicht so nah...
Chi-chan! Hilfe!
Das wirkt ja, als hätte ich ihr was getan!!
Wasser sparen

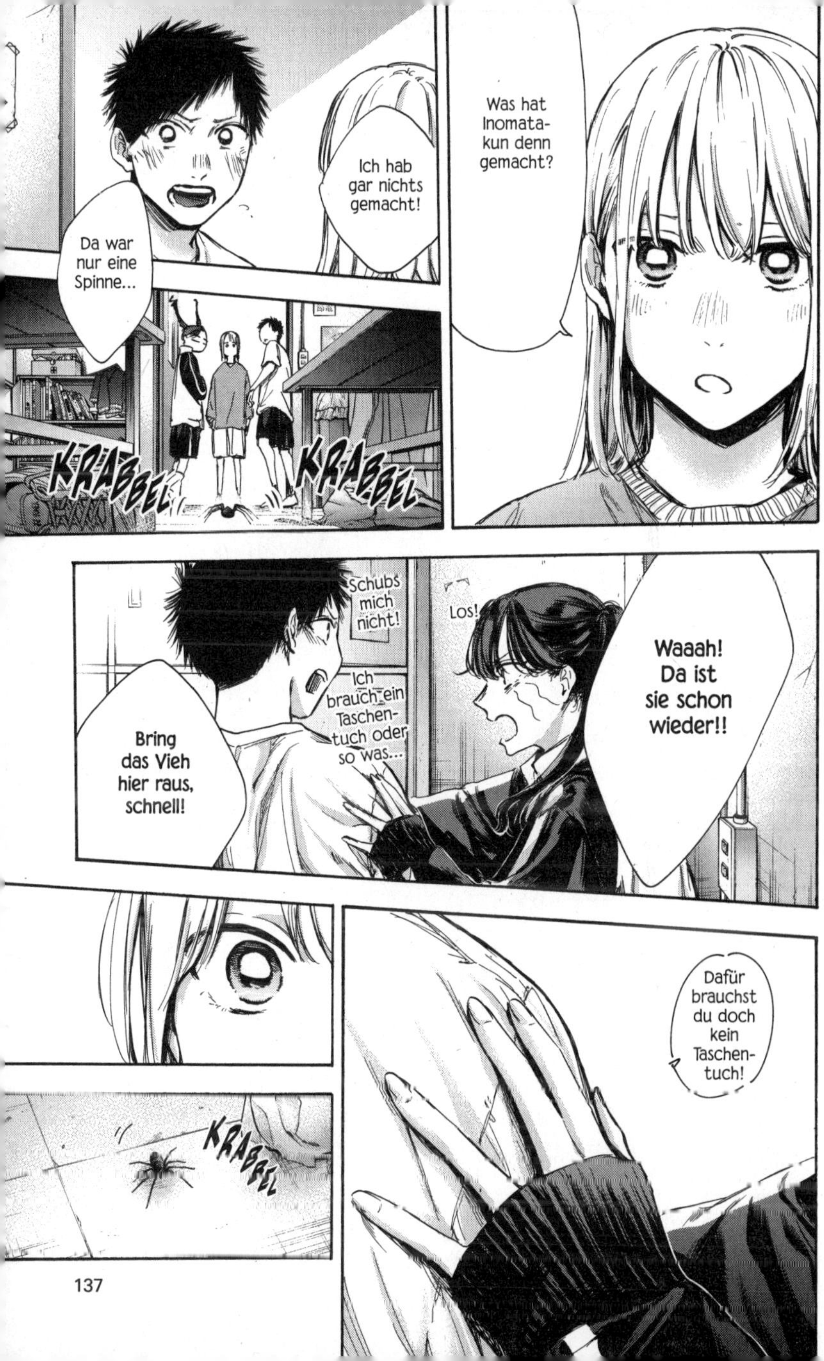
Was hat Inomata-kun denn gemacht?
Ich hab gar nichts gemacht!
Da war nur eine Spinne...
KRABBEL
KRABBEL
Waaah! Da ist sie schon wieder!!
Los!
Schubs mich nicht!
Ich brauch ein Taschentuch oder so was...
Bring das Vieh hier raus, schnell!
Dafür brauchst du doch kein Taschentuch!
KRABBEL

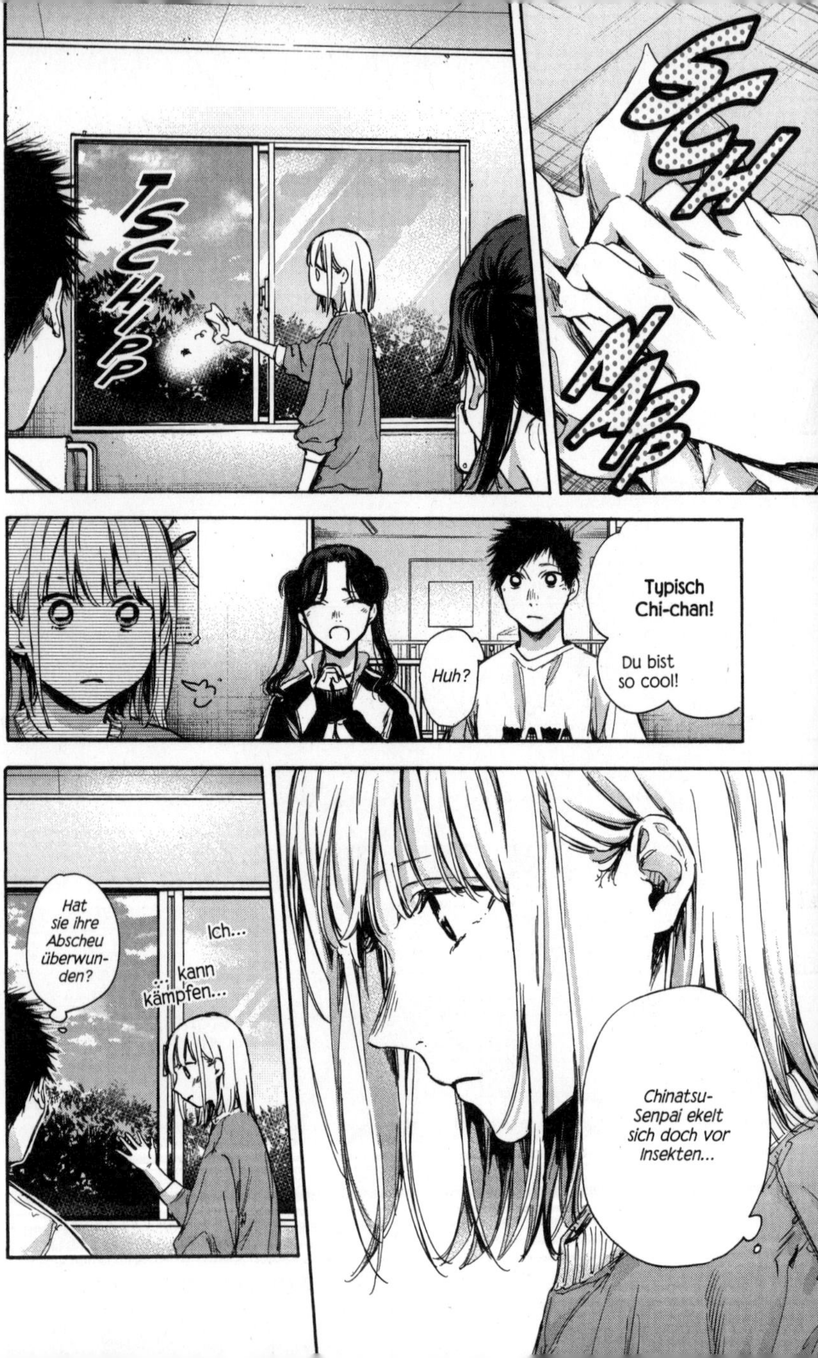
SCHNAPP
TSCHIPP
Typisch Chi-chan!
Du bist so cool!
Huh?
Chinatsu-Senpai ekelt sich doch vor Insekten...
Hat sie ihre Abscheu überwunden?
Ich...
... kann kämpfen...

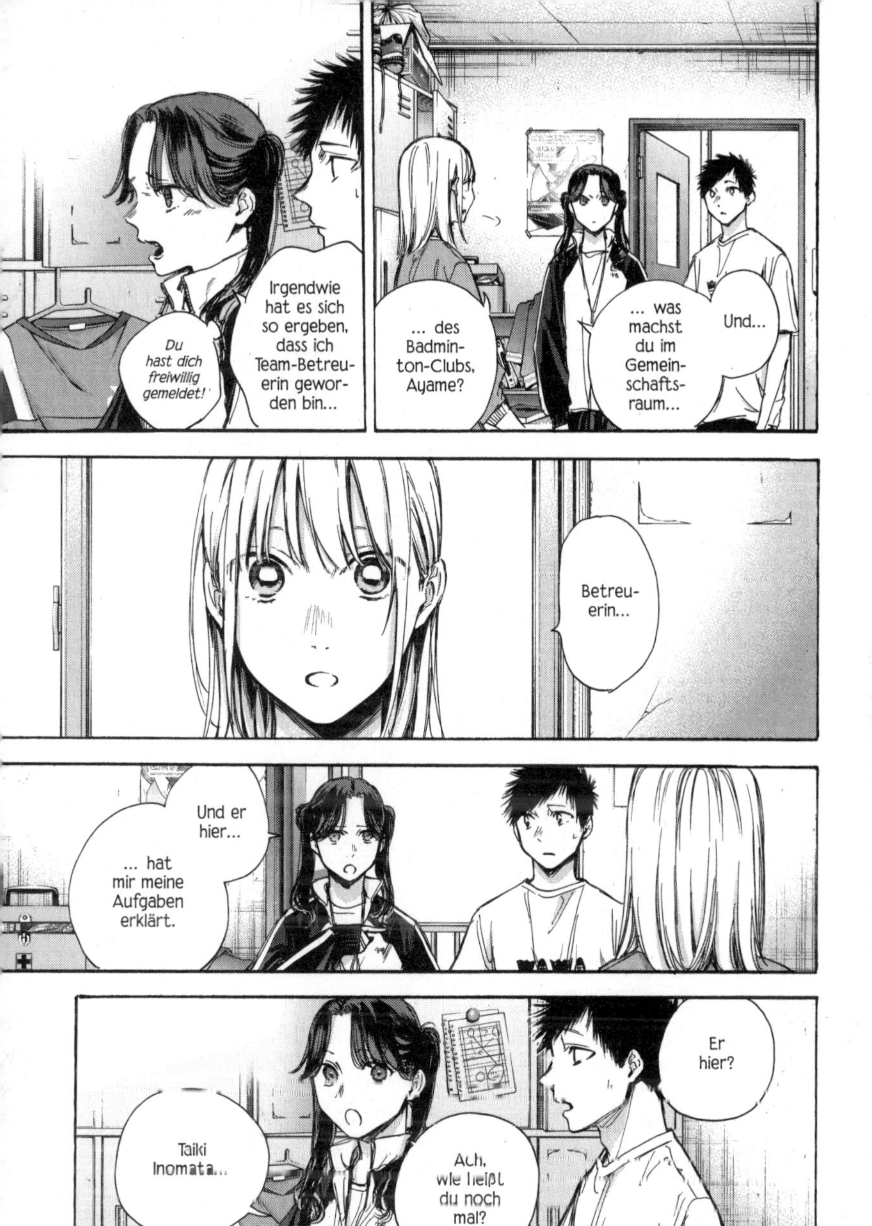
Und...
... was machst du im Gemein-schafts-raum...
... des Badmin-ton-Clubs, Ayame?
Irgendwie hat es sich so ergeben, dass ich Team-Betreu-erin gewor-den bin...
Du hast dich freiwillig gemeldet!
Betreu-erin...
Und er hier...
... hat mir meine Aufgaben erklärt.
Er hier?
Ach, wie heißt du noch mal?
Taiki Inomata...

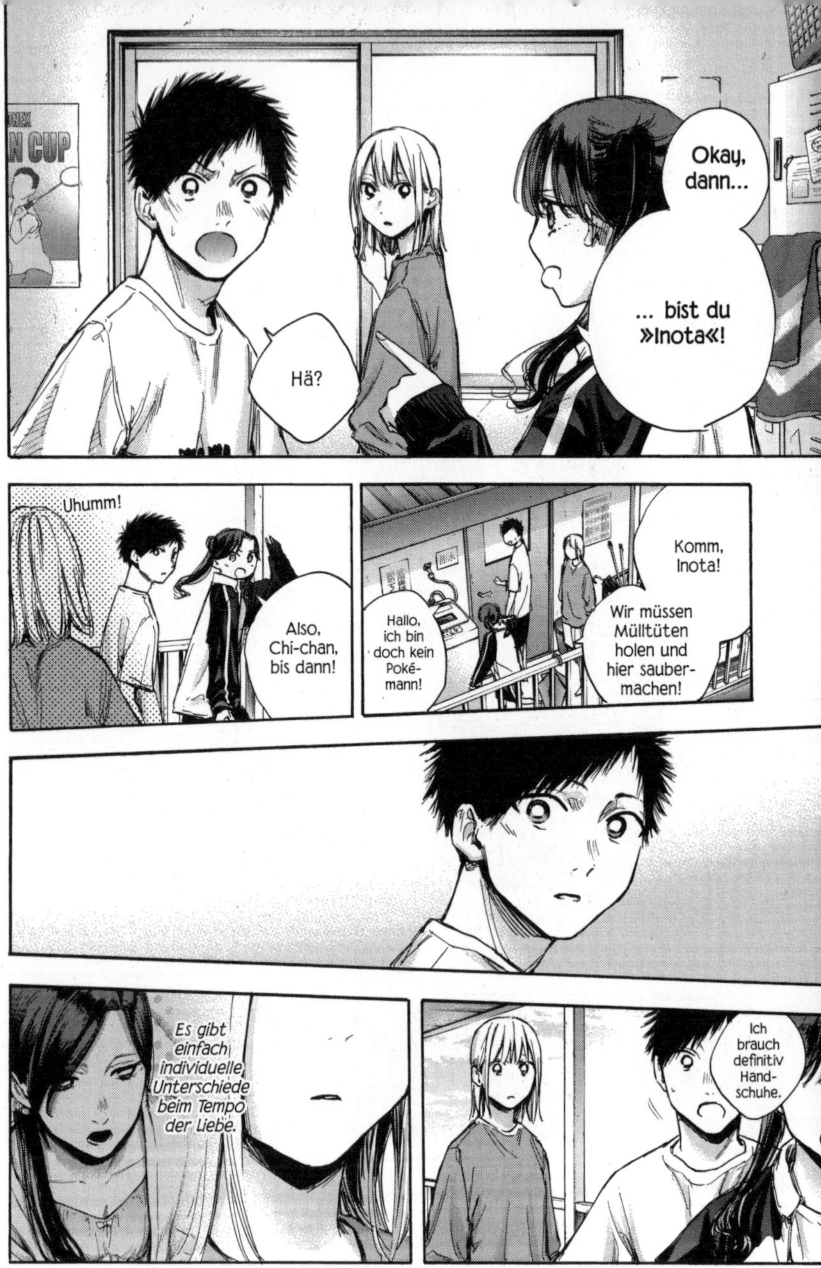

Okay, dann...
... bist du »Inota«!
Hä?
Komm, Inota!
Wir müssen Mülltüten holen und hier saubermachen!
Hallo, ich bin doch kein Pokémann!
Uhumm!
Also, Chi-chan, bis dann!
Ich brauch definitiv Handschuhe.
Es gibt einfach individuelle Unterschiede beim Tempo der Liebe.

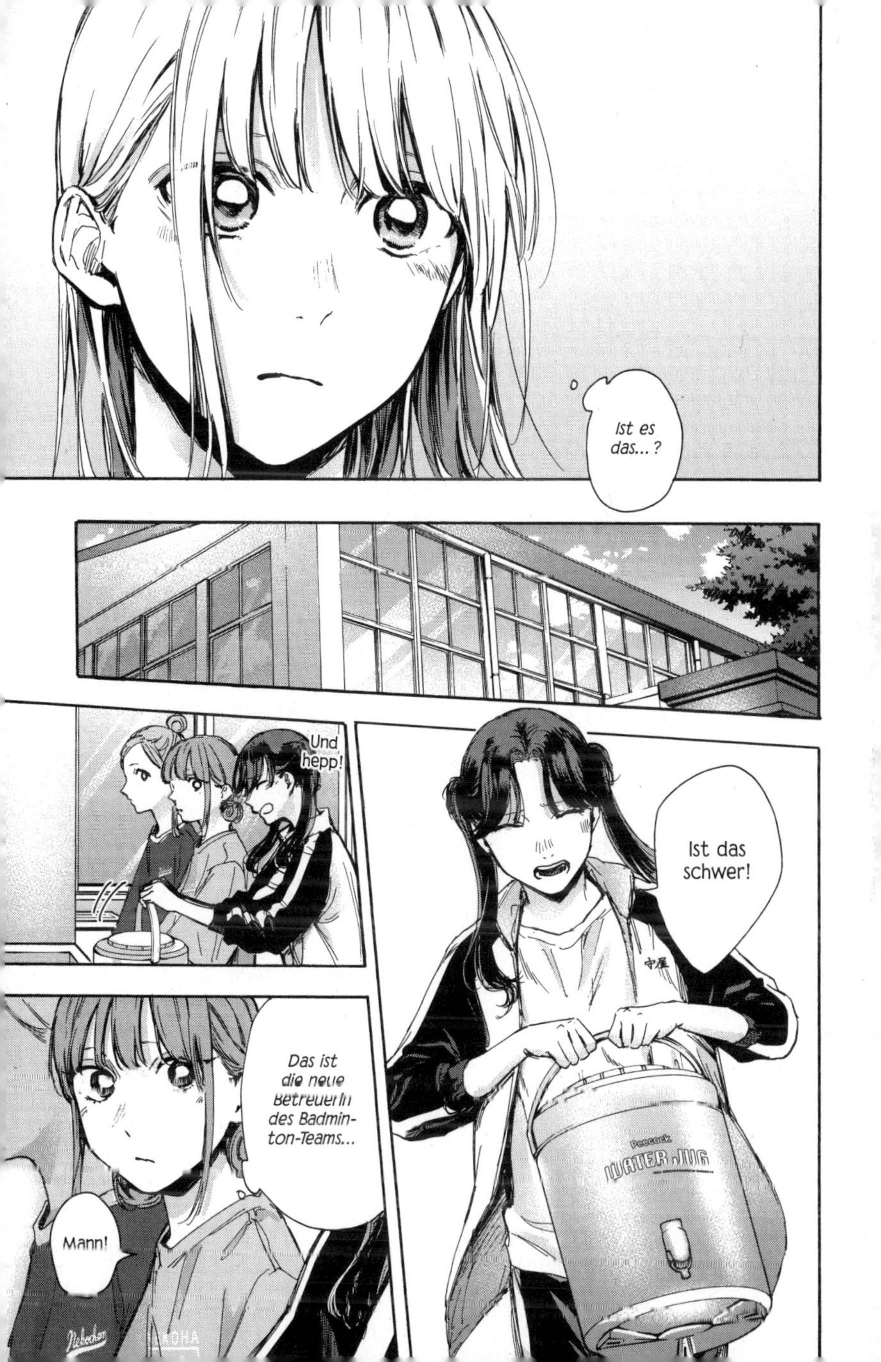
Ist es das...?
Und hepp!
Ist das schwer!
Das ist die neue Betreuerin des Badminton-Teams...
Mann!
Peecock
WATER JUG

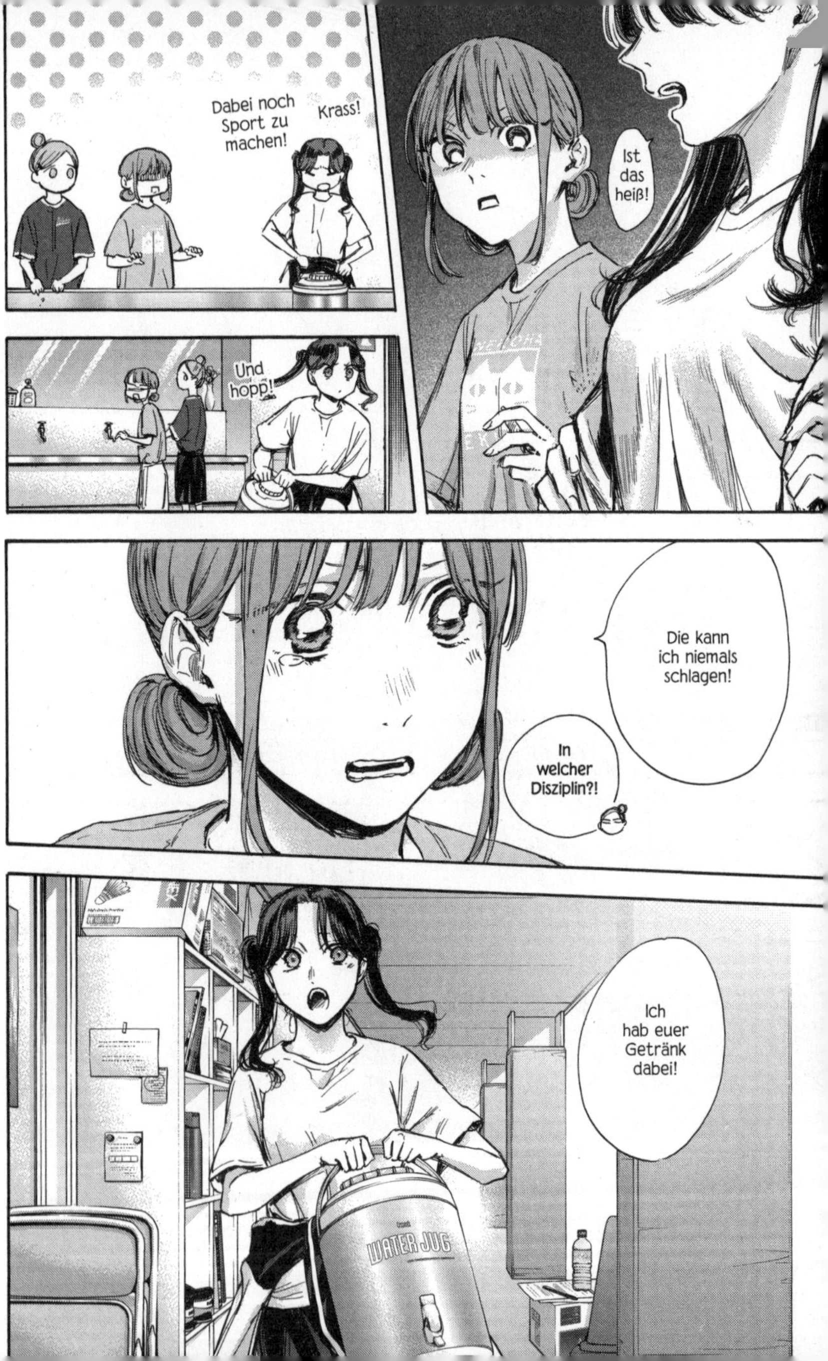
Ist das heiß!
Krass!
Dabei noch Sport zu machen!
Und hopp!
Die kann ich niemals schlagen!
In welcher Disziplin?!
Ich hab euer Getränk dabei!
WATER JUG

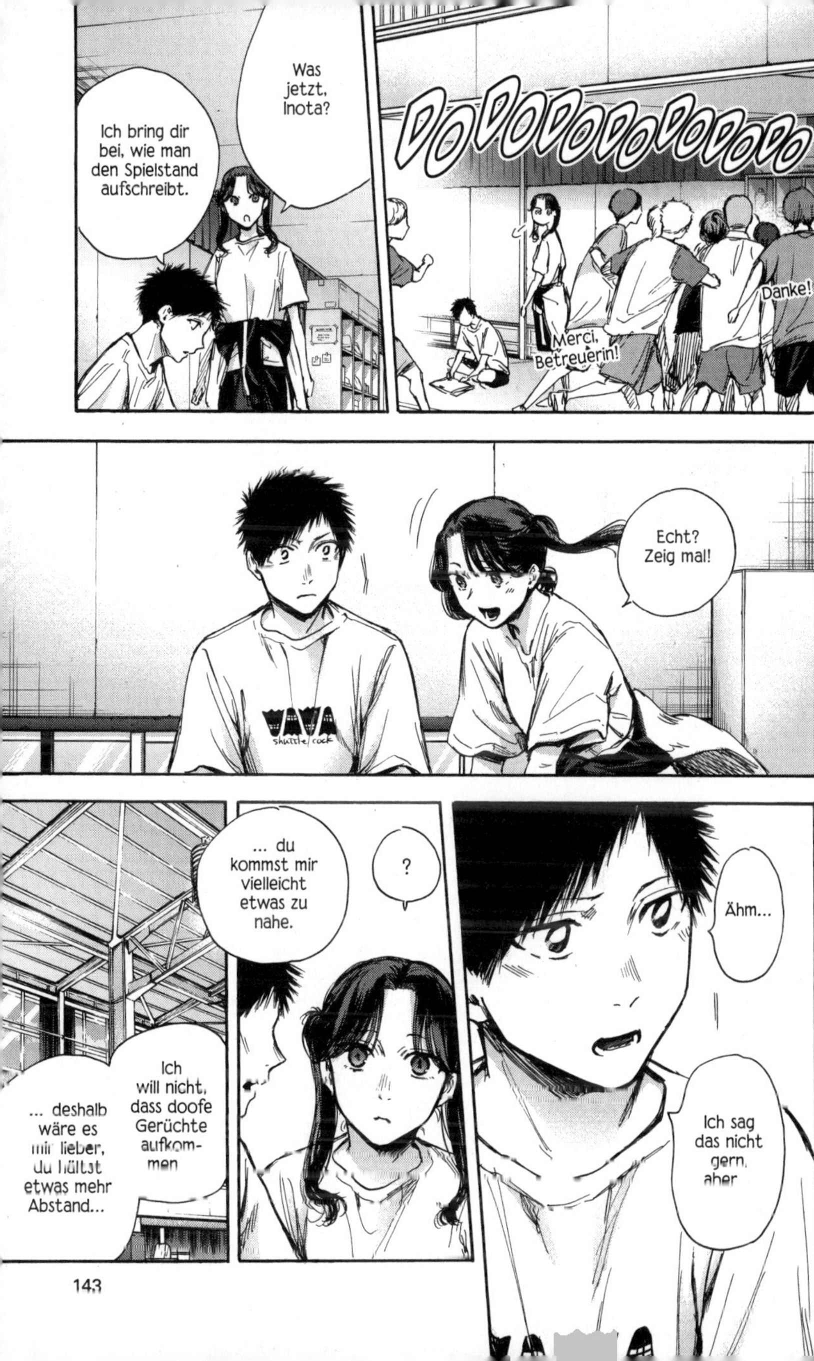
DODODODODODODODO
Danke!
Merci, Betreuerin!
Was jetzt, Inota?
Ich bring dir bei, wie man den Spielstand aufschreibt.
Echt? Zeig mal!
Ähm...
Ich sag das nicht gern, aber
?
... du kommst mir vielleicht etwas zu nahe.
Ich will nicht, dass doofe Gerüchte aufkommen
... deshalb wäre es mir lieber, du hältst etwas mehr Abstand...

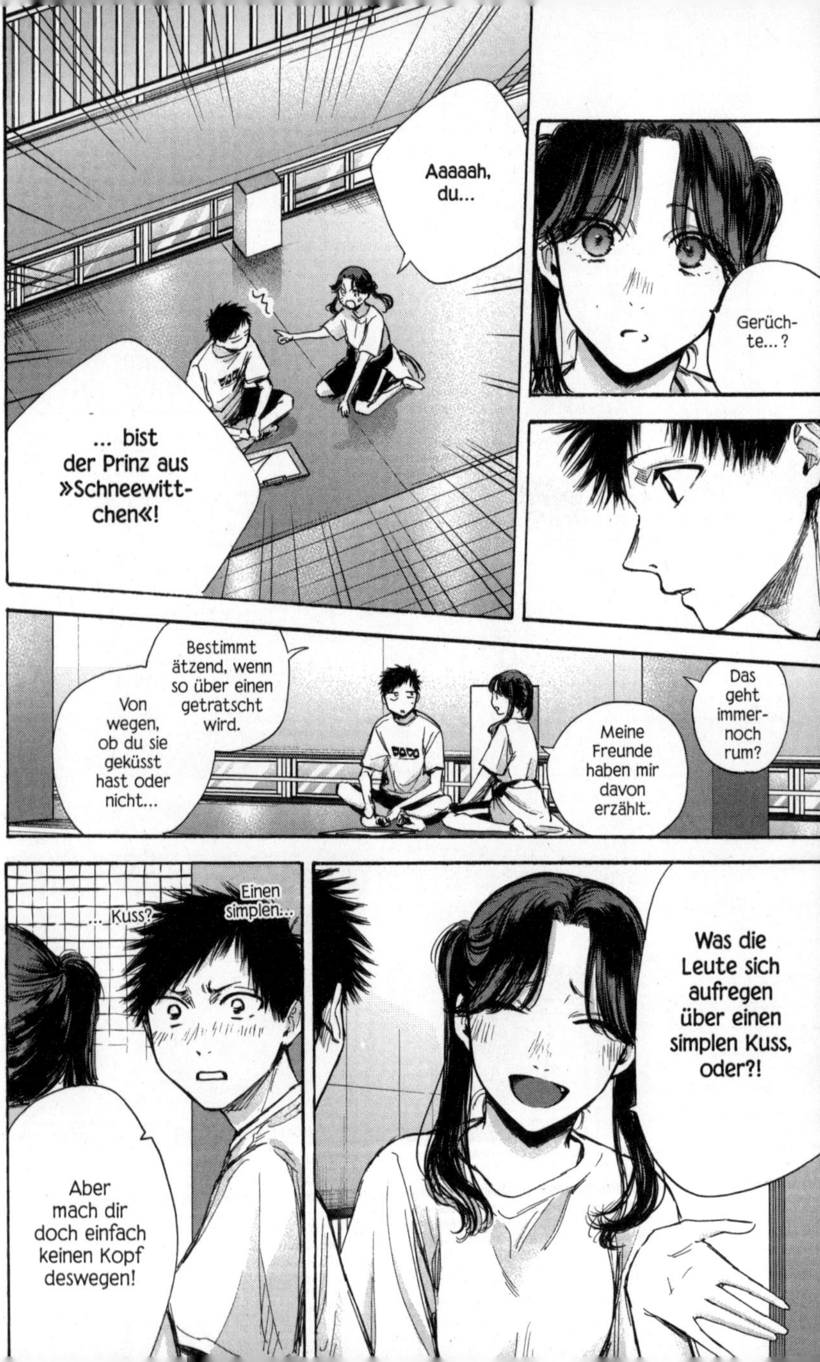
Aaaaah, du...
... bist der Prinz aus »Schneewittchen«!
Gerüchte...?
Das geht immernoch rum?
Meine Freunde haben mir davon erzählt.
Bestimmt ätzend, wenn so über einen getratscht wird.
Von wegen, ob du sie geküsst hast oder nicht...
Was die Leute sich aufregen über einen simplen Kuss, oder?!
Einen simplen...
... Kuss?
Aber mach dir doch einfach keinen Kopf deswegen!

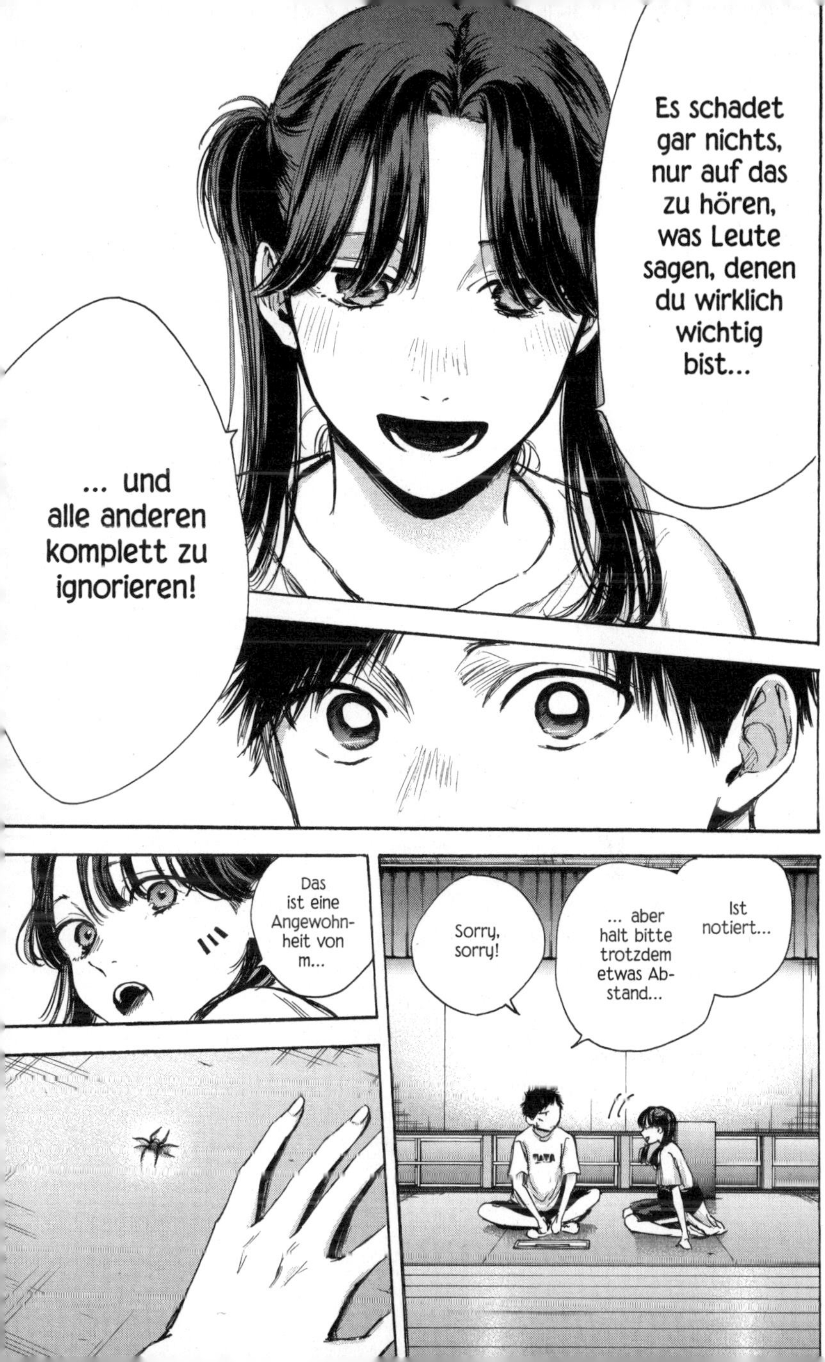
Es schadet gar nichts, nur auf das zu hören, was Leute sagen, denen du wirklich wichtig bist...
... und alle anderen komplett zu ignorieren!
Das ist eine Angewohnheit von m...
Ist notiert...
... aber halt bitte trotzdem etwas Abstand...
Sorry, sorry!

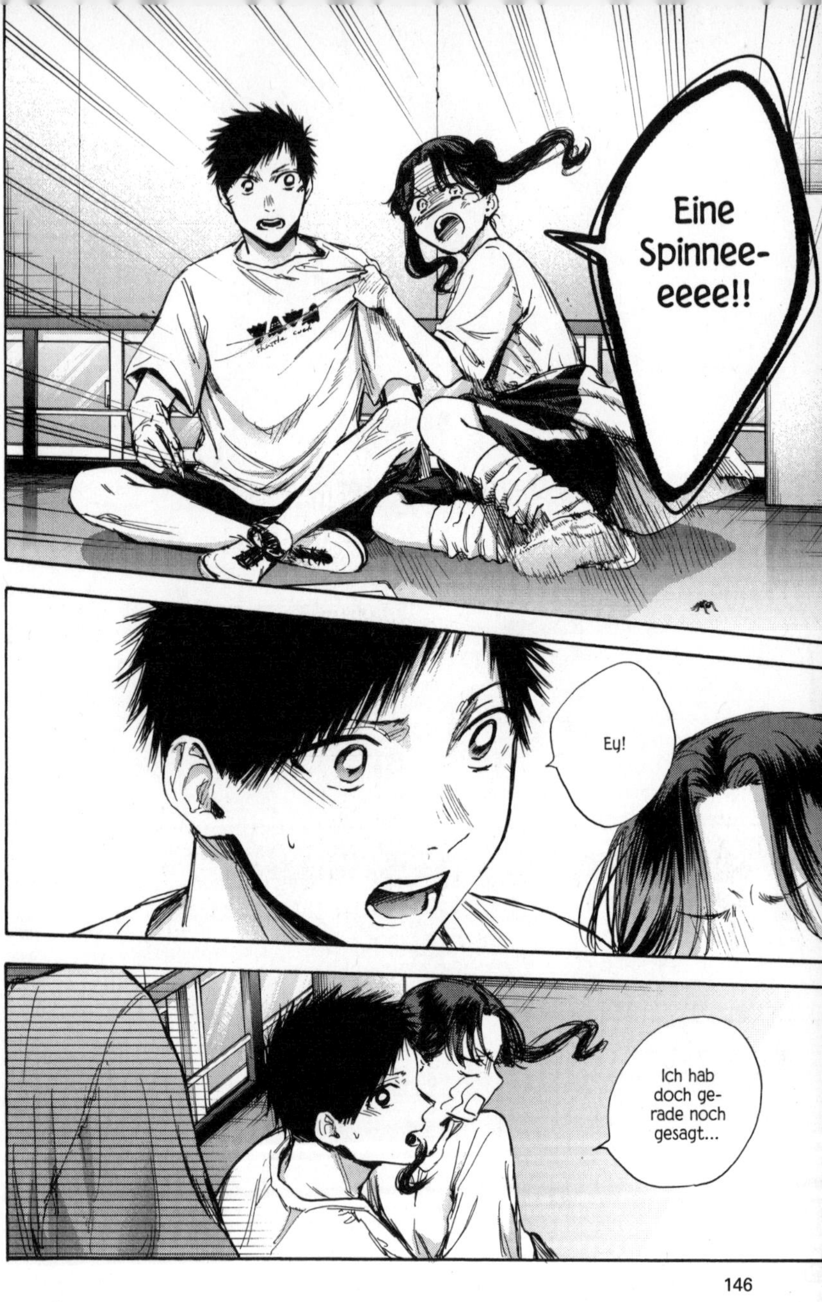
Eine Spinnee-eeee!!
Ey!
Ich hab doch gerade noch gesagt...

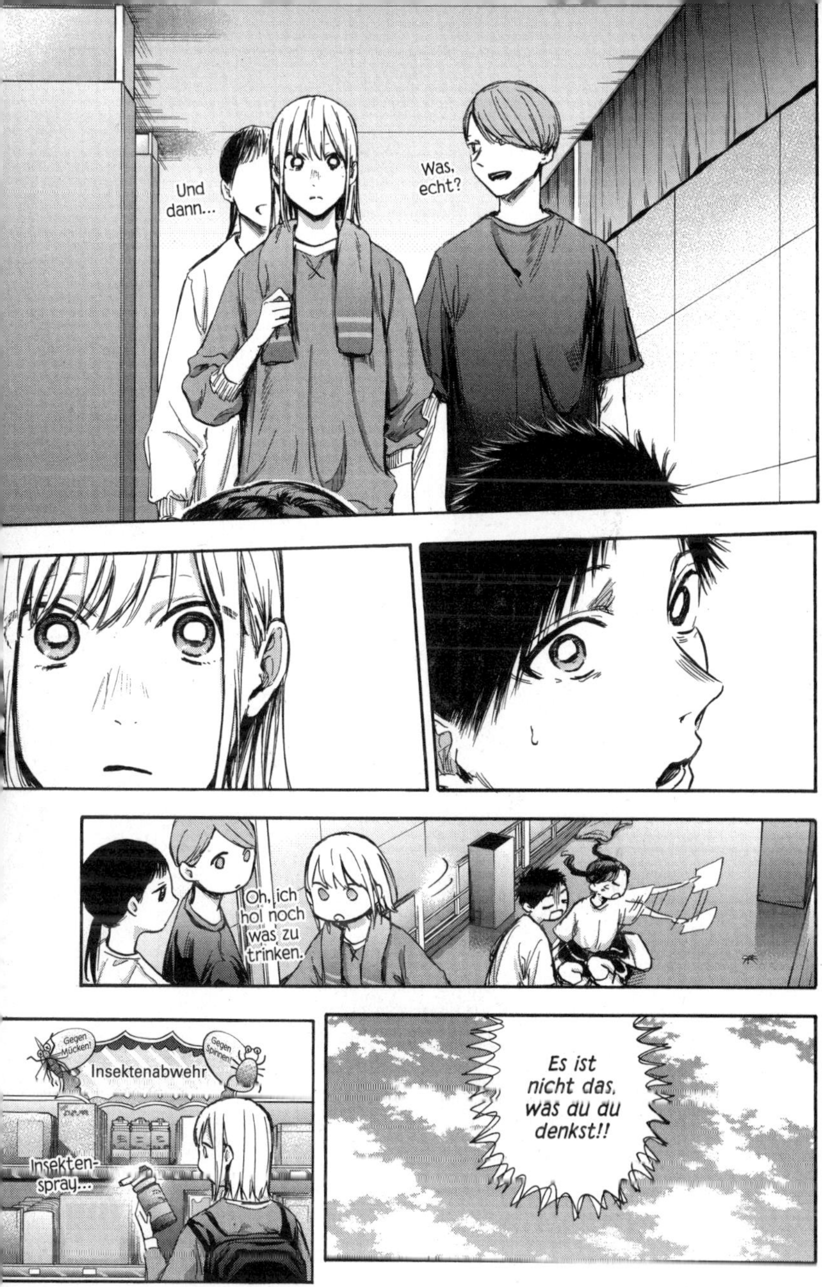
Was, echt?
Und dann...
Oh, ich hol noch was zu trinken.
Es ist nicht das, was du du denkst!!
Gegen Mücken!
Gegen Spinnen!
Insektenabwehr
Insekten-spray...

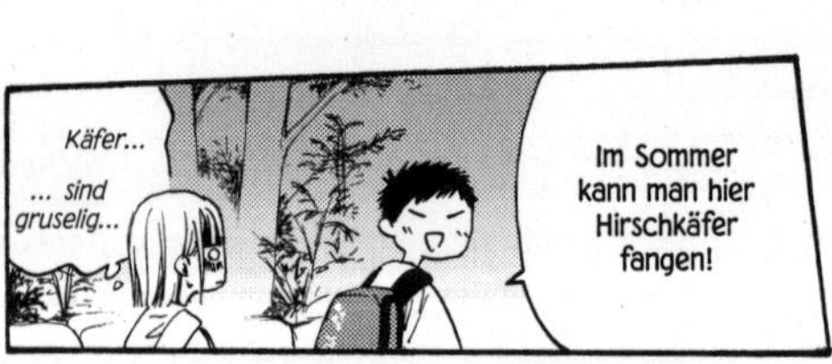

Siehe Band 3 #19

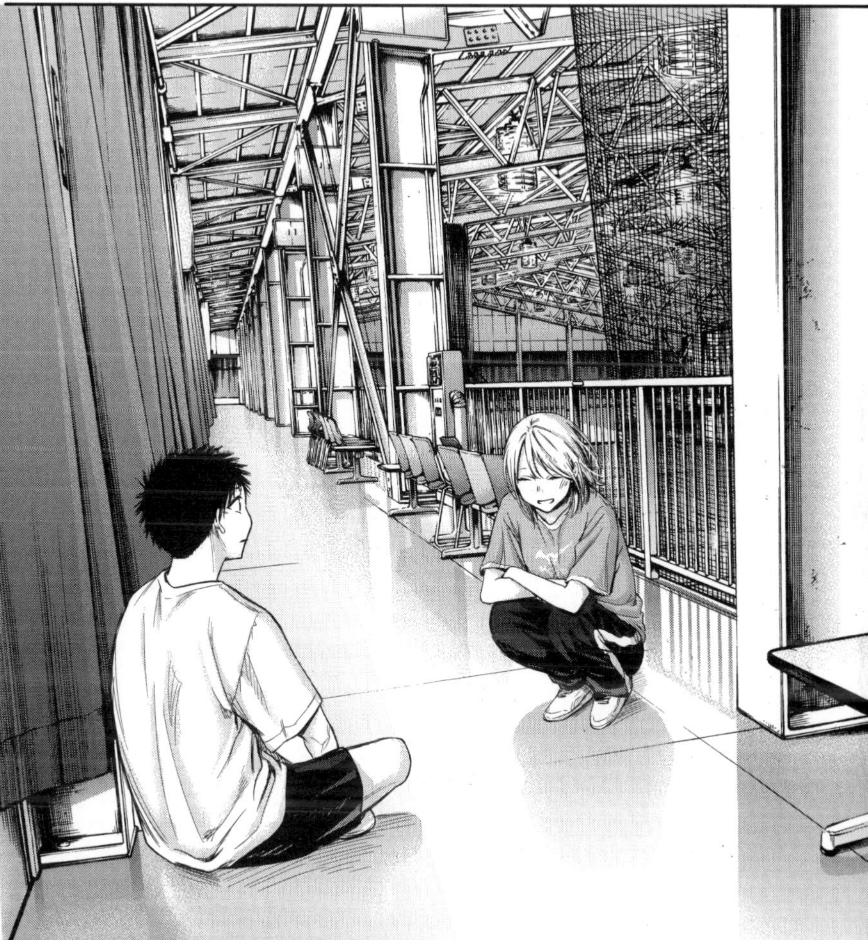

#69 Inota!

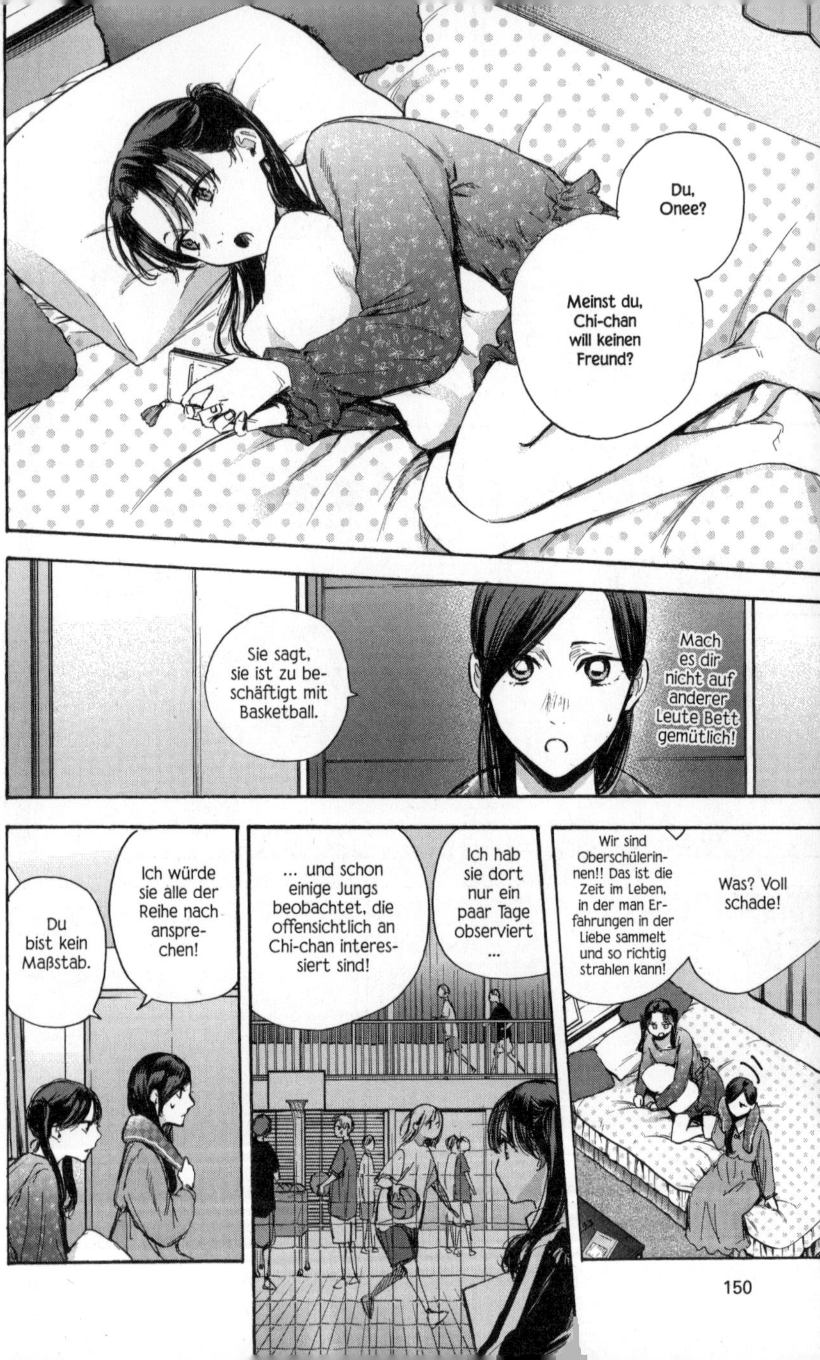
Du, Onee?
Meinst du, Chi-chan will keinen Freund?
Mach es dir nicht auf anderer Leute Bett gemütlich!
Sie sagt, sie ist zu beschäftigt mit Basketball.
Was? Voll schade!
Wir sind Oberschülerinnen!! Das ist die Zeit im Leben, in der man Erfahrungen in der Liebe sammelt und so richtig strahlen kann!
Ich hab sie dort nur ein paar Tage observiert ...
... und schon einige Jungs beobachtet, die offensichtlich an Chi-chan interessiert sind!
Ich würde sie alle der Reihe nach ansprechen!
Du bist kein Maßstab.

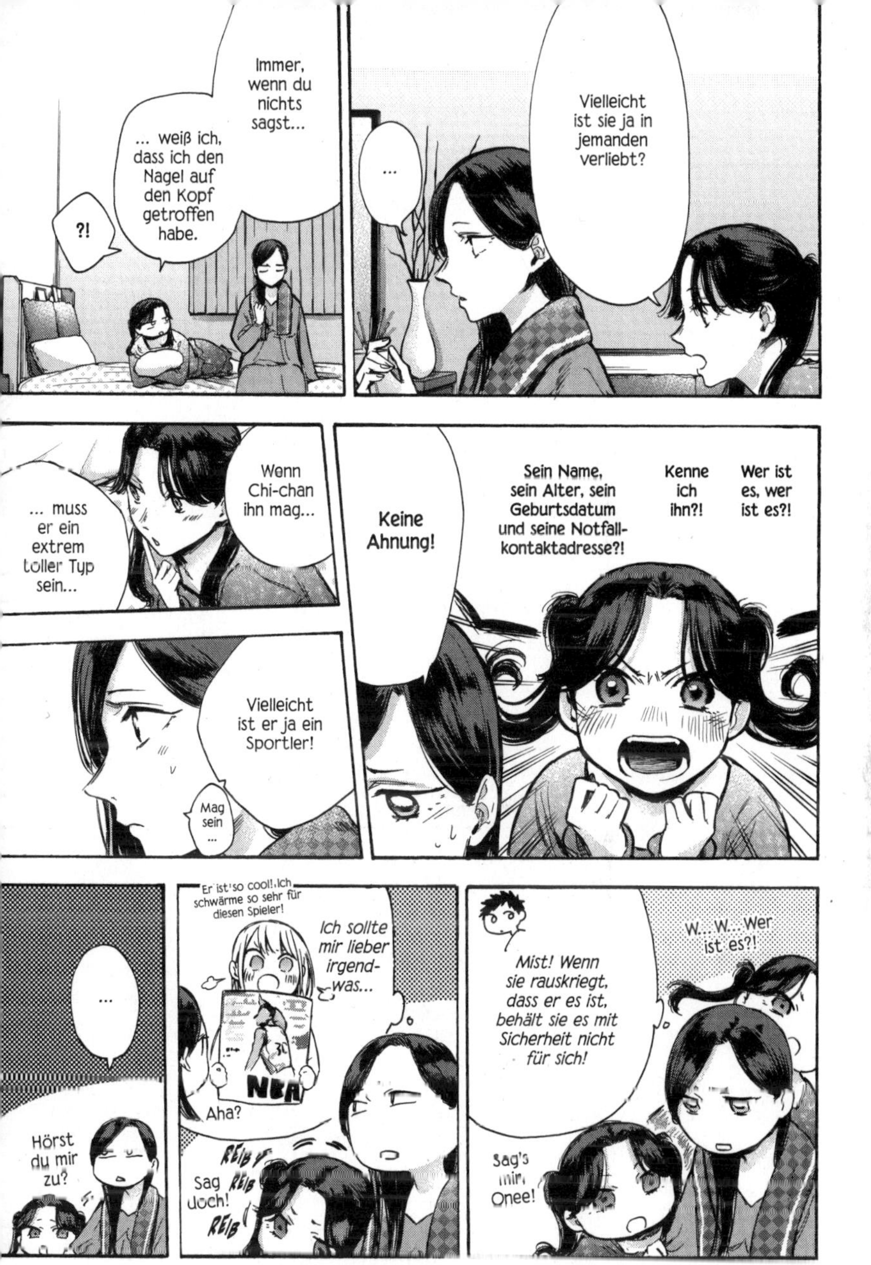
Vielleicht ist sie ja in jemanden verliebt?
...
Immer, wenn du nichts sagst...
... weiß ich, dass ich den Nagel auf den Kopf getroffen habe.
?!
Wer ist es, wer ist es?!
Kenne ich ihn?!
Sein Name, sein Alter, sein Geburtsdatum und seine Notfall-kontaktadresse?!
Keine Ahnung!
Wenn Chi-chan ihn mag...
... muss er ein extrem toller Typ sein...
Vielleicht ist er ja ein Sportler!
Mag sein ...
W... W... Wer ist es?!
Mist! Wenn sie rauskriegt, dass er es ist, behält sie es mit Sicherheit nicht für sich!
Sag's mir, Onee!
Ich sollte mir lieber irgend-was...
Er ist so cool! Ich schwärme so sehr für diesen Spieler!
NBA
Aha?
REIB
REIB
REIB
Sag doch!
...
Hörst du mir zu?

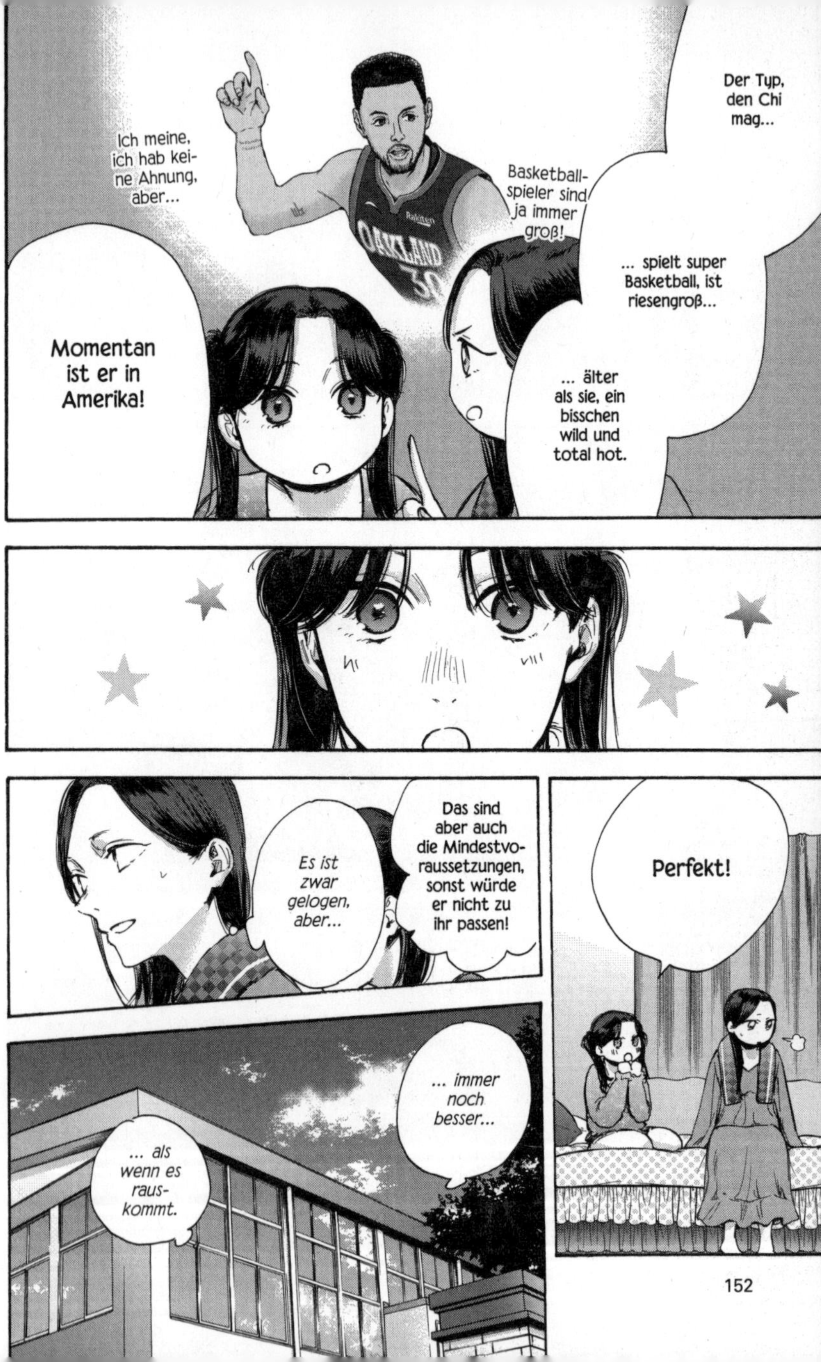
Der Typ, den Chi mag...
... spielt super Basketball, ist riesengroß...
... älter als sie, ein bisschen wild und total hot.
Basketball-spieler sind ja immer groß!
Ich meine, ich hab kei-ne Ahnung, aber...
Momentan ist er in Amerika!
Perfekt!
Das sind aber auch die Mindestvo-raussetzungen, sonst würde er nicht zu ihr passen!
Es ist zwar gelogen, aber...
... immer noch besser...
... als wenn es raus-kommt.

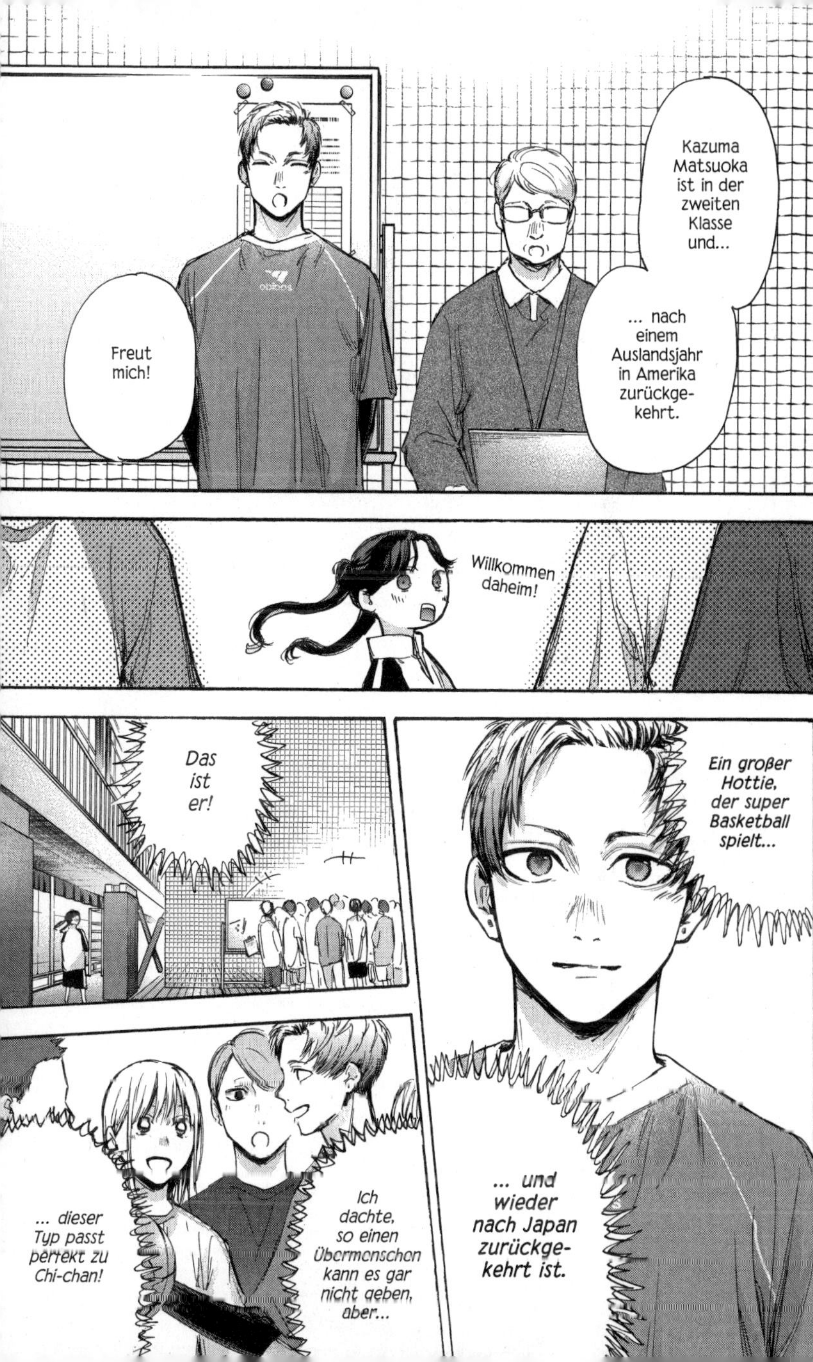
Kazuma Matsuoka ist in der zweiten Klasse und...
... nach einem Auslandsjahr in Amerika zurückgekehrt.
Freut mich!
Willkommen daheim!
Ein großer Hottie, der super Basketball spielt...
Das ist er!
... und wieder nach Japan zurückgekehrt ist.
Ich dachte, so einen Übermenschen kann es gar nicht geben, aber...
... dieser Typ passt perfekt zu Chi-chan!

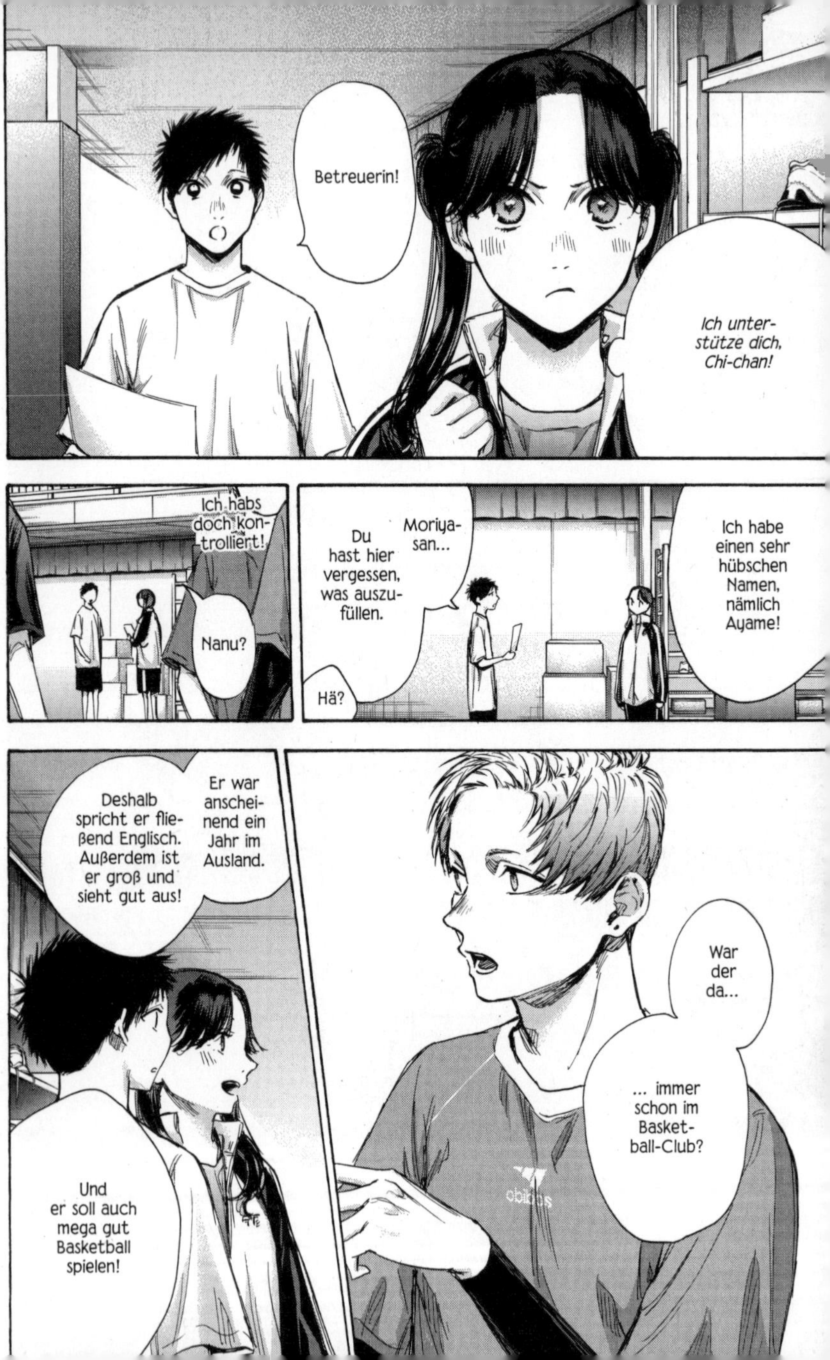
Ich unterstütze dich, Chi-chan!
Betreuerin!
Ich habe einen sehr hübschen Namen, nämlich Ayame!
Moriya-san...
Du hast hier vergessen, was auszufüllen.
Hä?
Ich habs doch kontrolliert!
Nanu?
War der da...
... immer schon im Basketball-Club?
Er war anscheinend ein Jahr im Ausland.
Deshalb spricht er fließend Englisch. Außerdem ist er groß und sieht gut aus!
Und er soll auch mega gut Basketball spielen!

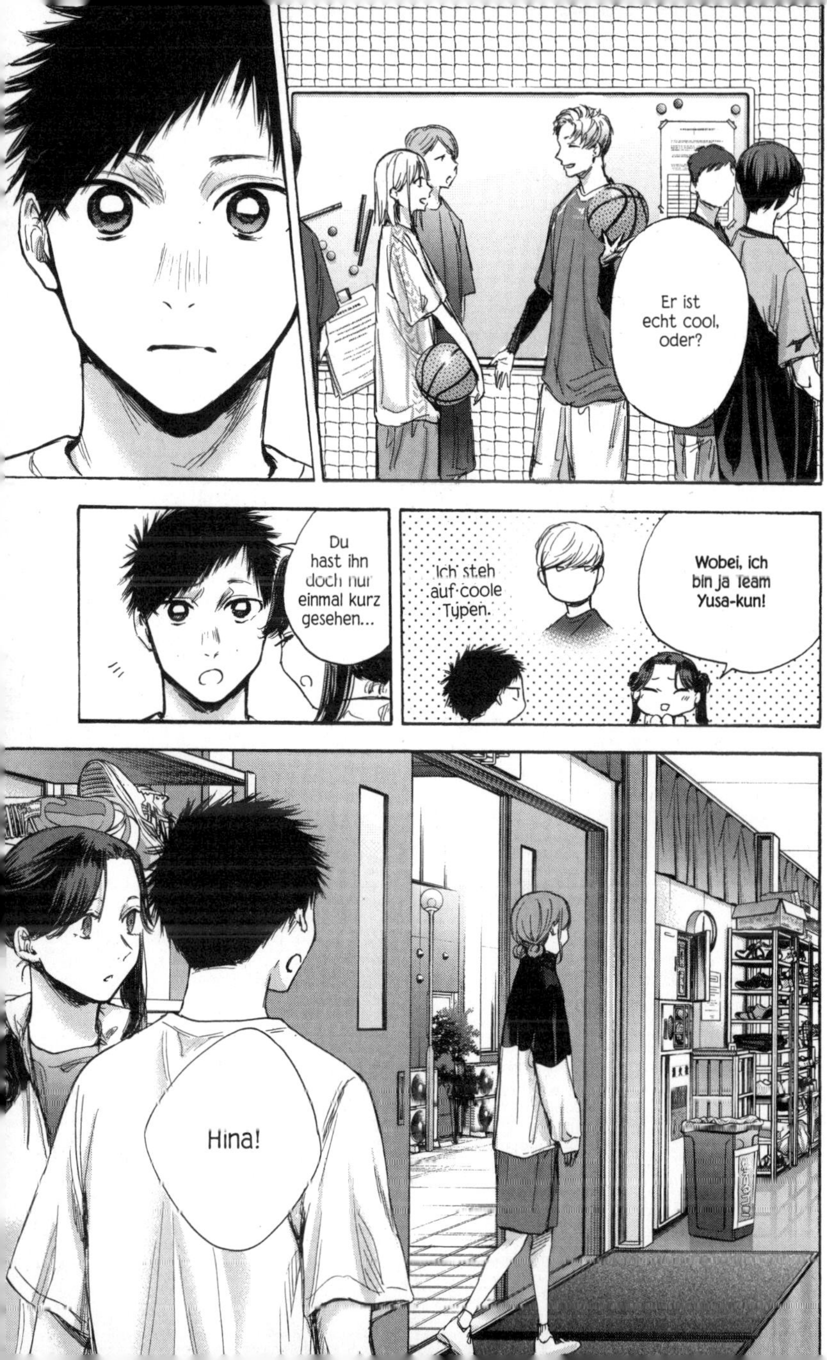
Er ist echt cool, oder?
Wobei, ich bin ja Team Yusa-kun!
Ich steh auf coole Typen.
Du hast ihn doch nur einmal kurz gesehen...
Hina!

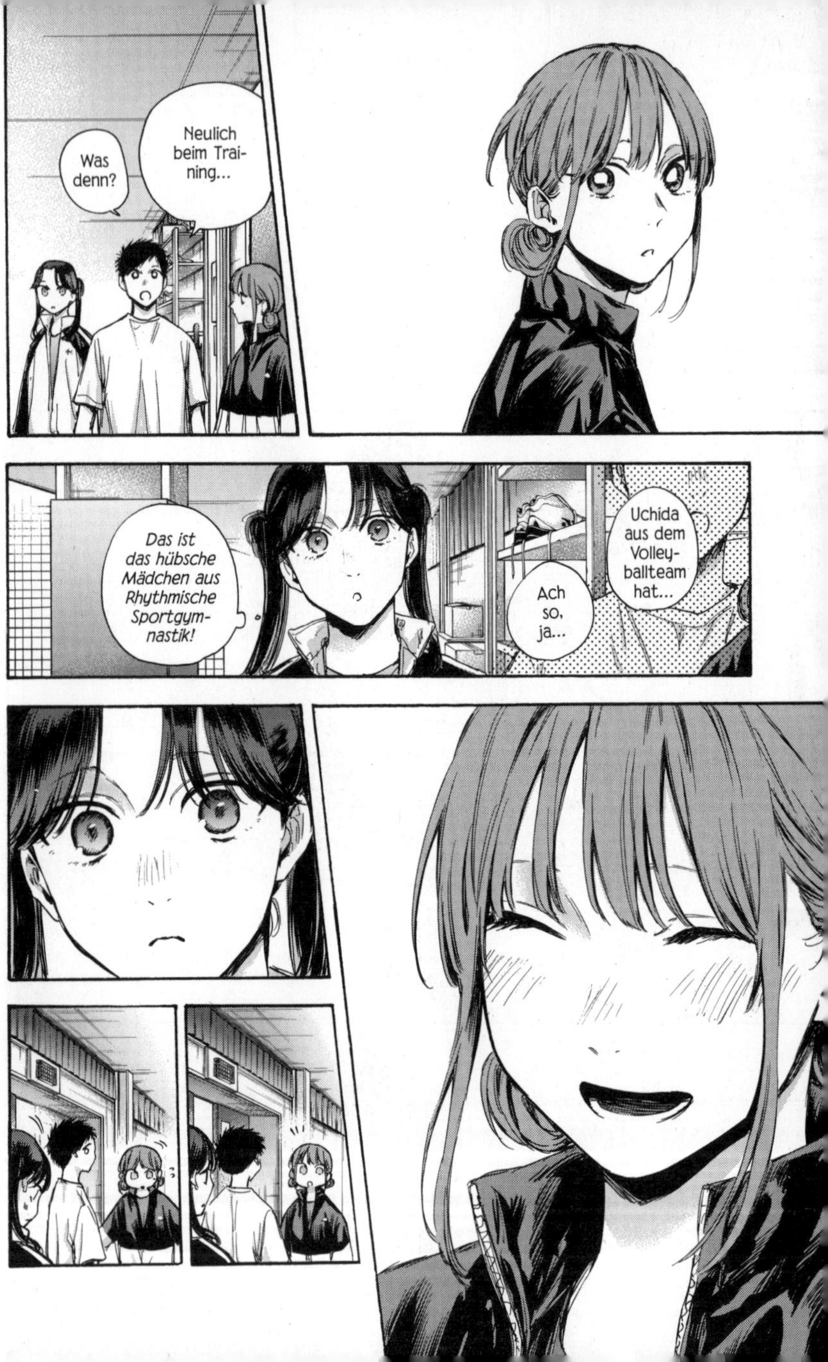
Neulich beim Training...
Was denn?
Uchida aus dem Volleyballteam hat...
Ach so, ja...
Das ist das hübsche Mädchen aus Rhythmische Sportgymnastik!

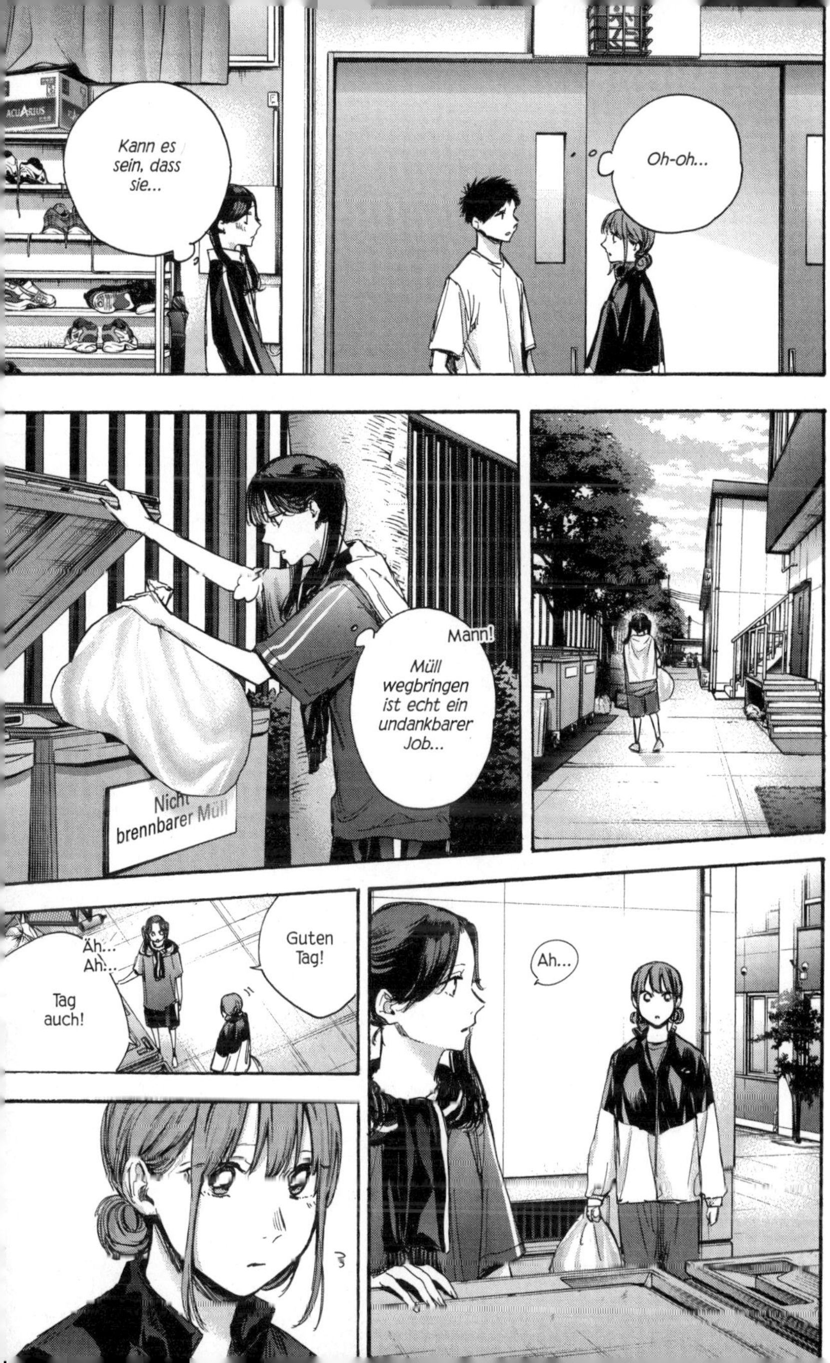

Oh-oh...
Kann es sein, dass sie...
Mann!
Müll wegbringen ist echt ein undankbarer Job...
Nicht brennbarer Müll
Ah...
Guten Tag!
Äh... Äh...
Tag auch!

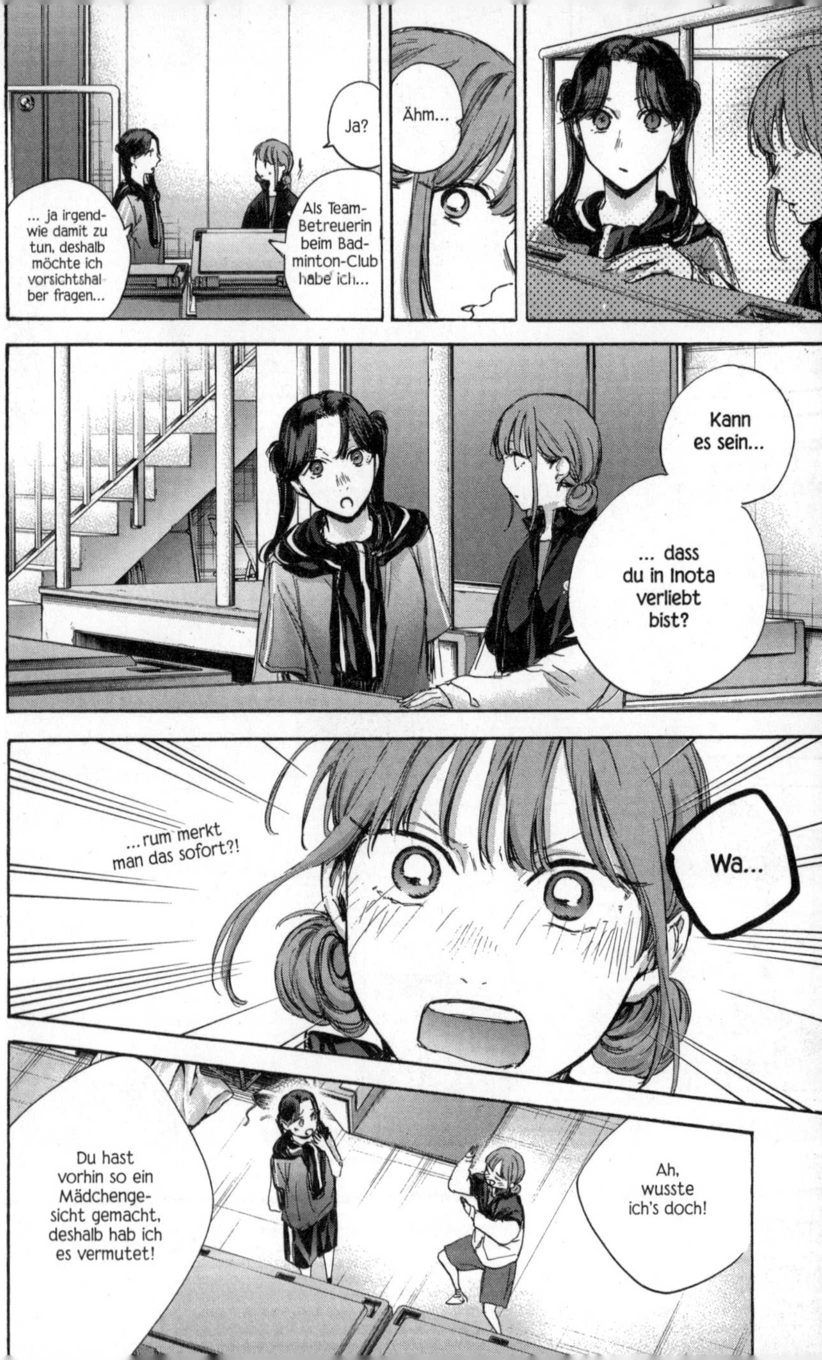
Ähm...
Ja?
Als Team-Betreuerin beim Badminton-Club habe ich...
... ja irgendwie damit zu tun, deshalb möchte ich vorsichtshalber fragen...
Kann es sein...
... dass du in Inota verliebt bist?
Wa...
...rum merkt man das sofort?!
Ah, wusste ich's doch!
Du hast vorhin so ein Mädchengesicht gemacht, deshalb hab ich es vermutet!

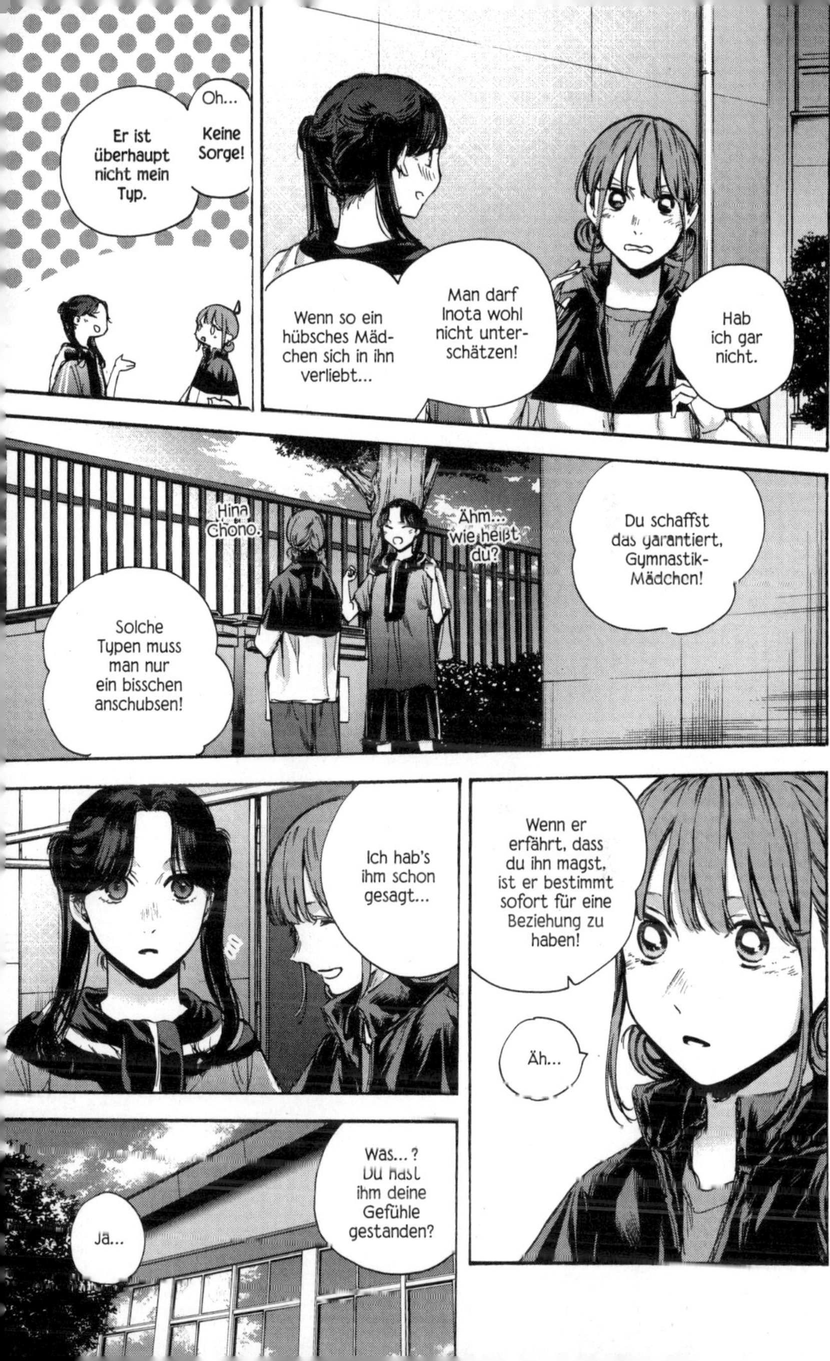
Hab ich gar nicht.
Man darf Inota wohl nicht unterschätzen!
Wenn so ein hübsches Mädchen sich in ihn verliebt...
Oh...
Keine Sorge!
Er ist überhaupt nicht mein Typ.
Du schaffst das garantiert, Gymnastik-Mädchen!
Ähm... wie heißt du?
Hina Chono.
Solche Typen muss man nur ein bisschen anschubsen!
Wenn er erfährt, dass du ihn magst, ist er bestimmt sofort für eine Beziehung zu haben!
Äh...
Ich hab's ihm schon gesagt...
Was...? Du hast ihm deine Gefühle gestanden?
Ja...

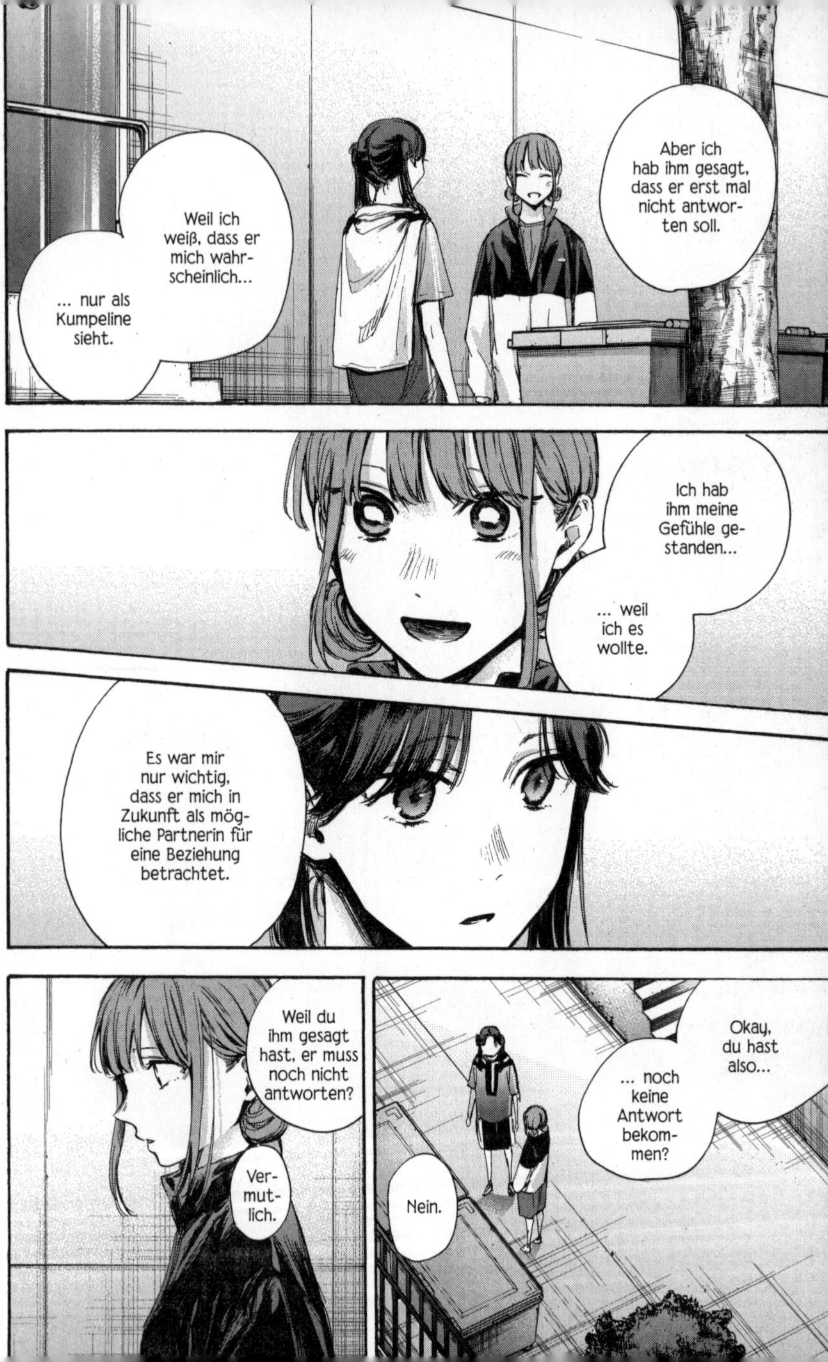
Aber ich hab ihm gesagt, dass er erst mal nicht antworten soll.
Weil ich weiß, dass er mich wahrscheinlich...
... nur als Kumpeline sieht.
Ich hab ihm meine Gefühle gestanden...
... weil ich es wollte.
Es war mir nur wichtig, dass er mich in Zukunft als mögliche Partnerin für eine Beziehung betrachtet.
Okay, du hast also...
... noch keine Antwort bekommen?
Nein.
Weil du ihm gesagt hast, er muss noch nicht antworten?
Vermutlich.

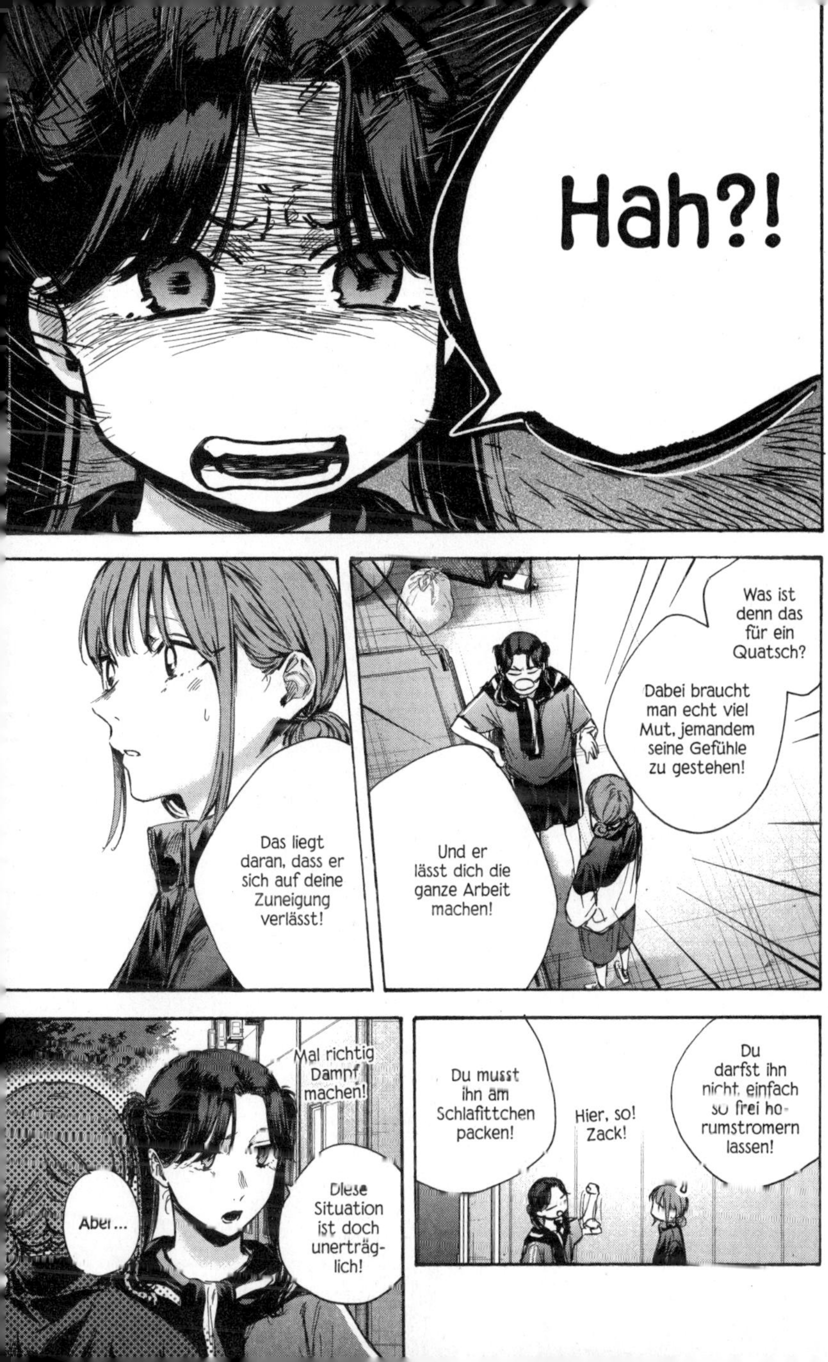
Hah?!
Was ist denn das für ein Quatsch?
Dabei braucht man echt viel Mut, jemandem seine Gefühle zu gestehen!
Und er lässt dich die ganze Arbeit machen!
Das liegt daran, dass er sich auf deine Zuneigung verlässt!
Du darfst ihn nicht einfach so frei herumstromern lassen!
Hier, so! Zack!
Du musst ihn am Schlafittchen packen!
Mal richtig Dampf machen!
Diese Situation ist doch unerträglich!
Aber …

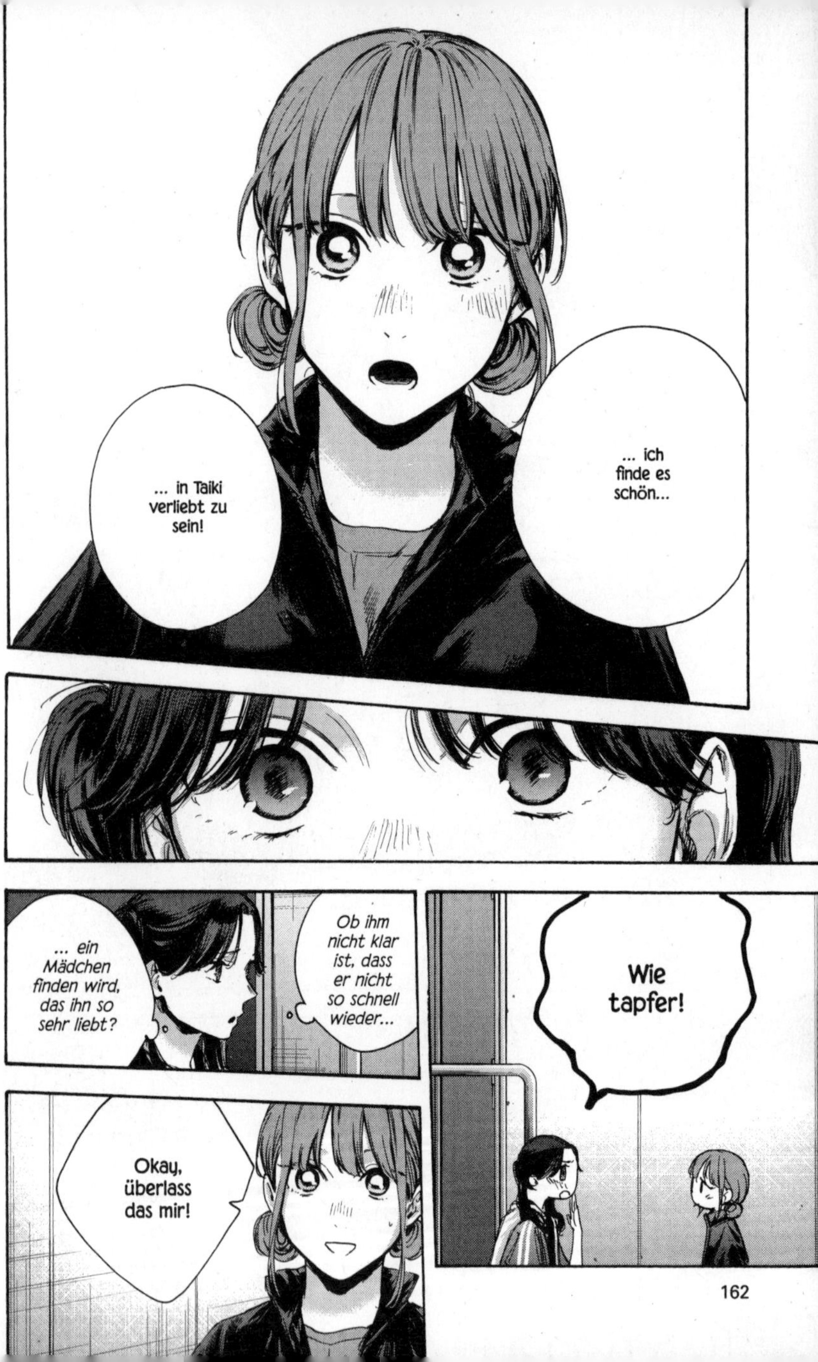
... ich finde es schön...
... in Taiki verliebt zu sein!
Wie tapfer!
Ob ihm nicht klar ist, dass er nicht so schnell wieder...
... ein Mädchen finden wird, das ihn so sehr liebt?
Okay, überlass das mir!

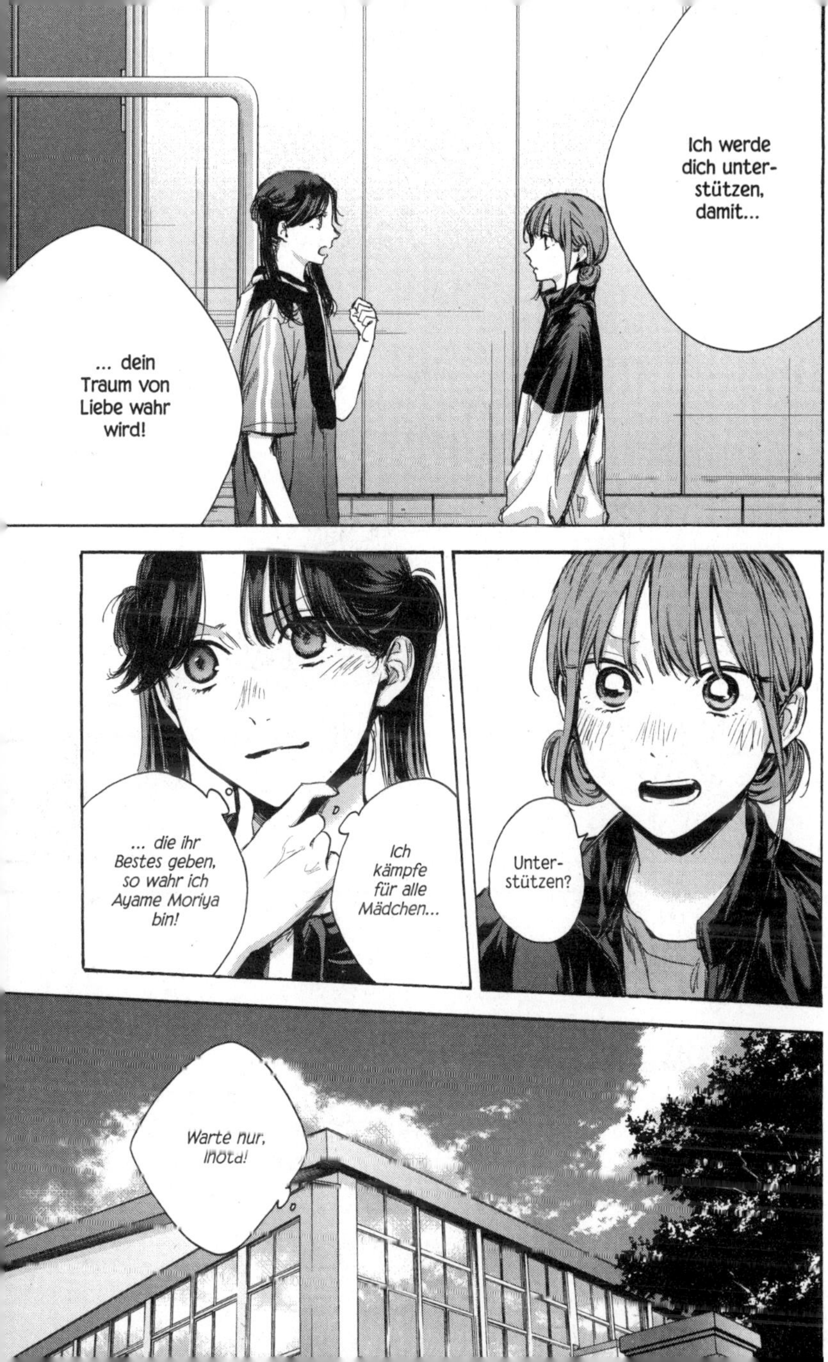
Ich werde dich unter-stützen, damit...
... dein Traum von Liebe wahr wird!
Unter-stützen?
Ich kämpfe für alle Mädchen...
... die ihr Bestes geben, so wahr ich Ayame Moriya bin!
Warte nur, Inota!

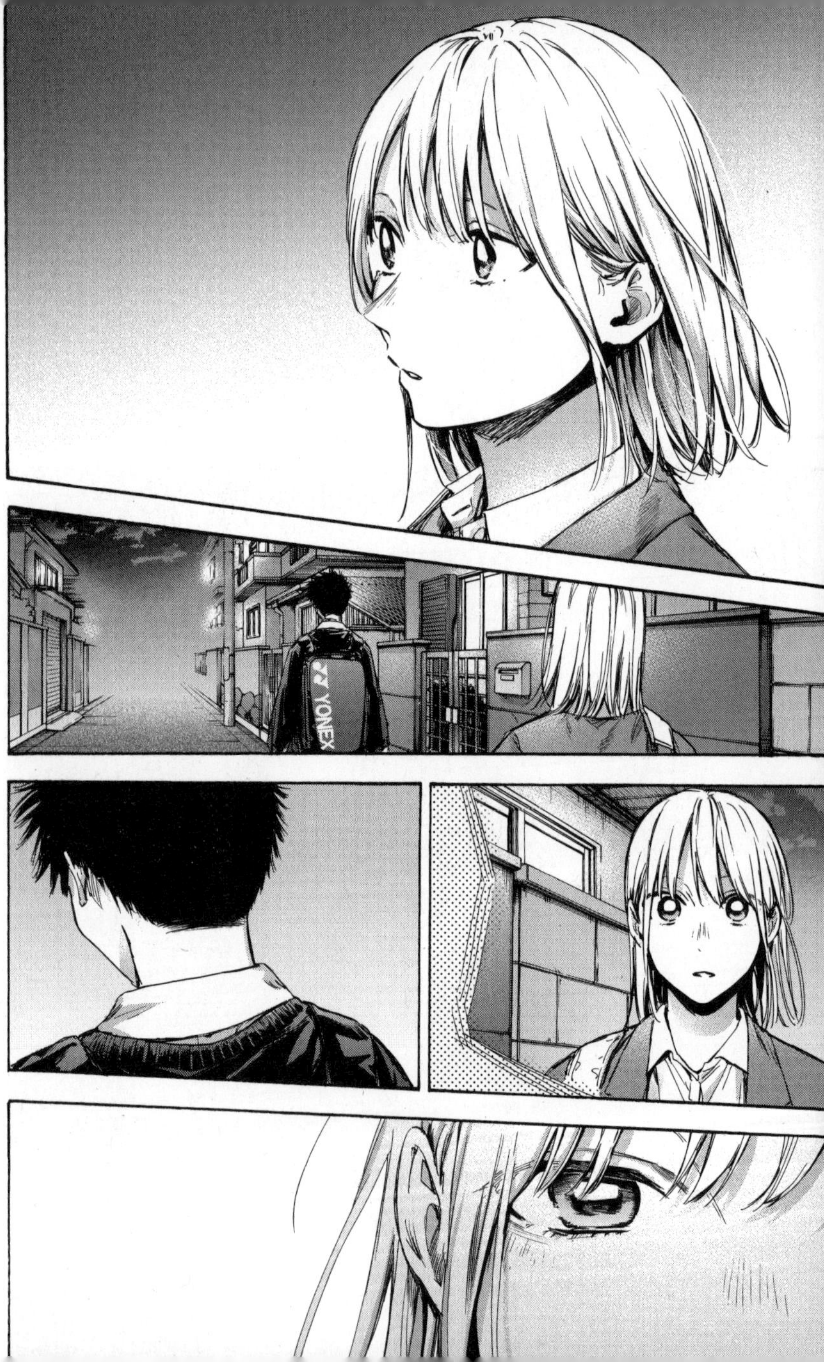
YONEX

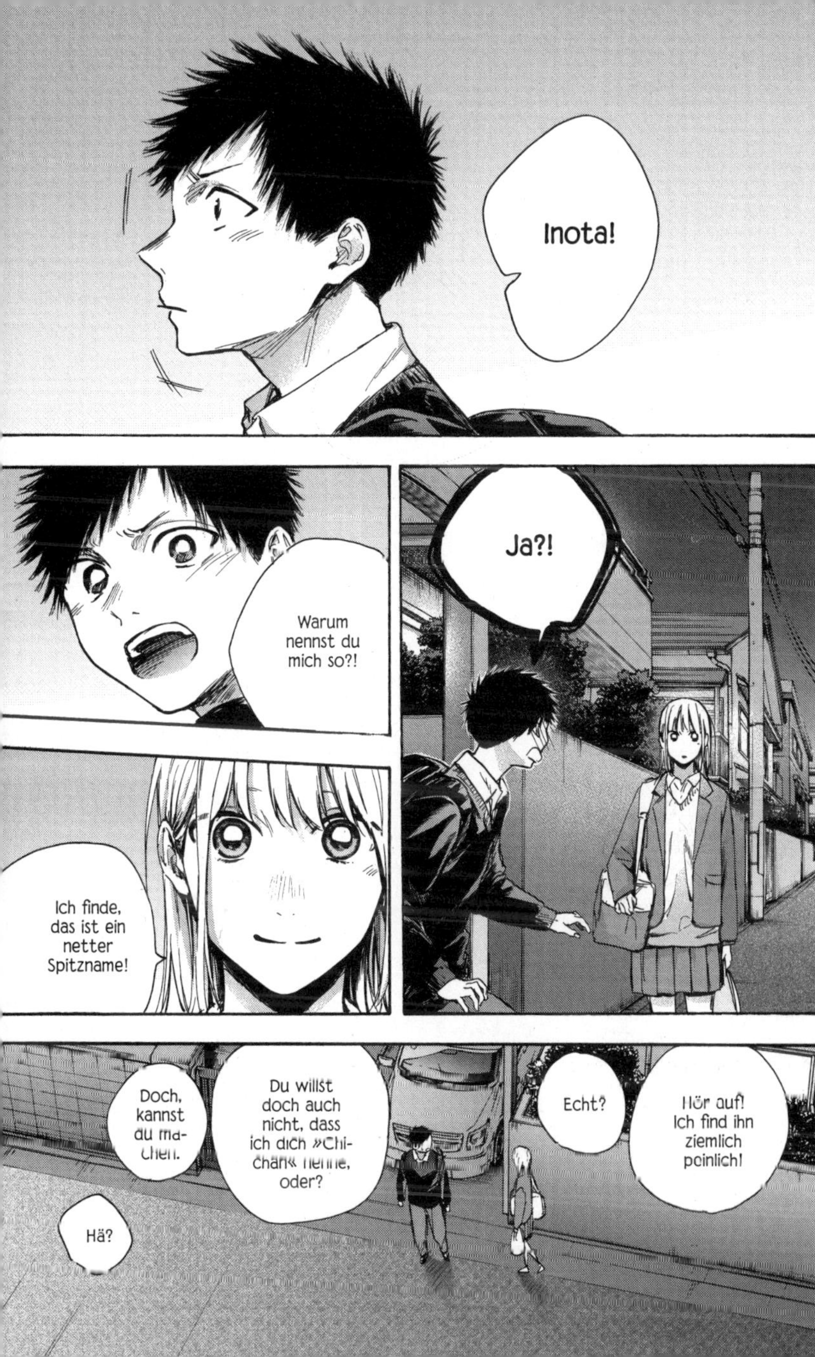
Inota!
Ja?!
Warum nennst du mich so?!
Ich finde, das ist ein netter Spitzname!
Hör auf! Ich find ihn ziemlich peinlich!
Echt?
Du willst doch auch nicht, dass ich dich »Chi-Chan« nenne, oder?
Doch, kannst du ma-chen.
Hä?

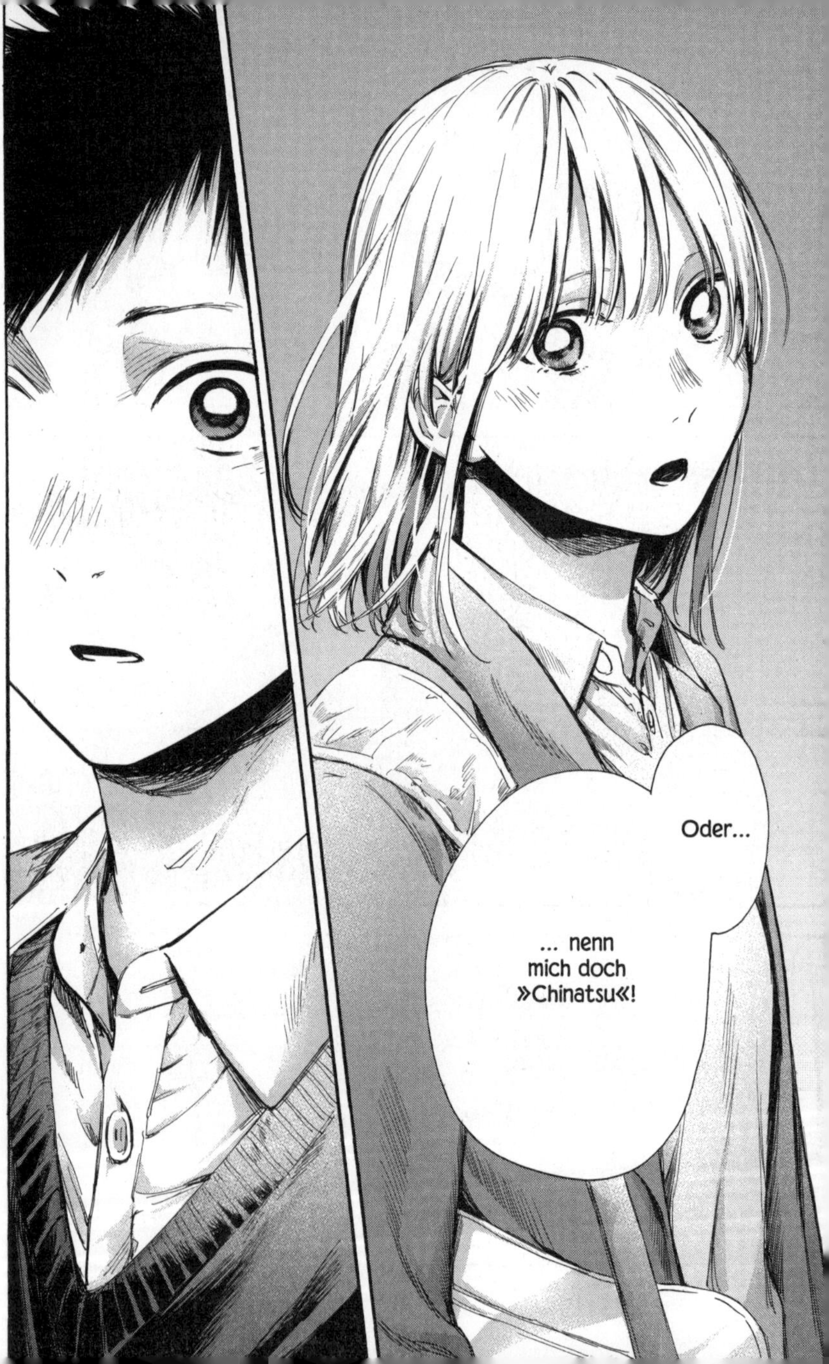
Oder...
... nenn mich doch »Chinatsu«!

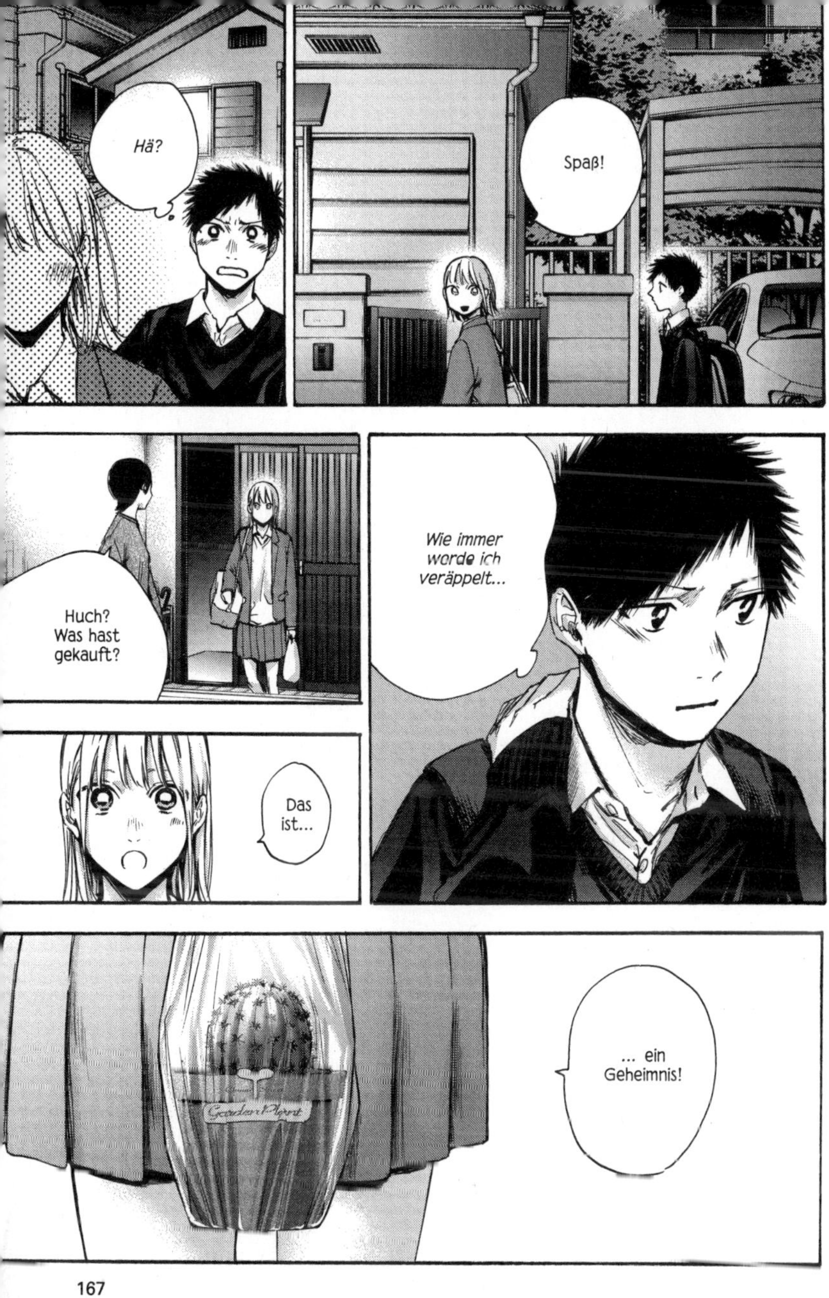
Spaß!
Hä?
Wie immer werde ich veräppelt...
Huch? Was hast gekauft?
Das ist...
... ein Geheimnis!

Blue Box

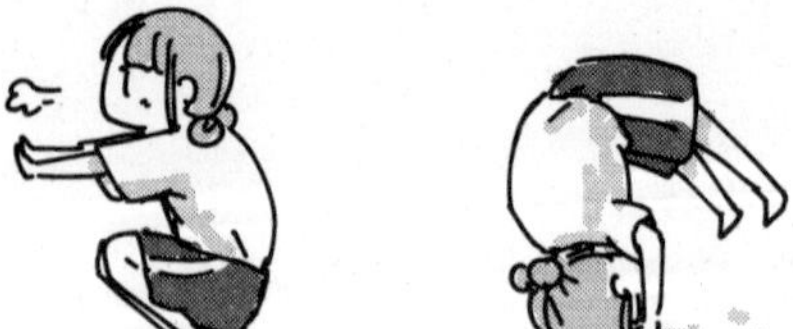

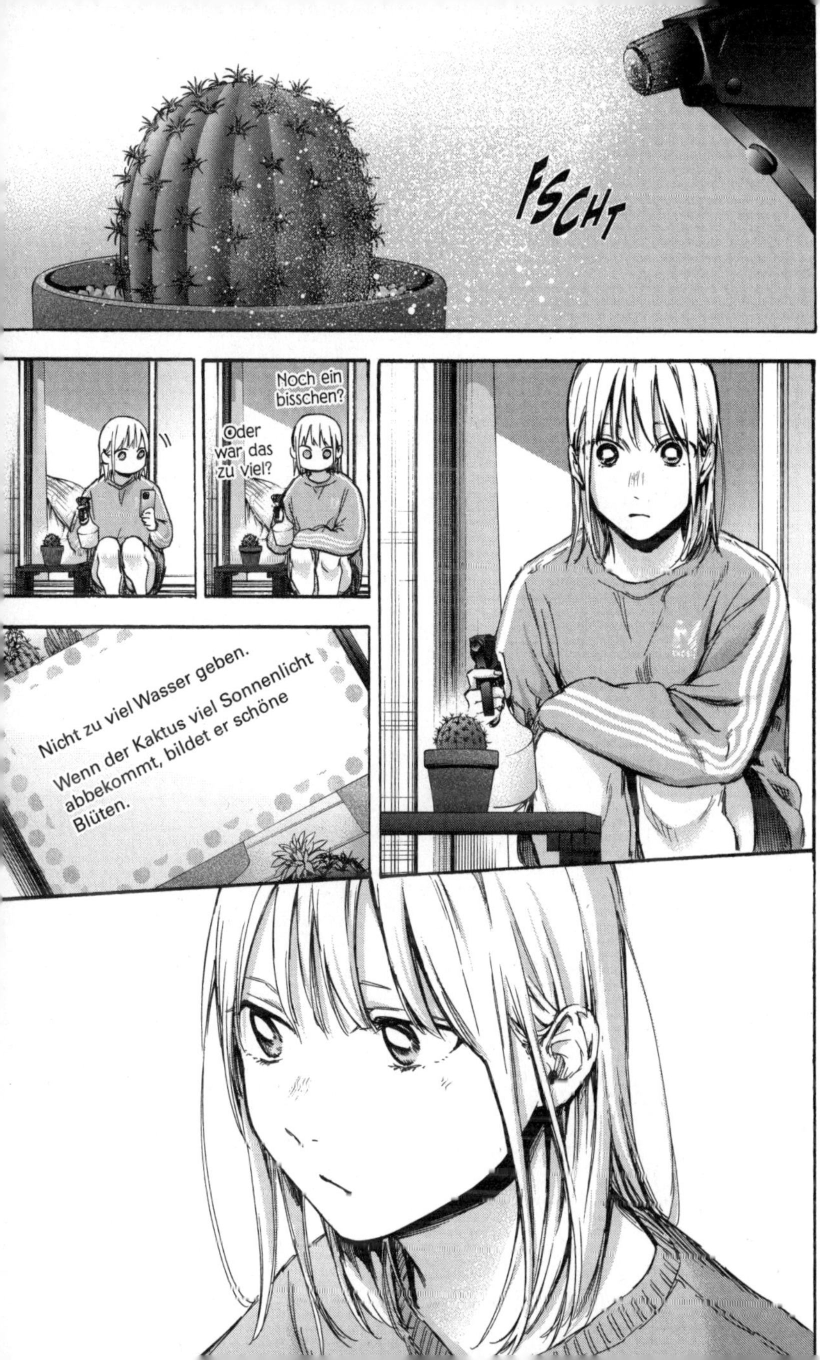
FSCHT
Noch ein bisschen?
Oder war das zu viel?
Nicht zu viel Wasser geben.
Wenn der Kaktus viel Sonnenlicht abbekommt, bildet er schöne Blüten.

#70
Ein spannendes Event

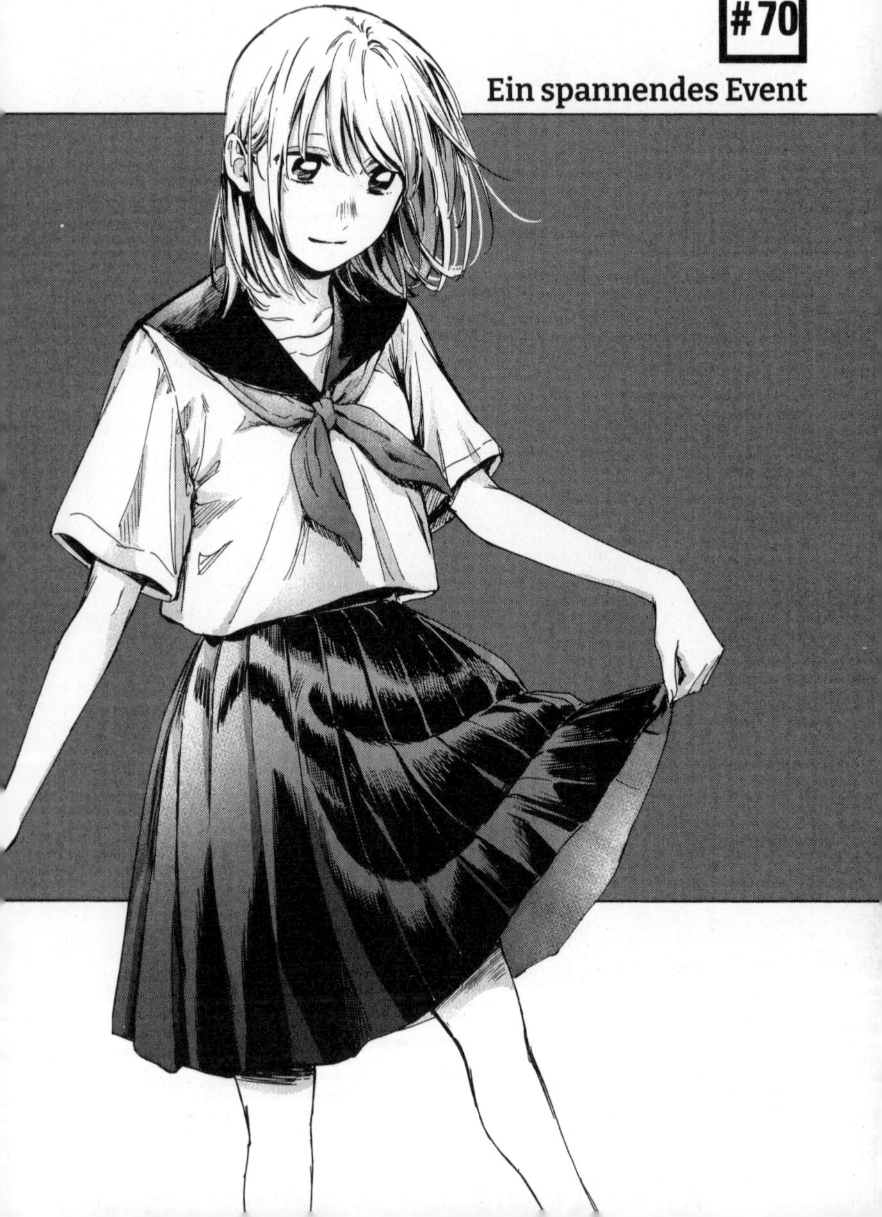

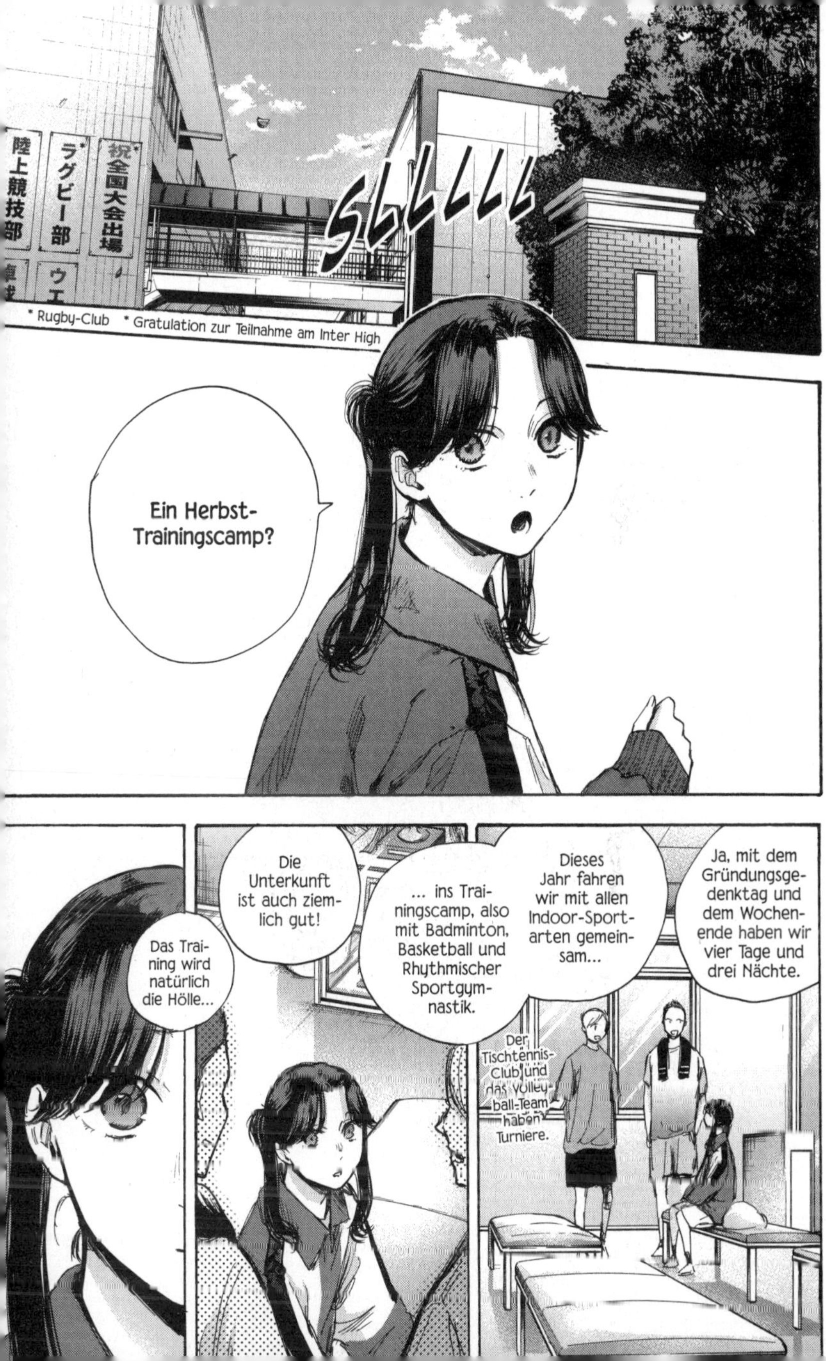
祝全国大会出場
ラグビー部
陸上競技部
SLLLLL
* Rugby-Club * Gratulation zur Teilnahme am Inter High
Ein Herbst-Trainingscamp?
Ja, mit dem Gründungsgedenktag und dem Wochenende haben wir vier Tage und drei Nächte.
Dieses Jahr fahren wir mit allen Indoor-Sportarten gemeinsam...
... ins Trainingscamp, also mit Badminton, Basketball und Rhythmischer Sportgymnastik.
Die Unterkunft ist auch ziemlich gut!
Das Training wird natürlich die Hölle...
Der Tischtennis-Club und das Volleyball-Team haben Turniere.

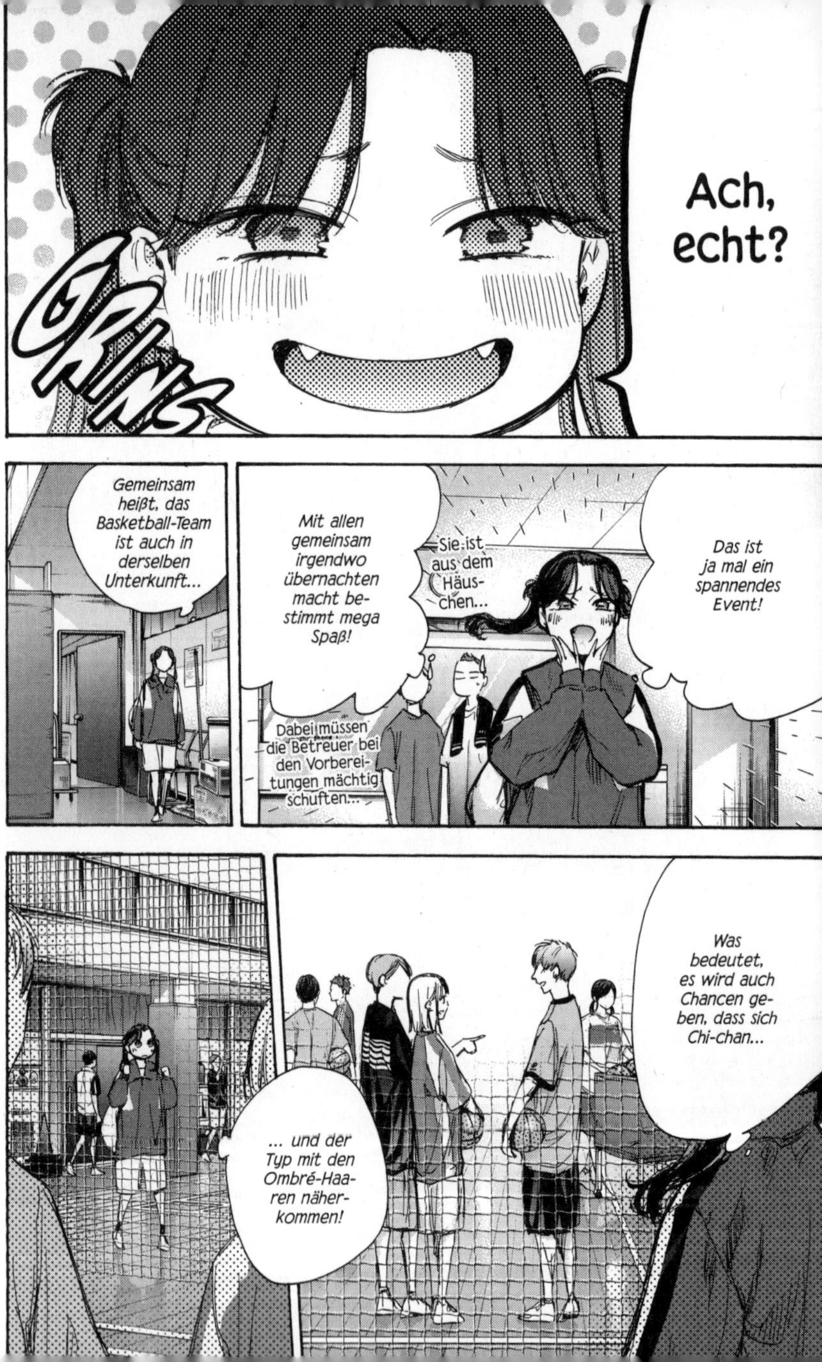
Ach, echt?
GRINS
Das ist ja mal ein spannendes Event!
Sie ist aus dem Häuschen...
Mit allen gemeinsam irgendwo übernachten macht bestimmt mega Spaß!
Dabei müssen die Betreuer bei den Vorbereitungen mächtig schuften...
Gemeinsam heißt, das Basketball-Team ist auch in derselben Unterkunft...
Was bedeutet, es wird auch Chancen geben, dass sich Chi-chan...
... und der Typ mit den Ombré-Haaren näherkommen!

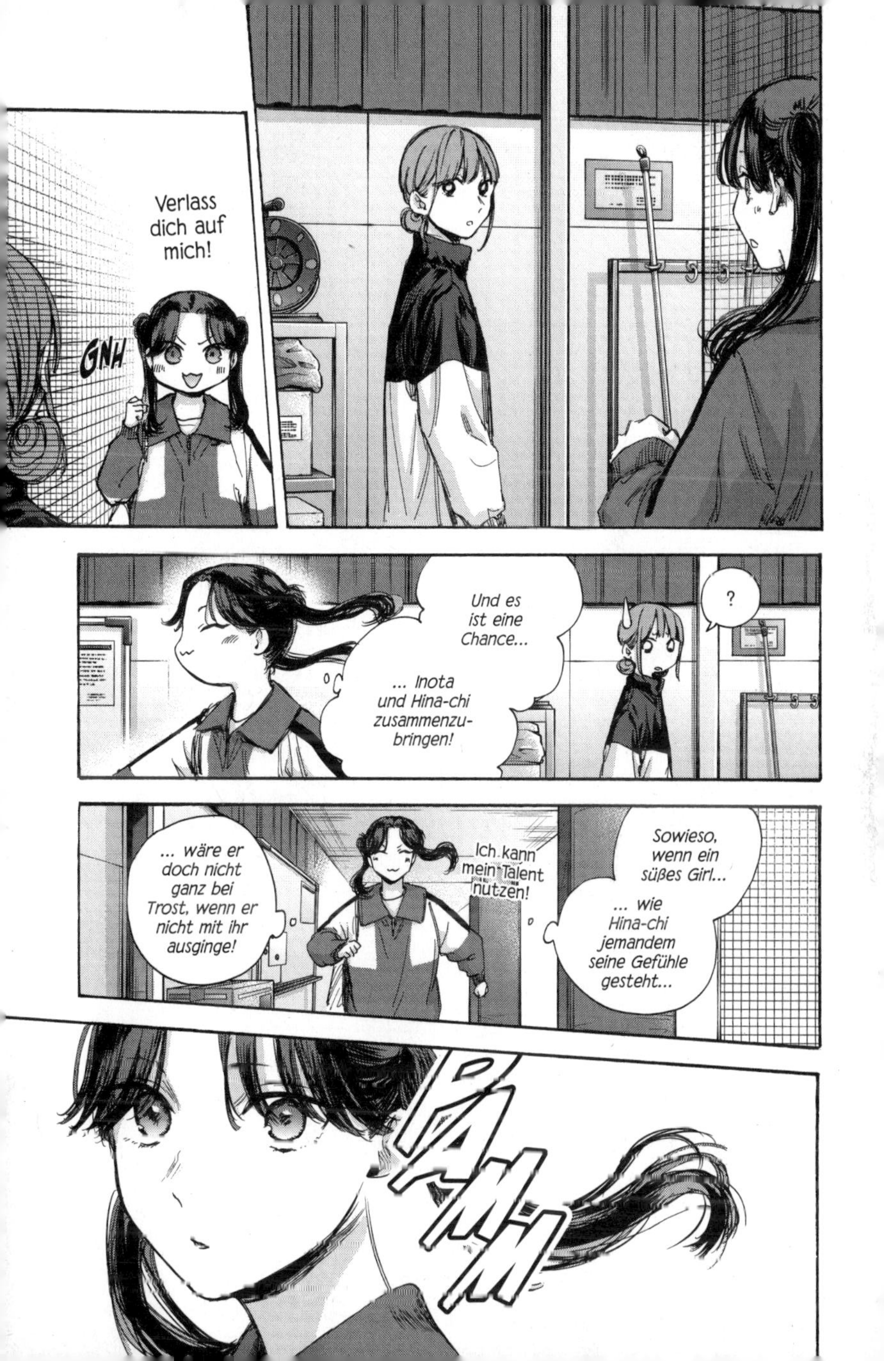
Verlass dich auf mich!
GNH
?
Und es ist eine Chance...
... Inota und Hina-chi zusammenzubringen!
Sowieso, wenn ein süßes Girl...
... wie Hina-chi jemandem seine Gefühle gesteht...
Ich kann mein Talent nutzen!
... wäre er doch nicht ganz bei Trost, wenn er nicht mit ihr ausginge!
PAMM

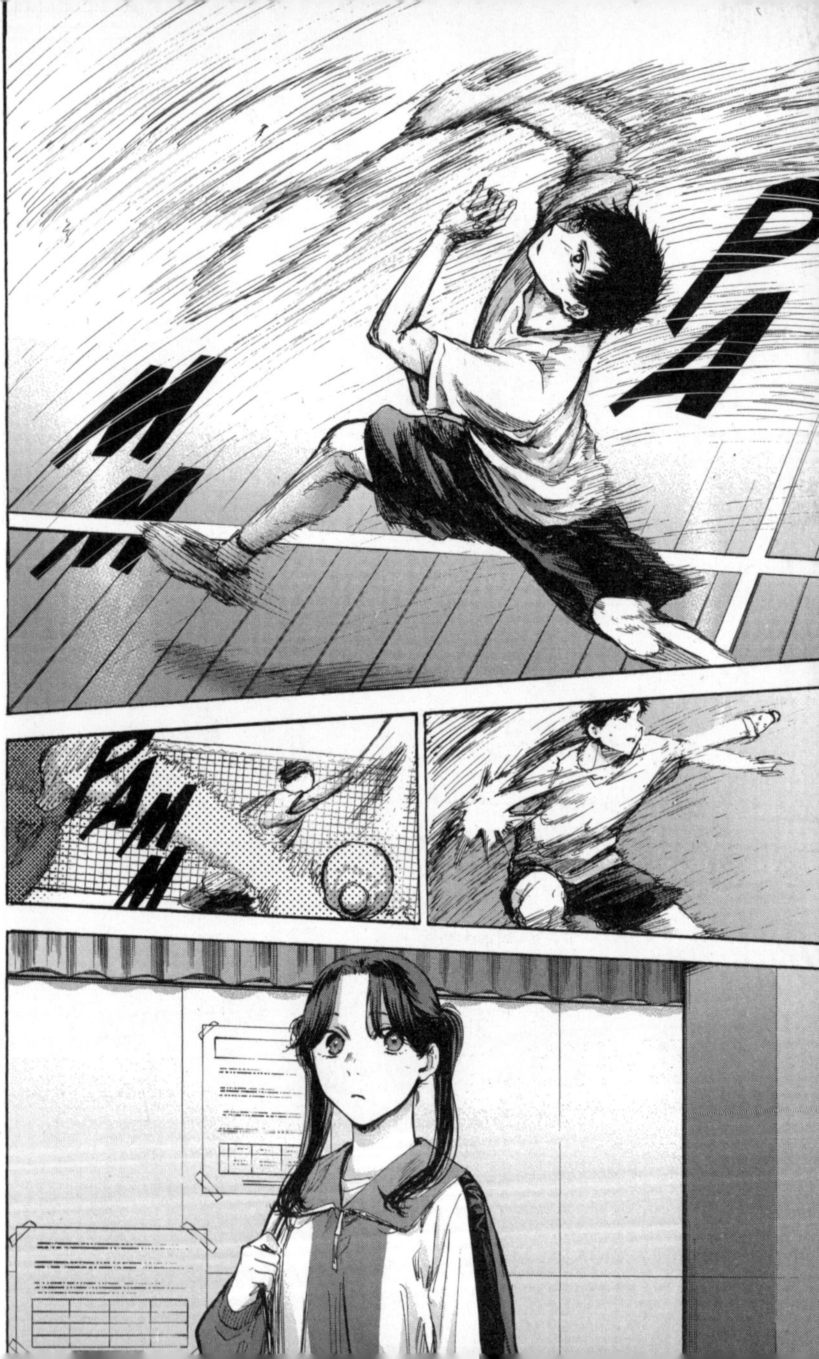
PAMMM
PAMM

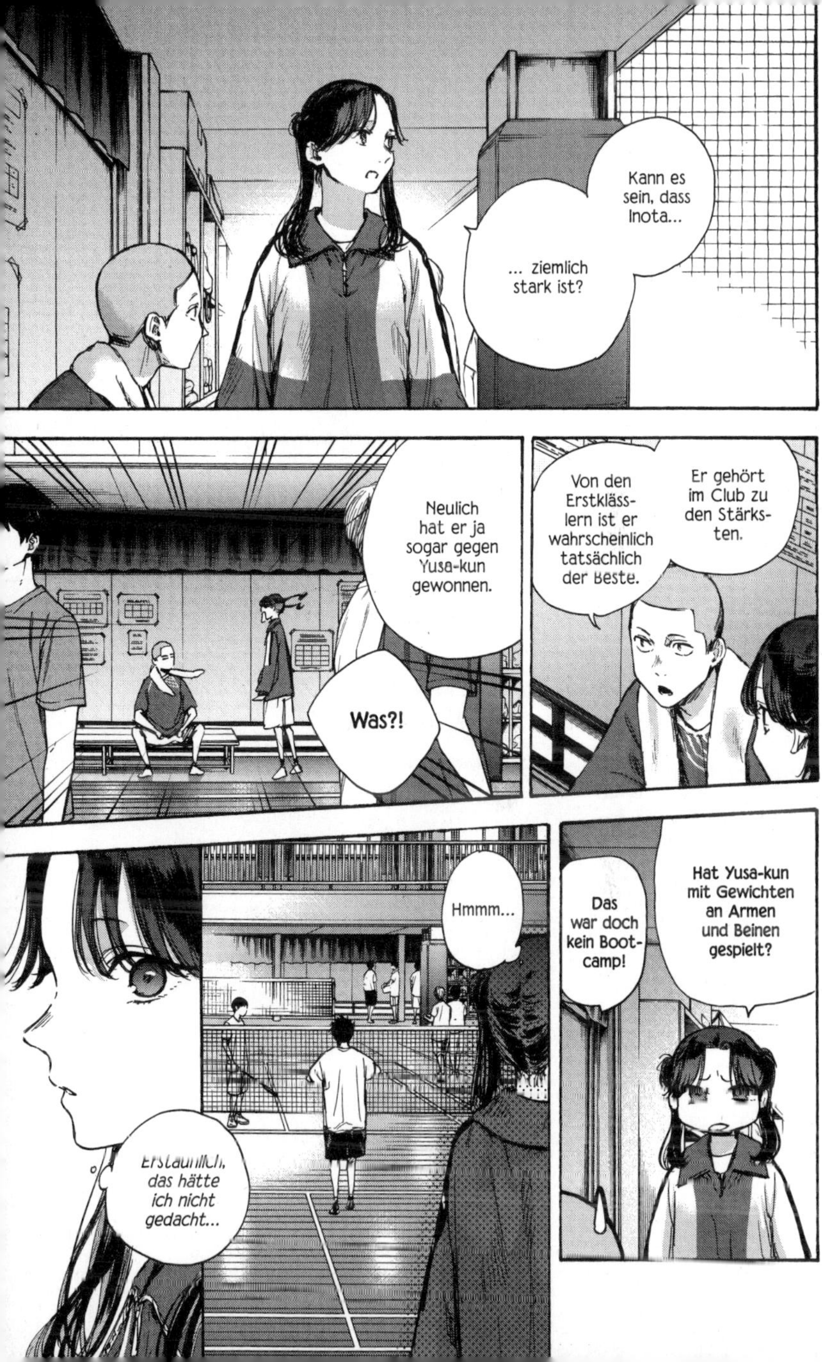
Kann es sein, dass Inota...
... ziemlich stark ist?
Er gehört im Club zu den Stärksten.
Von den Erstklässlern ist er wahrscheinlich tatsächlich der Beste.
Neulich hat er ja sogar gegen Yusa-kun gewonnen.
Was?!
Hat Yusa-kun mit Gewichten an Armen und Beinen gespielt?
Das war doch kein Bootcamp!
Hmmm...
Erstaunlich, das hätte ich nicht gedacht...

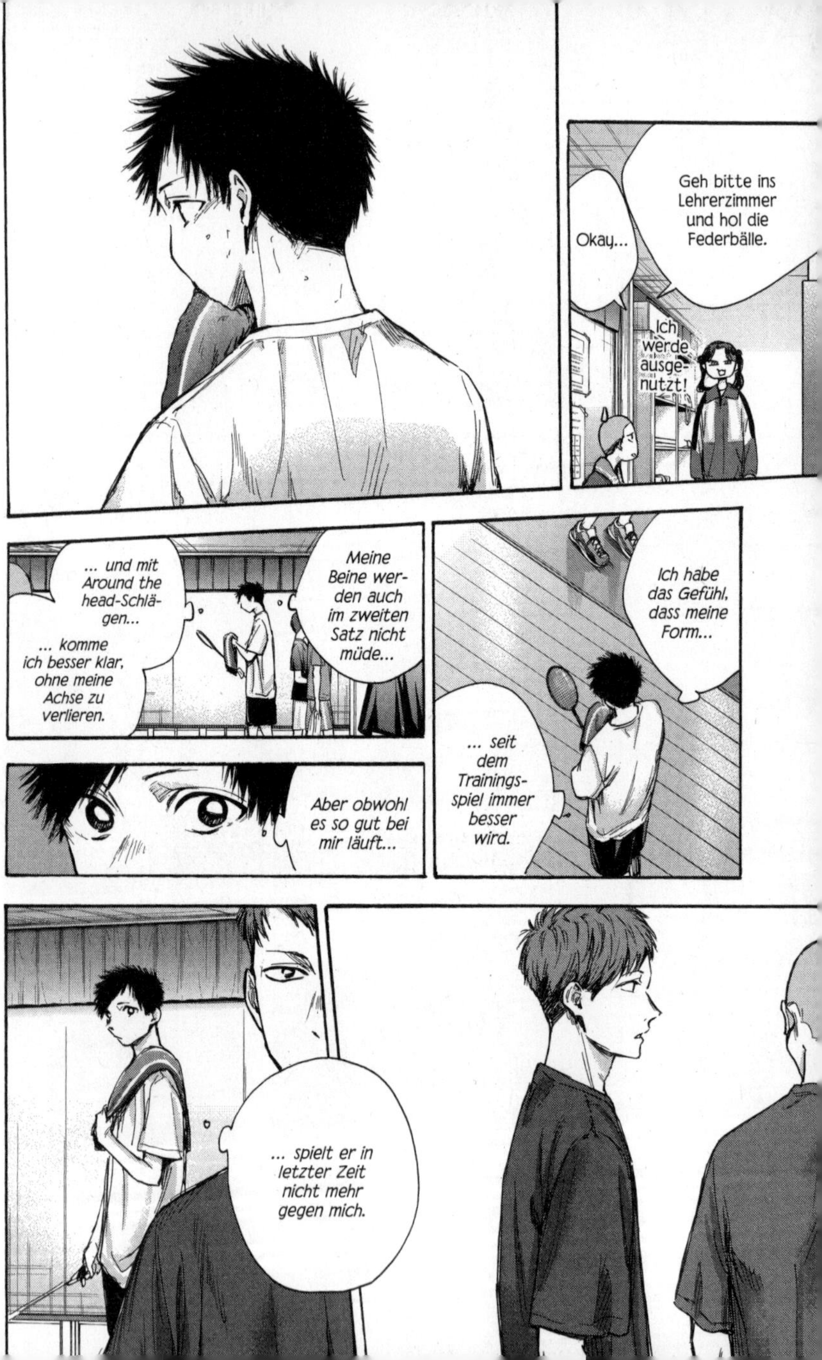

Geh bitte ins Lehrerzimmer und hol die Federbälle.
Okay...
Ich werde ausgenutzt!
Ich habe das Gefühl, dass meine Form...
... seit dem Trainingsspiel immer besser wird.
Meine Beine werden auch im zweiten Satz nicht müde...
... und mit Around the head-Schlägen...
... komme ich besser klar, ohne meine Achse zu verlieren.
Aber obwohl es so gut bei mir läuft...
... spielt er in letzter Zeit nicht mehr gegen mich.

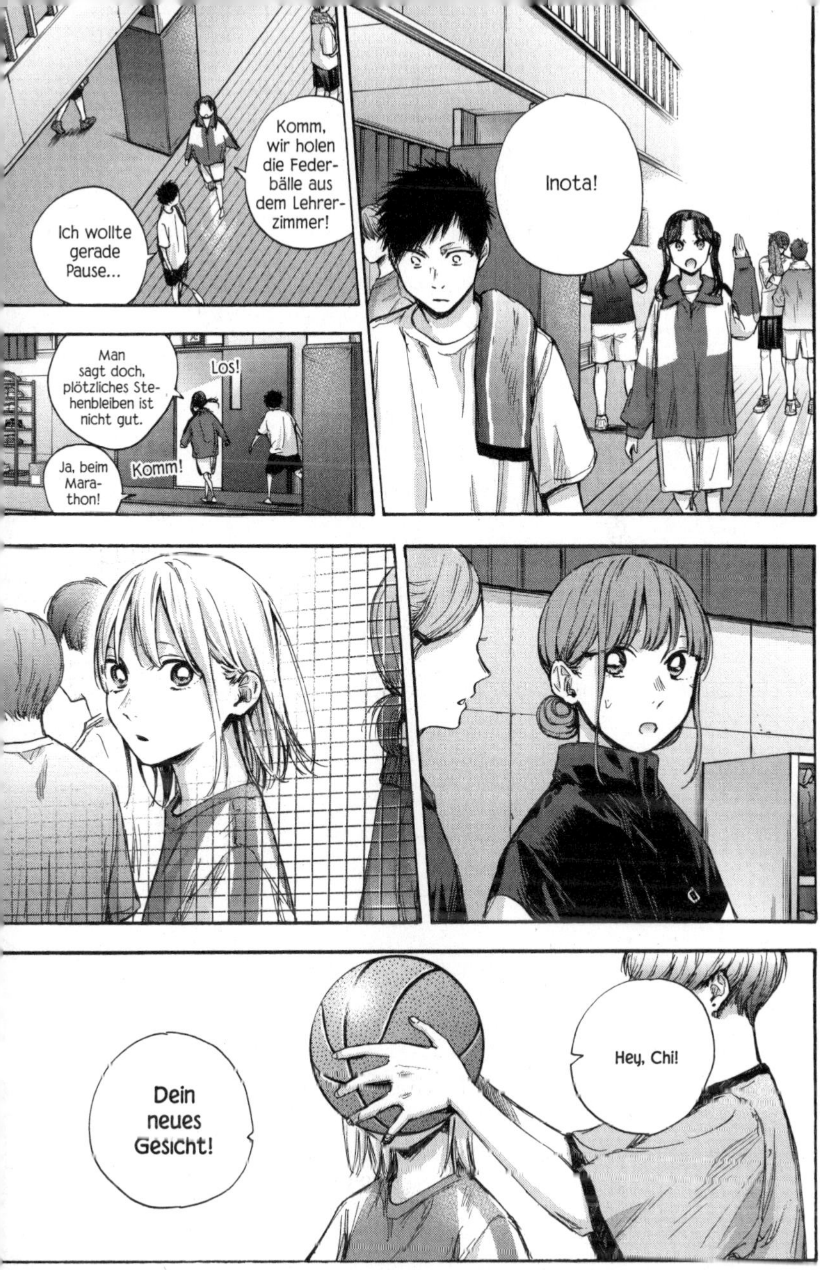
Inota!
Komm, wir holen die Federbälle aus dem Lehrerzimmer!
Ich wollte gerade Pause...
Los!
Man sagt doch, plötzliches Stehenbleiben ist nicht gut.
Komm!
Ja, beim Marathon!
Hey, Chi!
Dein neues Gesicht!

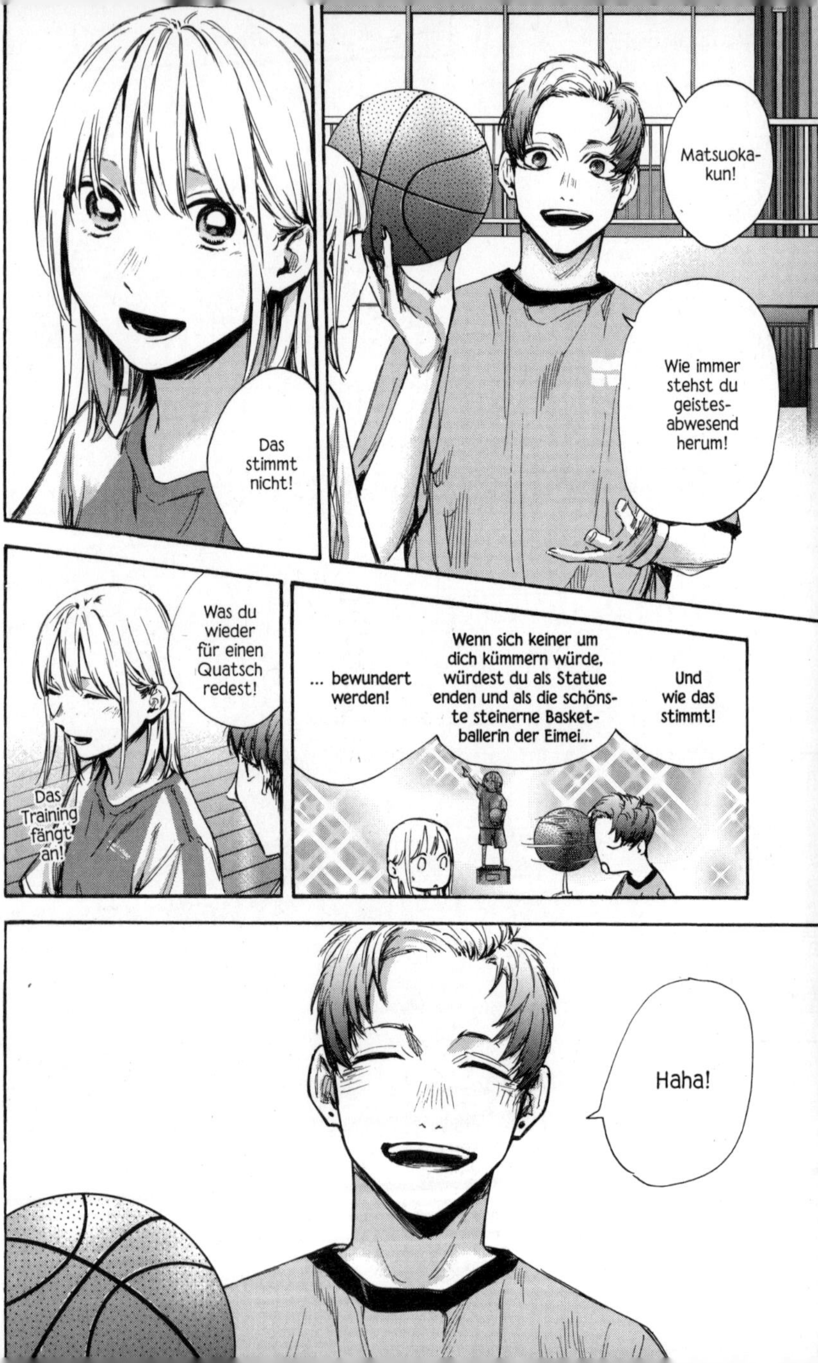
Matsuoka-kun!
Wie immer stehst du geistes-abwesend herum!
Das stimmt nicht!
Und wie das stimmt!
Wenn sich keiner um dich kümmern würde, würdest du als Statue enden und als die schönste steinerne Basketballerin der Eimei...
... bewundert werden!
Was du wieder für einen Quatsch redest!
Das Training fängt an!
Haha!

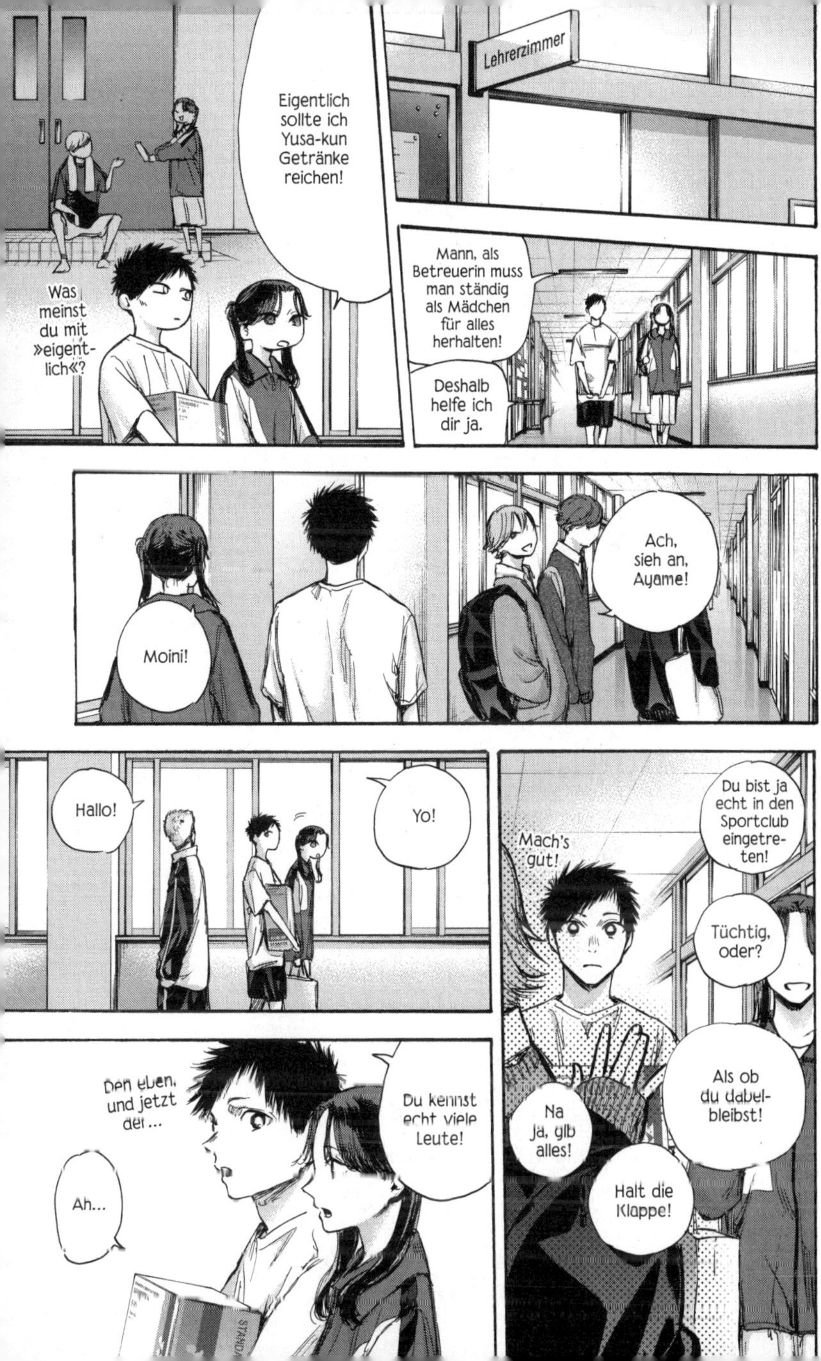

Lehrerzimmer
Mann, als Betreuerin muss man ständig als Mädchen für alles herhalten!
Deshalb helfe ich dir ja.
Eigentlich sollte ich Yusa-kun Getränke reichen!
Was meinst du mit »eigentlich«?
Ach, sieh an, Ayame!
Moini!
Du bist ja echt in den Sportclub eingetreten!
Tüchtig, oder?
Mach's gut!
Als ob du dabeibleibst!
Na ja, gib alles!
Halt die Klappe!
Yo!
Hallo!
Du kennst echt viele Leute!
Den eben, und jetzt der ...
Ah...

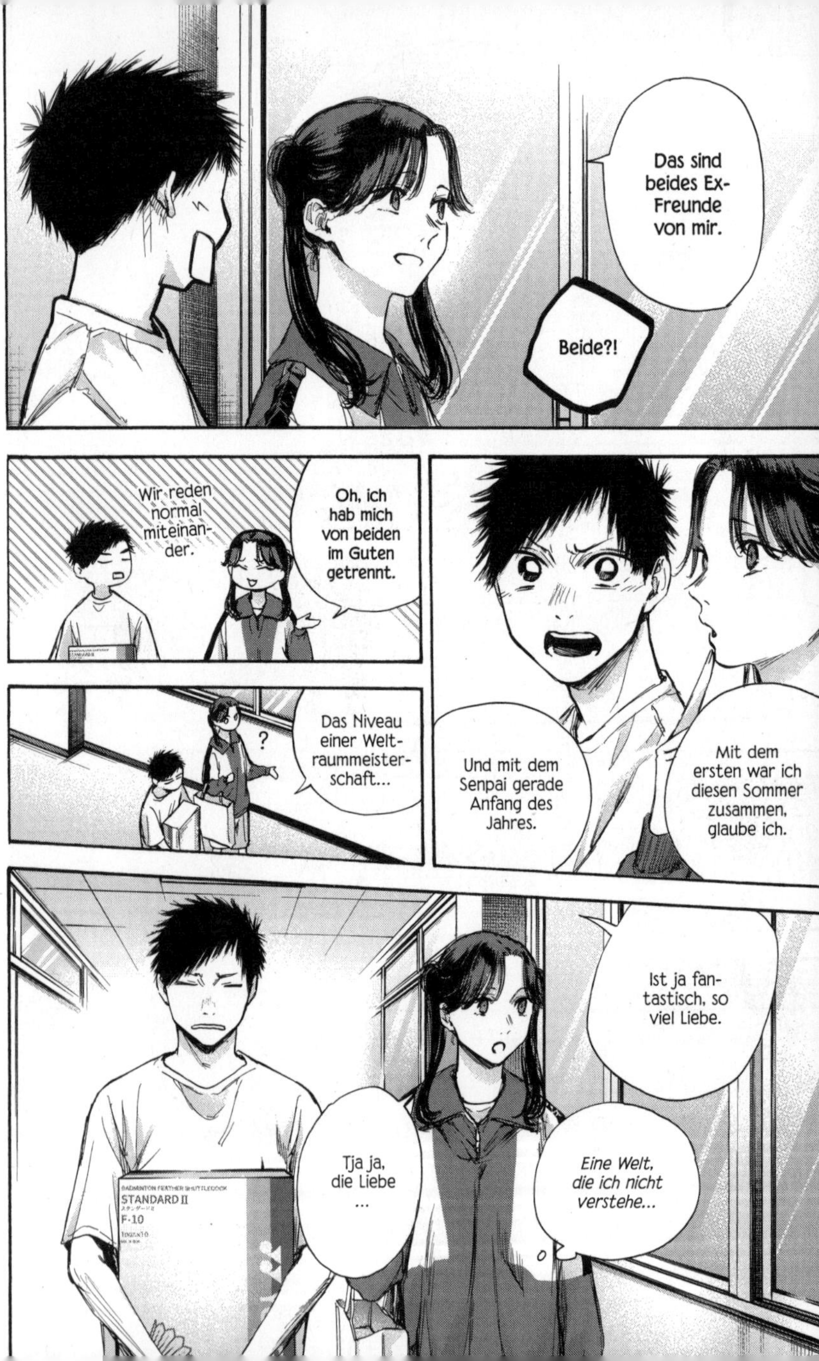
Das sind beides Ex-Freunde von mir.
Beide?!
Mit dem ersten war ich diesen Sommer zusammen, glaube ich.
Und mit dem Senpai gerade Anfang des Jahres.
Oh, ich hab mich von beiden im Guten getrennt.
Wir reden normal miteinander.
Das Niveau einer Weltraummeisterschaft...
?
Ist ja fantastisch, so viel Liebe.
Eine Welt, die ich nicht verstehe...
Tja ja, die Liebe ...
STANDARD II
F-10

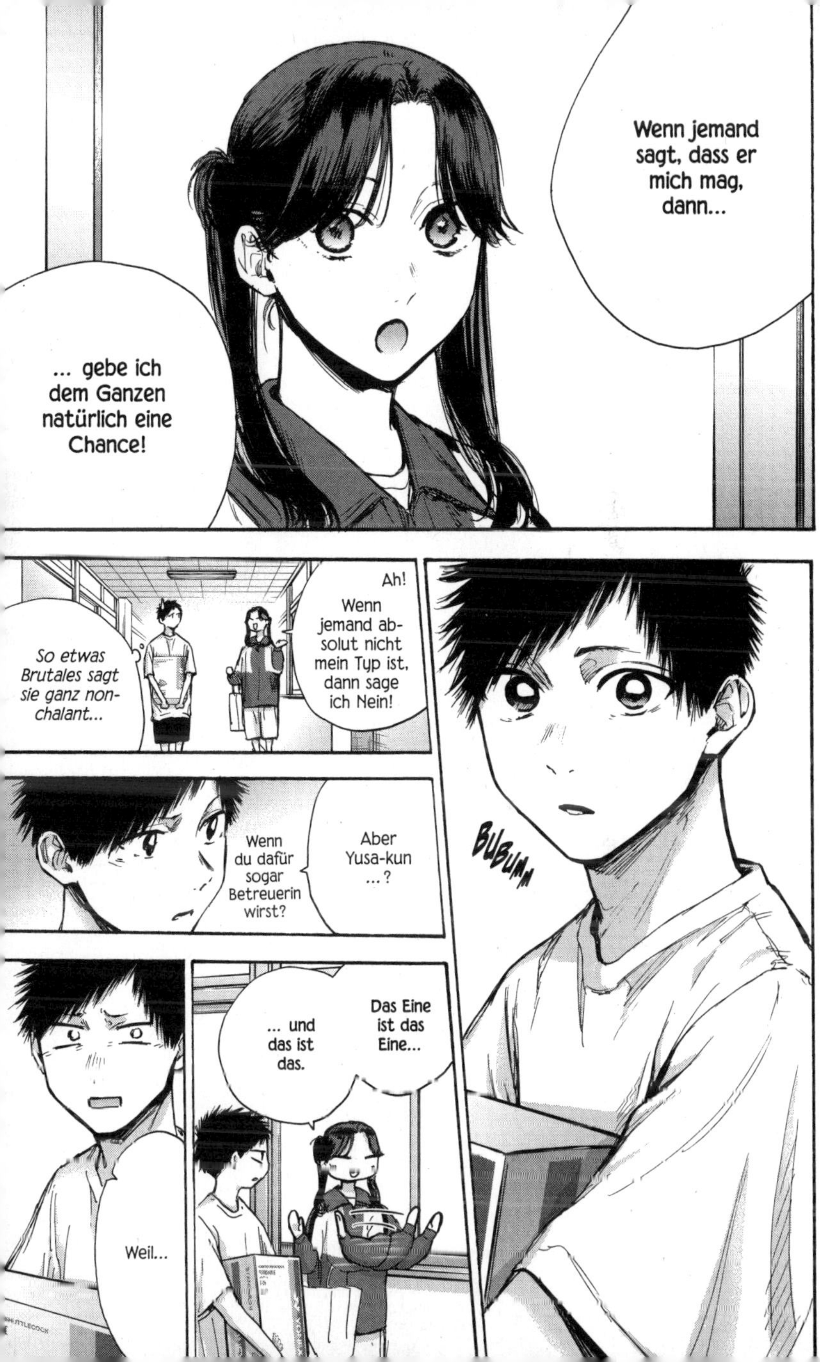
Wenn jemand sagt, dass er mich mag, dann...
... gebe ich dem Ganzen natürlich eine Chance!
Ah! Wenn jemand absolut nicht mein Typ ist, dann sage ich Nein!
So etwas Brutales sagt sie ganz nonchalant...
BUBUMM
Aber Yusa-kun ...?
Wenn du dafür sogar Betreuerin wirst?
Das Eine ist das Eine...
... und das ist das.
Weil...

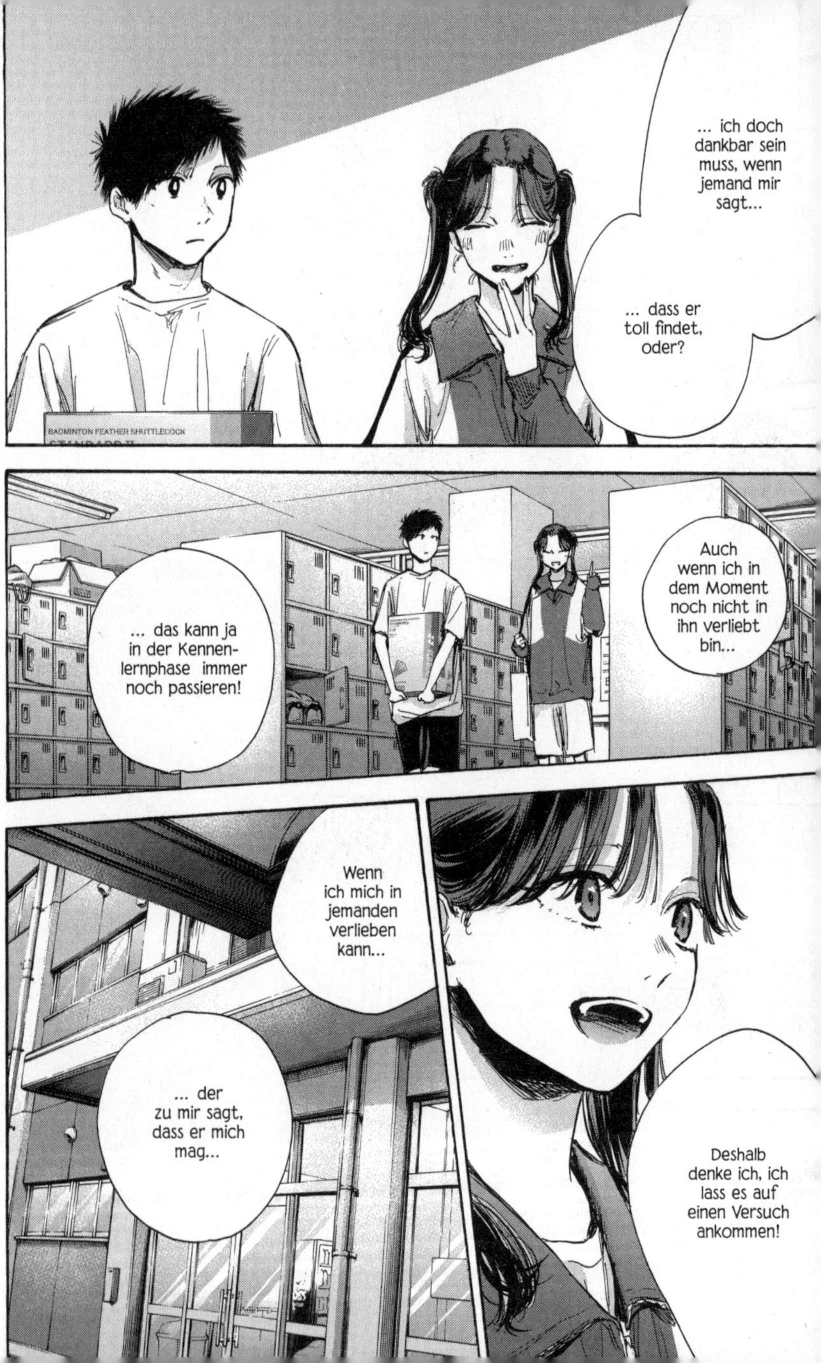
... ich doch dankbar sein muss, wenn jemand mir sagt...
... dass er toll findet, oder?
BADMINTON FEATHER SHUTTLECOCK
Auch wenn ich in dem Moment noch nicht in ihn verliebt bin...
... das kann ja in der Kennenlernphase immer noch passieren!
Wenn ich mich in jemanden verlieben kann...
... der zu mir sagt, dass er mich mag...
Deshalb denke ich, ich lass es auf einen Versuch ankommen!

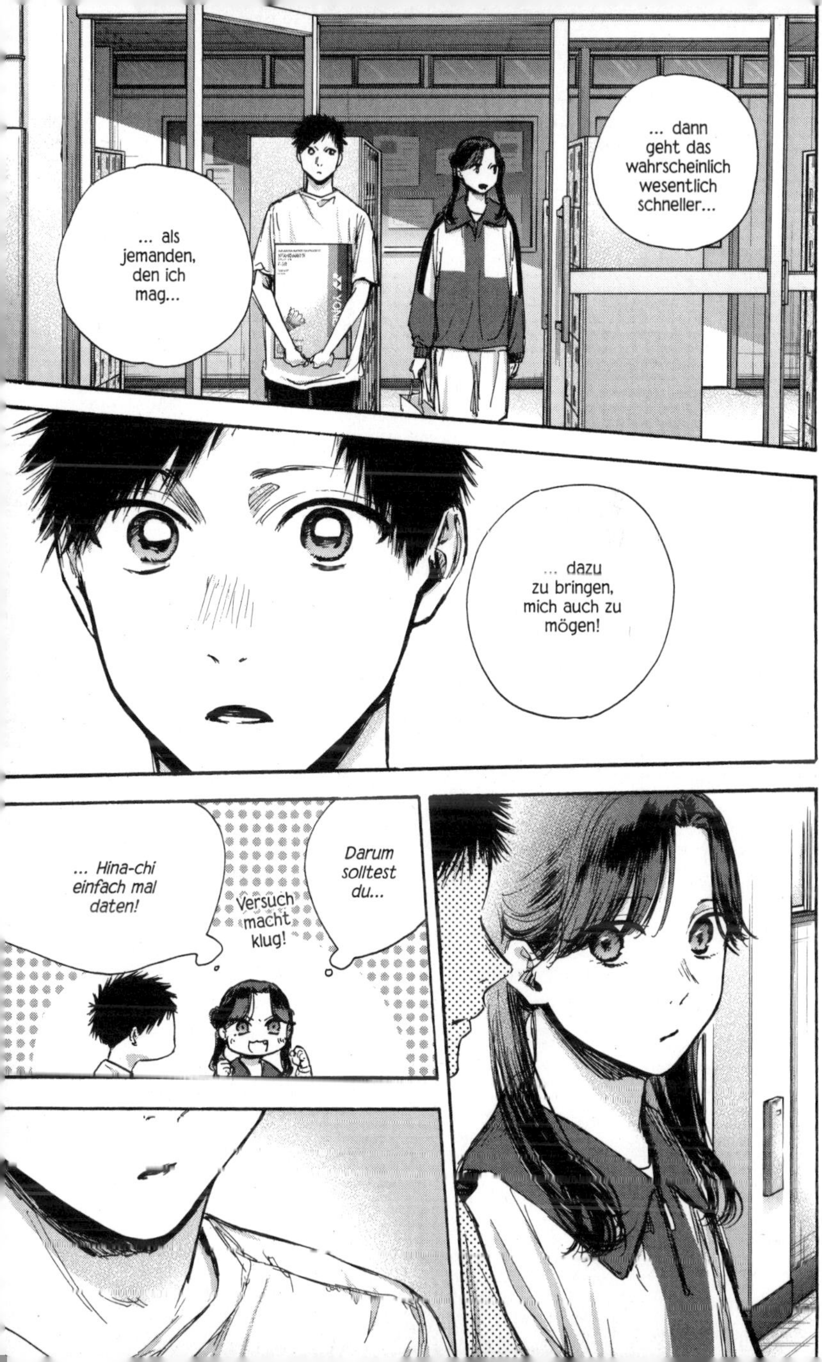
... dann geht das wahrscheinlich wesentlich schneller...
... als jemanden, den ich mag...
... dazu zu bringen, mich auch zu mögen!
Darum solltest du...
Versuch macht klug!
... Hina-chi einfach mal daten!

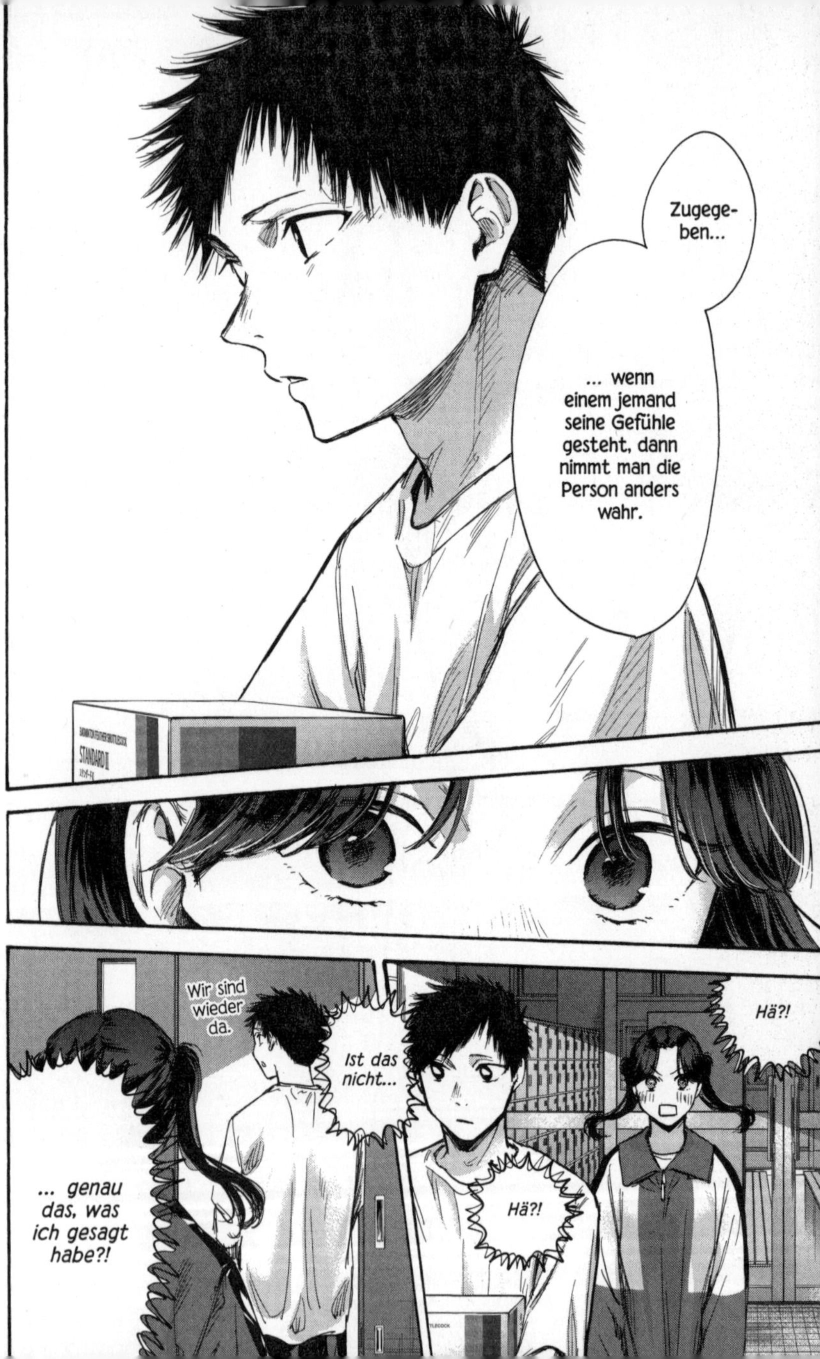
Zugegeben...
... wenn einem jemand seine Gefühle gesteht, dann nimmt man die Person anders wahr.
Hä?!
Wir sind wieder da.
Ist das nicht...
Hä?!
... genau das, was ich gesagt habe?!

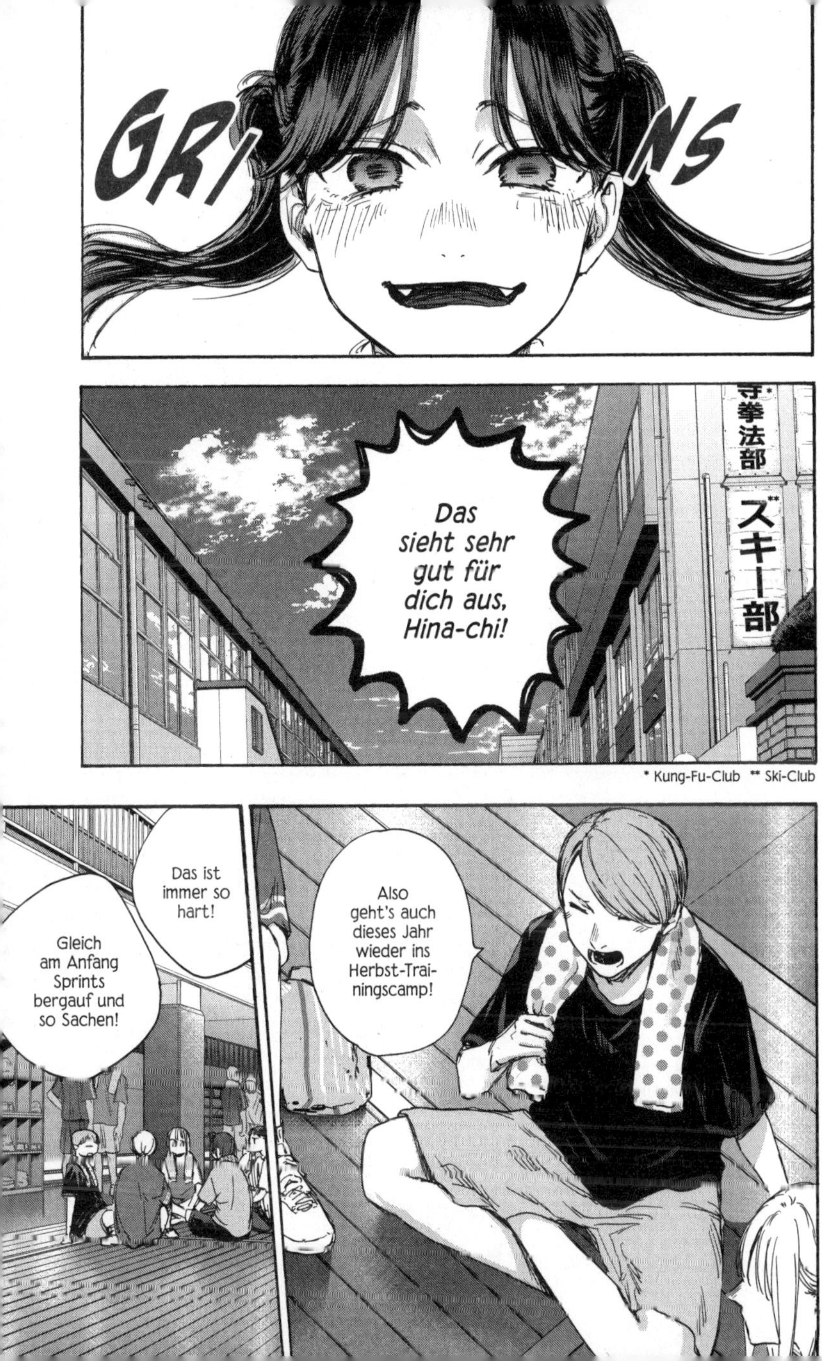

* Kung-Fu-Club ** Ski-Club

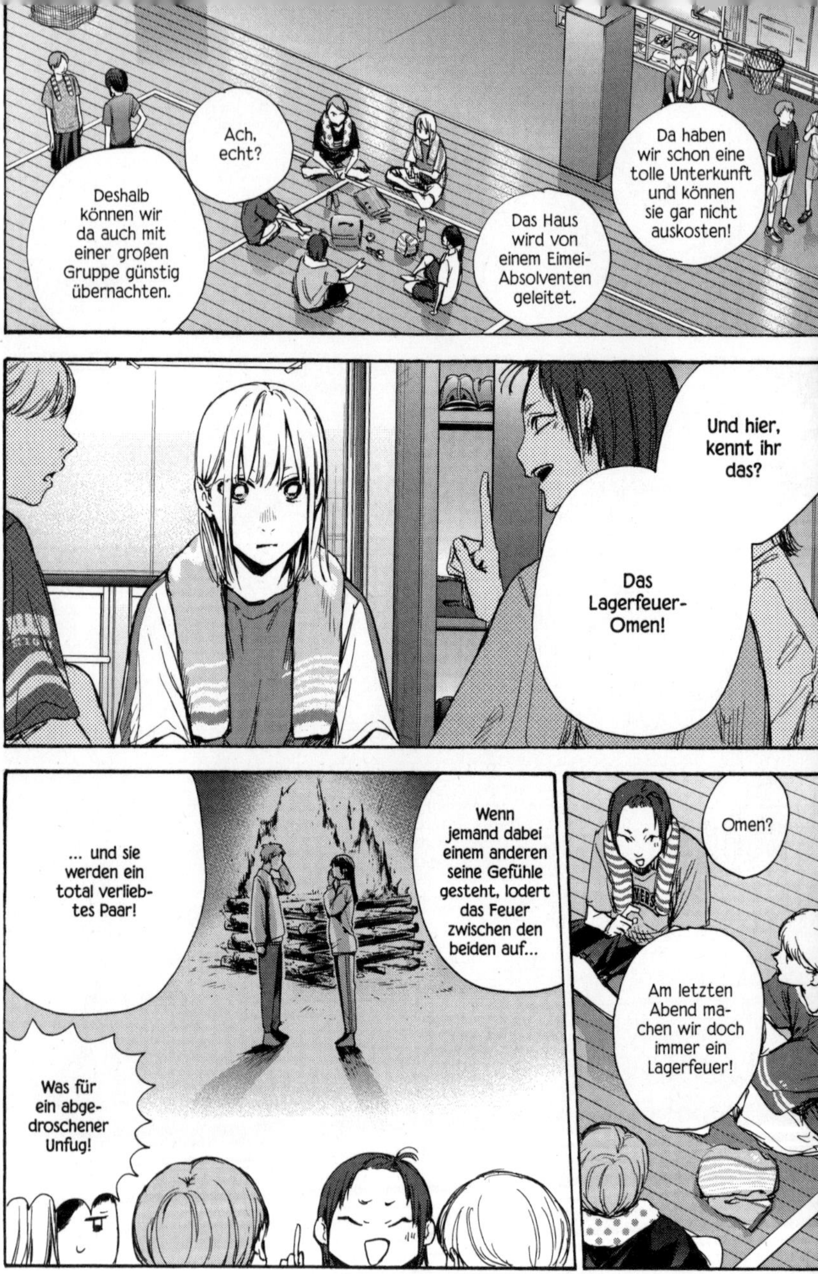

Da haben wir schon eine tolle Unterkunft und können sie gar nicht auskosten!
Das Haus wird von einem Eimei-Absolventen geleitet.
Ach, echt?
Deshalb können wir da auch mit einer großen Gruppe günstig übernachten.
Und hier, kennt ihr das?
Das Lagerfeuer-Omen!
Omen?
Am letzten Abend machen wir doch immer ein Lagerfeuer!
Wenn jemand dabei einem anderen seine Gefühle gesteht, lodert das Feuer zwischen den beiden auf...
... und sie werden ein total verliebtes Paar!
Was für ein abgedroschener Unfug!

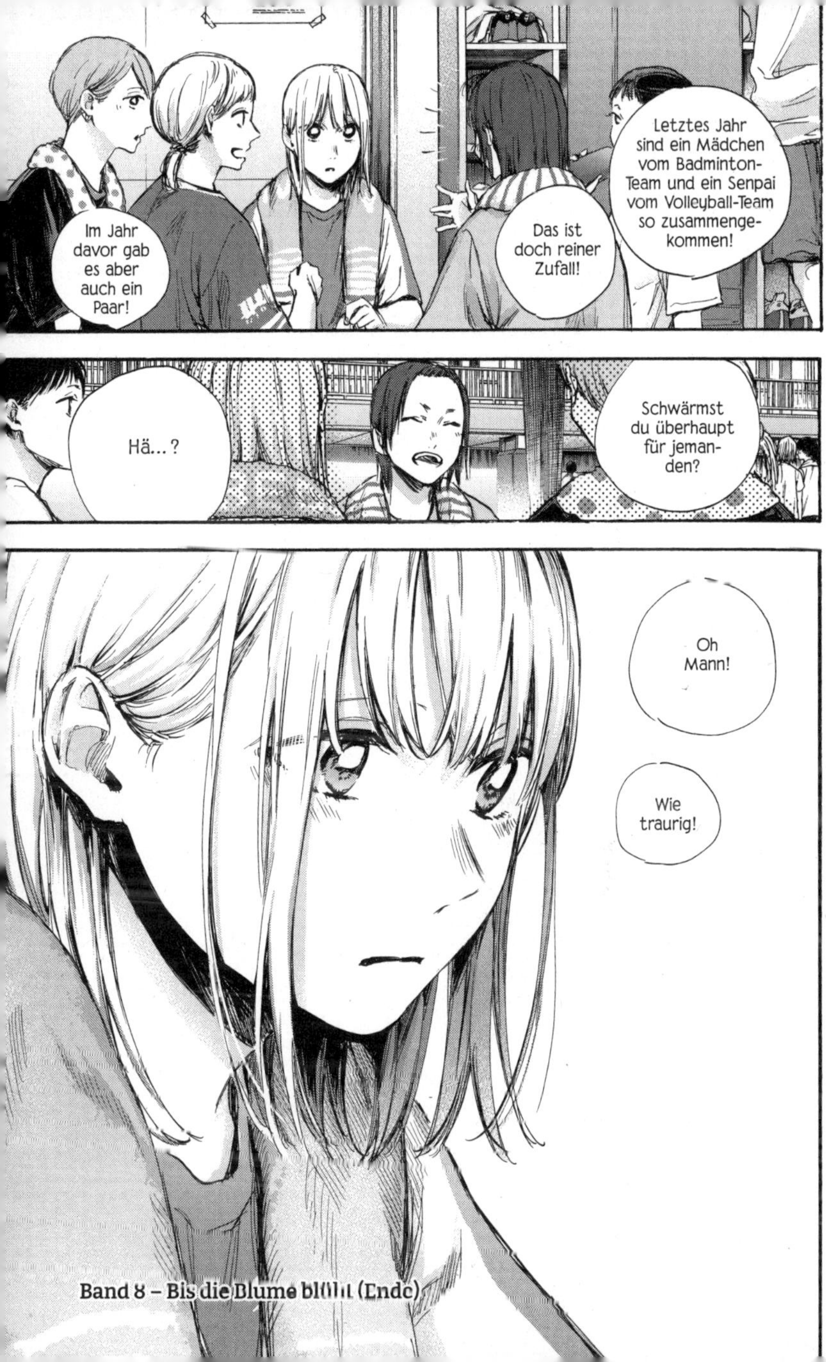
Letztes Jahr sind ein Mädchen vom Badminton-Team und ein Senpai vom Volleyball-Team so zusammengekommen!
Das ist doch reiner Zufall!
Im Jahr davor gab es aber auch ein Paar!
Schwärmst du überhaupt für jemanden?
Hä...?
Oh Mann!
Wie traurig!
Band 8 – Bis die Blume blüht (Ende)

BLUE BOX

Special Thanks

Aragaki
Nakano
Ono
Takeuchi
Hinohara
Nakano
Tobita
Watanabe

Murakoshi

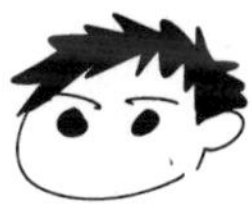

Chiba

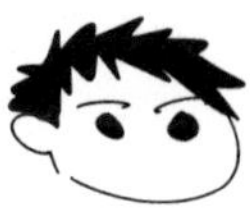

Tsuji

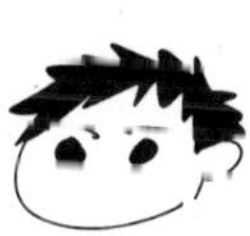

VOM TEENAGER ZUM MEISTERDIEB

ROMANTISCHE GEFÜHLE MIT RASANTER ACTION!

YUKIRU SUGISAKI

D.N. ANGEL

Shojo Pearls

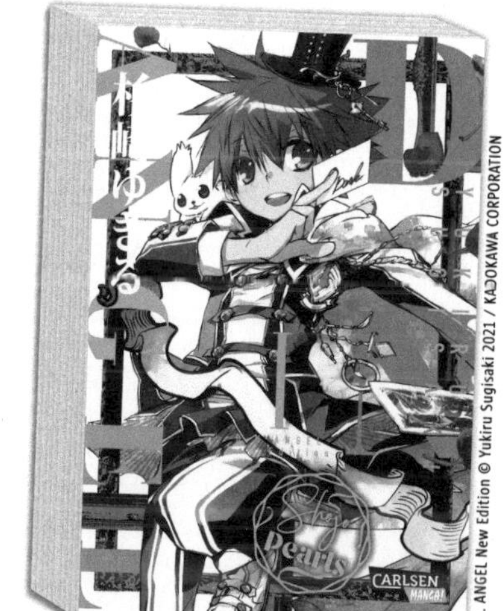

Daisuke ist ein ganz normaler Jugendlicher und unglücklich verliebt in seine entzückende Mitschülerin Risa. Seit seinem 14. Geburtstag allerdings gerät noch einiges mehr durcheinander: Sobald sein Herz vor Aufregung klopft, verwandelt er sich in den berüchtigten Meisterdieb und Verführer »Dark«, der schon bald von der Polizei gesucht wird. Daisuke ist wenig begeistert über sein neues Leben, in das noch dazu Risas Zwillingsschwester Riku tritt ... Turbulente Zeiten stehen allen Akteuren bevor!

DIE GANZE SERIE KOMPLETT ALS PEARLS-EDITION IN 10 BÄNDEN

Jetzt in Band 1 reinlesen!

CARLSEN MANGA! www.carlsenmanga.de carlsen_manga carlsenmanga

HALT!

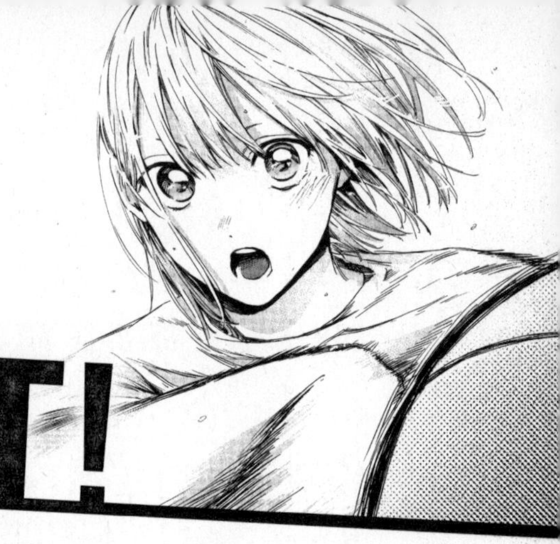

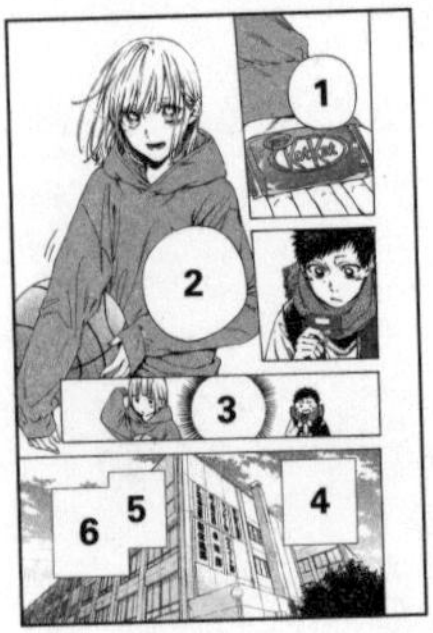

BLUE BOX ist ein japanischer Comic, und in Japan wird von »hinten« nach »vorn« und von rechts nach links gelesen. Man muss diesen Manga also »hinten« aufschlagen und Seite für Seite nach »vorn« weiterblättern. Auch die Bilder auf jeder Seite und die Sprechblasen innerhalb der Bilder werden von rechts oben nach links unten gelesen, so wie in der Grafik gezeigt.

Viel Spaß mit **BLUE BOX**!

Carlsen Manga! News – jeden Monat neu per E-Mail!
www.carlsenmanga.de
www.carlsen.de

CARLSEN MANGA
Deutsche Ausgabe/German Edition

Völckersstraße 14–20, 22765 Hamburg
Aus dem Japanischen von Antje Bockel

First published in Japan in 2021 by SHUEISHA Inc., Tokyo.
German translation rights in Germany, Austria, Luxembourg and German-speaking Switzerland arranged by SHUEISHA Inc. through VME PLB SAS, France.
Redaktion: Patricia Janzen
Textbearbeitung: Theresa Behle

ISBN: 978-3-551-79964-7

Wir produzieren nachhaltig

- Klimaneutrales Produkt
- Papiere aus nachhaltigen und kontrollierten Quellen
- Hergestellt in Europa

FSC www.fsc.org
MIX
Papier | Fördert gute Waldnutzung
FSC® C083411